R. P. Vincent MAUMUS

de l'Ordre des Frères Prêcheurs.

LES PHILOSOPHES
CONTEMPORAINS

I

M. VACHEROT, M. TAINE, M. P. JANET,
M. CARO, SCHOPENHAUER

PARIS
LIBRAIRIE VICTOR LECOFFRE
90, rue Bonaparte, 90
1891

LES PHILOSOPHES

CONTEMPORAINS

APPROBATION DE L'ORDRE.

Nous, soussignés, avons lu, par ordre du T. R. P. Provincial, le manuscrit du R. P. Vincent MAUMUS, intitulé : *Les Philosophes Contemporains.*

Nous avons jugé ce travail digne de l'impression.

F. Bernard LACOME,
des Frères Prêcheurs,
Docteur en Théologie.

F. Michel GARDET,
des Frères Prêcheurs,
Docteur en Théologie.

Imprimatur.

F. Thomas BOURGEOIS,
Prieur Provincial.

R. P. Vincent MAUMUS

de l'Ordre des Frères Prêcheurs.

LES PHILOSOPHES CONTEMPORAINS

I

M. VACHEROT, M. TAINE, M. P. JANET,
M. CARO, SCHOPENHAUER.

PARIS
LIBRAIRIE VICTOR LECOFFRE
90, rue Bonaparte, 90

1891

AVANT-PROPOS

Parmi les innombrables problèmes qui sollicitent notre activité intellectuelle, il en est qui, cent fois résolus, reparaissent à toutes les époques et se posent devant l'esprit humain avec une persistance qui ne peut pas nous laisser indifférents. Les voiles qui les cachent ont été soulevés par nos devanciers, et il nous suffirait de les suivre pour pénétrer avec eux dans les profondeurs qu'ils ont illuminées; non, nous voulons avoir la gloire de trouver des solutions nouvelles. Alors les voiles retombent, les ombres descendent, la nuit se fait et ces immortels problèmes surgissent avec l'attrait de la nouveauté.

Mais que nous acceptions des doctrines déjà reçues et consacrées par le temps, ou que nous tentions des voies inconnues encore, les questions que la philosophie agite priment toutes les autres. Sans doute nous nous intéressons à la conquête des forces matérielles, nous applaudissons aux efforts de ceux qui reculent tous les jours les limites de l'empire de l'homme et, à chaque victoire, nous saluons les heureux vainqueurs. Il est cependant une autre lutte dont l'issue nous cause une plus vive émotion. Nous aspirons à connaître l'univers et à lui arracher tous ses secrets; mais nous-mêmes, que sommes-nous ?

Après cette première question, une seconde non moins grave se présente d'elle-même.

Lorsque nous levons les yeux, nous apercevons un espace sans fond, illimité, incommensurable : un silence éternel règne-t-il dans le ciel vide, ou bien l'immensité est-elle comblée par un être tout puissant, inénarrable, suprême? S'il existe, venons-nous de lui, allons-nous à lui? Se penche-t-il vers nous comme un père plein d'amour, ou ne sommes-nous qu'une épave qu'il laisse flotter au hasard, pour se renfermer, avec un soin jaloux, dans les profondeurs solitaires des cieux. Ces questions sont capitales car, de leur solution dépendent la dignité de notre vie présente et le secret de nos destinées futures ; mais il n'appartient pas à tous de les étudier, de les approfondir et de les résoudre.

Parfois un homme s'écarte de la foule ; laissant à d'autres le soin de préoccupations moins élevées, il dirige ses regards vers les lointains rivages qu'inondent les clartés de la lumière immortelle, et puis il dit ce qu'il a vu, d'ardents disciples se groupent autour de lui, ils écoutent la parole du Maître, ils l'expliquent, ils la commentent, ils la font accepter : tel fut, sans vouloir remonter plus loin, Descartes au xvii° siècle.

A peu d'exceptions près, toute la philosophie de son temps est imbue de ses idées ; le cartésianisme est partout. Les contradicteurs furent nombreux, mais Descartes l'emporta et l'enthousiasme que suscitèrent les célèbres méditations, un moment refroidi au xviii° siècle, se ralluma de nouveau avec le retour aux doctrines spiritualistes. La gloire de Descartes s'obscurcit lorsque Voltaire implanta en France la philosophie de Locke. L'*Essai sur l'entendement humain* donna naissance au *Traité des sensations* qui devient le triste manuel philosophique du dernier siècle ; Condillac avait détrôné Descartes.

Quand on écrira l'histoire de la philosophie

du XIX° siècle, prononcera-t-on un nom qui apparaîtra comme la plus haute expression des doctrines dominantes; trouvera-t-on un mot qui sera le signe caractéristique des tendances générales de notre temps ? Nous avons vu se lever une philosophie nouvelle, et un nom a brillé entre tous; on a pu croire un moment que *l'éclectisme* serait la philosophie du XIX° siècle, et que M. Cousin allait recevoir l'héritage de Descartes.

« Rien de ce qui constitue les grandes éco-
« les philosophiques ne manque à l'éclec-
« tisme. Les dons et l'éclat du génie dans
« son fondateur, les services rendus à la
« science, l'influence sur la pensée, une pha-
« lange nombreuse d'hommes de talent ran-
« gés sous ses drapeaux, toutes les condi-
« tions des grandes écoles se réunissent en
« lui [1]. »

Oui, l'éclectisme eut à son service un écrivain de premier ordre et des hommes d'un remarquable talent; il eut une très grande influence sur la pensée contemporaine, mais, contrairement à l'opinion de l'éminent auteur que nous venons de citer, nous croyons qu'il lui manque quelque chose pour constituer une grande école philosophique; il péchait par la base, il n'avait pas de doctrine. M. Cousin

---

[1]. Mgr Maret : *Théodicée chrétienne*, 20° leçon.

a glané un peu partout, son système n'est qu'un assemblage d'éléments hétérogènes, et son beau talent d'écrivain ne suffit pas pour en faire un édifice solide.

Le portrait si fin et si délicat que M. Taine a esquissé de M. Cousin n'est-il pas d'une scrupuleuse fidélité ? « Le nom de M. Cou-
« sin est légion ; ainsi possédé, l'on comprend
« qu'il ait possédé le public. Je n'ai point
« rangé ses variations selon les dates : ont-
« elles des dates ? Tout se fond et s'harmo-
« nise en lui, sous l'étoffe souple et brillante
« de l'éloquence continue et du raisonnement
« fragile. Qui eût pu le découvrir et le saisir
« sous cette multitude de formes dont il
« ne désavouait aucune, dont les oppositions
« le servaient, qui toutes lui fournissaient un
« refuge ? qui eût pu résister au charme ?
« qui n'eût été ravi de respirer tant de bou-
« quets philosophiques, si bien choisis, si
« bien formés, si éclatants, si habilement
« présentés par une main si légère, si variés,
« et pourtant variés par des transitions si
« fines, que tout le monde croyait n'en sentir
« qu'un seul [1]. »

Nous voulons bien respirer les parfums des bouquets philosophiques de M. Cousin, mais, s'il s'y rencontre des épines, nous approche-

---

[1]. *Les Philosophes classiques du XIXe siècle*, ch. XII.

rons avec une certaine défiance. Si à côté des fleurs toujours embaumées d'un style ravissant, il y a les grosses épines de Hégel ; malgré l'habileté de la main qui a composé le bouquet, nous dirons que l'éclectisme a eu le sort des fleurs et qu'il a passé comme elles.

Aujourd'hui, en effet, il n'est qu'un souvenir, et les philosophes n'ont plus de maître. Les uns vont encore chercher leurs inspirations de l'autre côté du Rhin, ceux-ci suivent et même dépassent Condillac, il en est qui se rattachent au cartésianisme, quelques-uns remontent jusqu'au xiiie siècle et relèvent le drapeau un moment abaissé de saint Thomas d'Aquin.

Saint Thomas, Descartes, Condillac, Hégel, tels sont, d'après nous, les centres autour desquels gravite la philosophie contemporaine.

Nous avons nommé Hégel. On lira, dans notre étude sur Schopenhauer, ses jugements sur la philosophie allemande en général, et sur Hégel en particulier. Si un philosophe français se permettait de semblables appréciations, on ne manquerait pas de l'accuser de s'être laissé influencer par des souvenirs, infiniment respectables sans doute, mais qui ne doivent pas intervenir dans la lutte pacifique des systèmes. Mais ce n'est pas un vaincu, c'est l'ancien étudiant de Gœttingue, l'*ex-privat docent* de Berlin qui a secoué l'idole et qui en a fait justice.

L'étoile de Hégel a pâli; la gloire posthume de Schopenhauer passera comme un météore et l'étude de la philosophie allemande ne sera pour nous que le sujet de méditations attristées. La raison, le bon sens, l'expérience objective sont des maîtres dont on ne méprise pas impunément les leçons. Ils se vengent du dédain avec lequel on les traite, en livrant les révoltés à la pitié de ceux qui veulent conserver et défendre les vérités primordiales qui sont le patrimoine intellectuel de notre race.

M. VACHEROT

M. VACHEROT [1]

I

« Si le philosophe doit étudier les questions en elles-mêmes et ne s'élever à la solution que par un lent et laborieux enfantement, si, évitant de parler aux passions, ne cherchant pas le succès, ne songeant ni à plaire ni à déplaire, il n'a d'autre ambition que de se satisfaire soi-même (au risque de ne pas satisfaire tout le monde), si ce sont là les rares qualités du métaphysicien, on ne saurait contester ce titre à un philosophe dont nous ne partageons pas toutes les doctrines, mais qui mérite plus qu'aucun autre le respect et l'examen, M. Vacherot [2]. »

1. *La Métaphysique et la Science*, 3e édition.
2. Paul Janet : *la Crise philosophique.*

L'influence de la philosophie allemande est indiscutable dans le grand ouvrage de M. Vacherot : *la Métaphysique et la Science*.

L'auteur s'y est proposé d'élever l'édifice de la métaphysique sur une base solide, c'est-à-dire sur la psychologie, et les deux maîtres dont il suit les inspirations sont, Kant pour la psychologie, Hégel pour la métaphysique. C'est à ce dernier qu'il a emprunté les théories célèbres de ce Dieu « qui ne prend la divinité qu'en perdant toute réalité [1], » de ce Dieu qui ne devient parfait et infini qu'à la condition de ne pas exister. Mais avant d'élever un édifice il est nécessaire de déblayer le terrain ; M. Vacherot n'y a pas manqué, et c'est à ce travail qu'il consacre le premier volume de *la Métaphysique et la Science*, où il passe en revue les divers systèmes qui ont précédé la philosophie de Hégel. Il conclut que tout est à refaire, depuis la base jusqu'au sommet [2]. Sous le nom de mysticisme, il écarte toute croyance religieuse, il étudie le matérialisme dont il donne une excellente réfutation, il unit, nous ne savons trop pourquoi, la cause du spiritualisme à celle du dynamisme, et enfin, sous le nom d'*idéalisme*, il expose les doctrines du panthéisme. Tels

---

1. *La Métaphysique et la Science*, 3º vol., p. 236.
2. Premier volume, page 43.

sont les sujets traités dans le premier volume : nous allons maintenant reprendre une à une les diverses thèses de M. Vacherot.

Nous disions tout à l'heure que, d'après lui, « tout l'édifice de la métaphysique est à refaire de la base au sommet, car jusqu'à présent la métaphysique n'a jamais été une *science*. Et les métaphysiciens sont des poètes qui ont manqué leur vocation [1]. » Ils arrivent à l'intelligence par la voie détournée du sentiment, mais aucun d'eux n'a élevé la métaphysique à la hauteur d'une science, et si l'on veut faire de la métaphysique une science vraie, il est nécessaire de lui creuser des fondements nouveaux.

La conclusion est d'une rigoureuse exactitude, si nous admettons que M. Vacherot ait tracé de la métaphysique un portrait ressemblant ; si, au contraire, nous n'avons sous les yeux qu'un tableau de fantaisie esquissé pour le besoin de la cause et pour démontrer que l'édifice est à refaire, nous nous permettons de contester la conclusion du philosophe. Qui, en effet, pourra connaître la métaphysique sous l'étrange costume dont M. Vacherot la couvre. Il en fait une nébuleuse mêlée d'un peu de lumière et de beaucoup d'ombres, elle est, pour lui, la source de l'inspiration

1. Page 2.

poétique, le breuvage idéal des âmes altérées d'infini et elle affecte les formes insaisissables du rêve. Si c'est là la métaphysique, M. Vacherot a parfaitement raison de la qualifier de « fausse poésie et de fausse science, quand même elle se pare des grâces du génie d'un Platon ou d'un Malebranche ou qu'elle se hérisse des formules d'un Aristote ou d'un Spinoza [1]. » Mais il est une métaphysique qui ne ressemble en rien à celle que M. Vacherot vient de décrire, c'est celle de quelques philosophes, bien oubliés aujourd'hui, mais dont on devrait au moins parcourir les ouvrages avant de déclarer que l'édifice est à refaire de la base au sommet. Entre les puissantes mains de ces hommes, la métaphysique s'est élevée à la dignité d'une science dont les principes solides, les déductions rigoureuses et les conclusions certaines laissent peu de place à l'imagination et au rêve.

La métaphysique est la science de l'être et de tout ce qui découle de cette conception primordiale. *Considerat ens et ea quæ consequuntur ipsum*, dit saint Thomas d'Aquin [2] : son objet est donc très nettement déterminé. Les autres sciences considèrent tel

1. Page 5.
2. In XII *Metaphysicorum prologus*.

être ou telle catégorie d'êtres en particulier, la métaphysique a pour but l'étude de l'être en général. Si l'on objecte que l'être en général n'existe pas, que les individus seuls sont des réalités et que, par conséquent, dès notre premier pas nous marchons dans le vide, il nous sera facile de répondre que la notion d'être, objet général de la métaphysique, est, dans l'intelligence, la plus haute réalité, puisque toutes les autres la supposent et s'appuient sur elle ; que pouvons-nous connaître, en effet, si ce n'est l'être ? Le néant peut-il devenir l'objet d'une recherche scientifique et le *rien* peut-il être le but des méditations du sage ? En face de la notion d'être, nous affirmons ce principe qui ne nous semble pas très hasardé : *Ce qui est est ;* on aurait mauvaise grâce à ne pas l'accepter ainsi que le suivant qui n'est pas moins certain : *Il est impossible que, sous le même rapport et en même temps, une chose soit et ne soit pas.* C'est sur ce principe, dit encore saint Thomas [1], que reposent tous les autres.

« Citez-moi, dit M. Vacherot, un seul principe qui n'ait été contesté en métaphysique[2]. » On est libre de nier ceux que nous venons d'énoncer, mais nous ne pensons pas que ces

1. *Somme théologique*, 1°, 2°, q. 94, a. 2.
2. Page 40.

attaques les affaiblissent beaucoup, et d'ailleurs, il ne s'agit pas de savoir si on a contesté ou non les principes de la métaphysique, il faudrait démontrer que l'argumentation de l'adversaire est victorieuse. Les discussions qui s'élèvent autour d'une science ne prouvent qu'une chose, c'est que l'esprit humain garde toujours la liberté de contester les principes même les plus certains, et, s'appuyer sur ces divergences, pour en conclure le peu de solidité d'un édifice scientifique, c'est un procédé cher aux sceptiques qui prennent plaisir à abaisser la raison. M. Vacherot n'est pas de ce nombre, et il ne dirait certainement pas avec Montaigne : « La raison va toujours torte et boiteuse et deshanchée et avecque le mensonge comme avecque la vérité... Fiez-vous à votre philosophie, vantez-vous d'avoir trouvé la fèbve au gâteau, à voir ce tintamarre de tant de cervelles philosophiques [1]. »

Nous le disons avec regret, M. Vacherot n'a peut-être pas une idée très nette de la métaphysique telle qu'elle a été comprise par les grands esprits qui en ont fait une science vraie. Ne s'est-il pas trompé aussi sur la nature des croyances religieuses en général, et du christianisme en particulier ?

Après avoir conclu à l'impuissance de la

---

1. *Essais*, l. II, ch. XII.

science comme de la métaphysique pour résoudre les questions « les plus vitales et les plus indestructibles de la pensée humaine [1] », il se demande où ces problèmes si importants pourront aller se réfugier pour trouver une solution, et il leur ouvre les portes du sanctuaire : « Puisque l'esprit humain tout entier, raison et sentiment, science et philosophie est en défaut, adressons-nous plus haut. Écoutons les théologiens ; il n'y a plus qu'eux qui puissent nous tirer d'affaire. De quoi s'agit-il, en effet ? Les vérités sur lesquelles la métaphysique s'épuise en vain depuis qu'elle existe ont ce double caractère d'être nécessaires à l'humanité et inaccessibles à la science humaine. Alors que la science humaine cesse d'y toucher, qu'on les fasse descendre du ciel en droite ligne, qu'on les consacre par la voix de l'autorité de Dieu même, et qu'on les enferme dans un sanctuaire où les regards profanes ne pénètrent point. C'est le procédé de toutes les religions... L'évidence, la raison, la science, pour les choses humaines, rien de mieux ; mais pour les choses divines, c'est la révélation, l'autorité, la foi [2]. »

---

1. Page 102.
2. Pages 112-113. — M. Vacherot, on le voit, entend par *métaphysique* toute la philosophie, y compris la

On doit supposer que nous n'admettons pas le partage que fait ici le philosophe, mais qu'est donc la foi, d'après M. Vacherot? C'est l'empire des ténèbres : « La foi, dit-il, n'est véritable, n'est méritoire que quand elle n'est mêlée d'aucune connaissance... La science est le séjour de la lumière... L'empire de la foi commence avec les ténèbres[1]. »

Il est étrange de faire de la science l'unique séjour de la lumière quand on vient de conclure à son impuissance pour résoudre les questions « les plus vitales et les plus indestructibles de la pensée humaine » ; mais est-il vrai de dire que la foi n'est méritoire que lorsqu'elle n'est mêlée d'aucune connaissance? Puisque M. Vacherot a consulté les théologiens, il a dû entendre le plus grand d'entre eux nier formellement que les connaissances acquises diminuent le mérite de la foi[2]; un peu de lumière se glisse donc dans les ombres du sanctuaire, et les ténèbres de la foi ne sont pas aussi profondes que l'on veut bien le dire. Cependant, nous ne faisons aucune

---

théodicée. Il y a là une confusion regrettable, car la métaphysique n'est qu'une branche de la philosophie en général et une science purement humaine.

1. Page 118.

2. Saint Thomas : *Somme théologique*, III⁰ partie, q. 2, a. 10.

difficulté de l'avouer; oui, il y a des ombres dans la foi et nous pourrions couper court aux objections en nous contentant de répliquer : N'y en a-t-il pas dans la science ? Sa lumière est-elle sans nuage et notre regard a-t-il pénétré tous ses mystères ? Quand la science aura soulevé tous les voiles, alors seulement elle aura le droit de nous reprocher les saintes obscurités de la foi. Mais la question mérite d'être examinée de plus près.

Rappelons d'abord la distinction célèbre, entre les propositions qui sont contraires à la raison et celles qui sont *au-dessus* de la raison : « Ce qui est contre la raison, dit Leibnitz, est contre les vérités absolument certaines et indispensables, ce qui est au-dessus de la raison est contraire seulement à ce qu'on a coutume d'expérimenter et de comprendre. C'est pourquoi je m'étonne qu'il y ait des gens d'esprit qui combattent cette distinction [1]. » Il est en effet illogique au premier chef de dire : Je ne comprends pas, donc c'est faux. Si un homme illettré lisait les livres de M. Vacherot, il est très probable que les questions métaphysiques qui y sont traitées ne lui paraîtraient pas fort lumineuses et cependant il ne serait pas autorisé à conclure

1. *Discours de la conformité de la foi et de la raison*, p. 23.

que l'empire des ténèbres commence avec la philosophie. Il en est de même quand il s'agit des vérités de la foi; elles sont au-dessus de la raison, mais nullement contraires à la raison. Aussi Leibnitz ajoute avec un grand sens : « Il n'y aurait rien de si aisé à terminer que ces disputes sur les droits de la foi et de la raison, si les hommes voulaient se servir des règles les plus vulgaires de la logique et raisonner avec tant soit peu d'attention. » Pour que la thèse de M. Vacherot fût vraie, il faudrait que notre foi fût aveugle, irrationnelle et qu'elle ne reposât sur aucune base solide. Il n'en est rien : « Le fidèle ne croirait pas, dit saint Thomas d'Aquin, s'il ne voyait pas qu'il doit de croire [1]. » Si l'on nous objecte que nos dogmes sont en contradiction avec les données rationnelles, nous répondrons tranquillement que cette démonstration est à faire et qu'on ne nous a pas encore prouvé la fausseté d'une seule proposition révélée.

Pour arrêter, dans leurs recherches, les théologiens qui veulent se rendre compte de leur croyance, M. Vacherot fait intervenir la parole de Dieu, or « quand Dieu parle,

---

1. 2, 2, q. 5 à 4. a. 2.

l'homme n'a plus qu'à se taire et à écouter[1]. »

Dieu, qui nous commande de ne pas croire à la légère[2], nous fait un devoir d'être toujours prêts à alléguer les preuves de notre foi[3]; par conséquent, le respect suprême dû à la parole de Dieu n'est pas incompatible avec les études et les méditations d'une foi éclairée.

Ce qu'il y a de plus grave, continue le philosophe, c'est « que l'erreur elle-même se rencontre dans la parole de Dieu..... Dieu et l'Esprit-Saint avaient affirmé beaucoup d'hypothèses dans un temps où la nature n'était point observée... Aussi voyez où en est réduite cette théologie si fière de son origine ! A supplier la science humaine de la couvrir de son manteau. » Elle est obligée « de subtiliser, de transiger, de se faire éclectique par sentiment de sa faiblesse et de se servir d'armes dont Pascal et Bossuet auraient rougi[4]. »

L'accusation est assez grave pour que nous ayons le droit d'en exiger les preuves et, puisque M. Vacherot a surpris l'Esprit-Saint en flagrant délit d'erreur, il aurait dû nous

1. Page 123.
2. *Ecclésiastique*, XIX, 4.
3. I. *Petri*, III, 15.
4. Pages 130-131.

signaler les passages où Dieu s'est trompé. Une simple affirmation ne suffit pas pour renverser, avec l'autorité des livres saints, les témoignages d'hommes compétents [1]. Non, la théologie ne supplie pas la science humaine de la couvrir de son manteau, elle descend sur le terrain où l'appellent ses adversaires, car les apologistes de la révélation chrétienne varient leur tactique d'après la nature de l'attaque. Bossuet qui, durant sa longue et glorieuse carrière, n'a pas cessé de veiller à la garde du dépôt sacré et dont le glaive brille sur les remparts de la ville sainte, entouré d'un éclat qui ne pâlira jamais, Bossuet n'eût pas *rougi* de se saisir de la science con-

---

[1]. « Tout, à notre époque, fait un devoir au théolo-« gien, surtout lorsqu'il veut expliquer l'Écriture Sainte, « d'étudier la science naturelle afin de bien connaitre les « résultats qu'elle a acquis. » Arrêtons-nous à recueillir quelques faits. D'illustres savants ont exprimé, dans les termes les plus forts, la conviction où ils étaient que le récit de la *Genèse* trouve dans les résultats de la science une confirmation éclatante. Voici comment parle Cuvier : « Moïse nous a laissé une cosmogonie dont l'exactitude « se vérifie chaque jour d'une manière remarquable. » Un savant français plus récent, M. Ampère, dit encore : « Ou « Moïse avait dans les sciences une instruction aussi pro-« fonde que celle de notre siècle, ou il était inspiré... »

Voir H. Reusch : *la Bible et la Nature*, introduction. — Lire le savant ouvrage de M. l'abbé Thomas, vicaire général de Verdun : *les Temps primitifs et les origines religieuses d'après la Bible et la science.*

temporaine pour l'agenouiller devant Dieu.

L'obstination de l'humanité à chercher, dans une doctrine révélée, la solution des problèmes qui la tourmentent, est un fait capable d'attirer l'attention des philosophes : en bonne logique, on devrait en conclure que, si les hommes persistent à interroger le ciel, c'est que les réponses de la terre leur ont paru insuffisantes et incomplètes. M. Vacherot, au contraire, attribue la vitalité indestructible des religions à la longue enfance de l'esprit humain, mais, ajoute-t-il, elles ont beau faire, « l'esprit humain, individu ou société, s'éveille tôt ou tard à la raison, à la science et à la liberté [1]. »

Cet arrêt n'est pas flatteur pour l'esprit humain que l'on déclare n'être pas encore arrivé à la virilité. Des hommes comme saint Thomas d'Aquin et Bossuet n'étaient donc que des enfants, puisqu'ils ont eu la faiblesse de croire à l'efficacité d'une doctrine religieuse, et l'enfance de la raison menace de se prolonger longtemps encore, car, malgré tout, la religion ne semble pas au moment de disparaître. Cependant, d'après M. Vacherot, elle s'évanouira un jour pour faire place à la science. A quelle science? Veut-on parler de cette science à laquelle on a consacré le second

---

[1]. Page 138.

entretien pour démontrer son insuffisance à résoudre « les questions les plus vitales de la pensée humaine »? De quelle science s'agit-il donc? De la métaphysique? On vient de déclarer qu'elle n'est pas faite. Jusqu'à présent l'esprit humain est donc resté indécis sur les problèmes dont l'importance est capitale et qui exigent une solution prompte et décisive : n'importe, le passé est aux religions, l'avenir est à la science. Soit. Mais alors, pour jouer le rôle qu'elle est appelée à remplir, la science devra être à la portée de tout le monde et combler le vide creusé par la religion disparue.

La science peut-elle être le patrimoine de l'humanité, et suffit-il à tout homme de tendre la main pour en cueillir les fruits? La science n'a été et ne sera jamais que l'apanage exclusif de quelques esprits privilégiés; la multitude qui n'a ni le temps, ni le goût, ni les aptitudes nécessaires pour les spéculations scientifiques, devra donc désespérer d'elle-même si elle est condamnée à attendre, de la science, la vérité qui lui est plus indispensable que le pain de chaque jour. Se figure-t-on un pauvre laboureur réduit à déchiffrer un livre de métaphysique pour savoir s'il y a un Dieu, s'il a une âme immortelle et quelles sont ses destinées? Quel est d'ailleurs le livre qu'il choisira? Celui-ci affirme, celui-là nie, un autre doute. Dans le dédale des opinions humaines, la multitude n'aura qu'un parti à prendre : se désintéresser des problèmes qui présentent des difficultés insurmontables pour elle.

La vérité scientifique ne pouvant être à la portée de tous, n'a donc pas le droit d'aspirer à remplacer la vérité révélée.

Quelle sera, dans l'hypothèse de M. Vacherot, la situation des esprits d'élite capables de résoudre ces questions capitales?

Ils devront ou renoncer à toute autre étude, car leur activité intellectuelle sera suffisamment absorbée par leurs méditations métaphysiques, ou ne pas s'en occuper et vivre au jour le jour sans jamais jeter un regard vers ces lointains horizons qui, cependant, sollicitent d'une manière irrésistible les efforts de la pensée. Dans le premier cas, on supprime de l'arbre des connaissances humaines toutes les branches qui ne sont pas la métaphysique, et on mutile la science sous prétexte de lui préparer une domination universelle; dès lors, plus d'astronomie, plus de mathématiques, plus de chimie, tous les esprits assez forts pour cultiver ces sciences se livrant exclusivement à la métaphysique. Dans le second cas, les intelligences privilégiées subiront le même sort que la multitude, et les sphères où se débattent les plus graves intérêts de l'esprit humain seront, pour elles, un monde fermé dont les métaphysiciens seuls garderont la clef. Ceux-ci, à leur tour, auront-ils le droit de se glorifier et de se poser en maîtres de la science? Les métaphysiciens qui disent avec M. Vacherot : « Citez-moi un seul principe qui n'ait été contesté, » avoueront humblement que le terrain n'est pas assez solide pour élever l'édifice de la certitude.

M. Vacherot, poursuivant sa route à travers les systèmes philosophiques, passe en revue le *matérialisme*, le *spiritualisme* et l'*idéalisme*. Sa réfutation du matérialisme est excellente et nous saisissons avec empressement l'occasion qui nous est offerte de rendre hommage au talent qu'il a déployé pour renverser une doctrine odieuse, mais nous nous permettons de contester le principe sur lequel il appuie la classification des trois systèmes énoncés : « Les sources mêmes de la connaissance, dit-il, se réduisent à trois : les sens, la conscience, la raison. Tout ce qui arrive à l'esprit lui vient et ne peut lui venir que par ce triple canal. C'est de là qu'il tire toutes ses pensées, toutes ses théories les plus savantes, les systèmes les plus profonds et les plus sublimes, ses hypothèses, ses romans, ses créations de toute espèce. C'est avec les données de ces facultés, concrètes ou abstraites, isolées ou réunies, exclusives ou combinées, que l'esprit fait toutes ses sciences et toutes ses croyances. Les perceptions des sens, les sentiments de la conscience, les intuitions de la raison, voilà les seuls éléments de tous les travaux de la pensée [1]. »

D'après M. Vacherot, le matérialisme correspond à la connaissance sensible, le spiritualisme à la conscience et l'idéalisme aux intuitions de la raison ; il sépare donc les puissances sensibles des facultés intellectuelles puisqu'il les considère *isolées* ou *réunies*, *exclusives* ou *combinées*.

Cette psychologie laisse à désirer car, d'une part, les sens seuls ne peuvent nous donner aucune idée et, d'autre part, la raison, sans le secours des sens, est privée des matériaux qui lui sont indispensables, aucune conception n'étant possible sans le travail de la sensation [2]. En outre, M. Vacherot fait de la raison et de la conscience deux facultés distinctes, et les philosophes contemporains ont en effet une tendance très marquée à les

---

1. Page 146.
2. Saint Thomas : *de Veritate*, q. X, a. 6. — Nous reviendrons sur ces principes qui sont, d'après nous, les seules bases vraies de l'idéologie.

séparer. Nous pensons au contraire que la conscience n'est que la raison se repliant sur elle-même pour constater et pour étudier les phénomènes subjectifs[1]. Nous ne connaissons que par la raison : pourquoi donc la faculté qui nous a été donnée pour connaître l'objet serait-elle différente de celle qui nous fait connaître le sujet? Si la conscience n'est pas la lumière rationnelle projetant ses rayons sur les phénomènes psychologiques subjectifs, elle est une faculté aveugle et dès lors elle ne peut devenir le principe d'aucune connaissance; si elle est une faculté lumineuse, nous avons donc deux lumières intellectuelles : la conscience et la raison proprement dite. Mais pourquoi deux facultés, si une seule suffit? Or, la raison, quand elle se meut dans son orbite, est une lumière qui éclaire le monde intelligible tout entier, c'est-à-dire tout ce qui peut être connu; il est donc inutile de faire intervenir la conscience comme second principe de connaissance distinct de la raison.

Sous le nom de *spiritualisme*, M. Vacherot expose et défend le *dynamisme :* nous ne voyons pas le lien qui unit les deux systèmes, car on peut être spiritualiste fort

---

[1]. *Somme théologique,* première partie, q. 79, art. 13.

convaincu et repousser les théories dynamiques. « Étant donné le monde, la métaphysique se propose toujours d'en expliquer la composition, la formation, la fin, le plan, le mouvement et la vie de la manière la plus conforme aux phénomènes et aux lois que l'expérience et le calcul nous ont fait connaître... Or, n'est-il pas vrai que tous les phénomènes du monde extérieur se réduisent en dernière analyse à des mouvements [1]?... »

Soit; mais tout phénomène supposant nécessairement un *substratum* dont il est la manifestation, le mouvement suppose une chose qui se meut. Il ne peut être ni isolé, ni sans point d'appui, il est le fait de quelqu'un ou de quelque chose et nous n'avons la notion du mouvement que parce que nous voyons des êtres qui se meuvent; sans cela l'idée de mouvement est une abstraction sans réalité objective.

D'après l'auteur de la *Métaphysique et la Science*, le second élément qui entre dans la composition des corps est la force: « des mouvements et des forces, voilà toute la réalité, toute la nature : cela suffit pour construire le monde et pour l'expliquer [2]. »

1. Page 201, *passim*.
2. Page 211.

Qu'est-ce donc que la force « dont l'expansion et la décomposition, la condensation ou la dispersion expliquent toutes les transformations et toutes les propriétés de la matière [1] ? »

Les forces sont donc les propriétés de la matière, par conséquent elles la supposent, il faut donc admettre, outre le mouvement et la force, un troisième élément, *la matière*. M. Vacherot semble l'avouer en disant : « Quant à la quantité réelle, c'est une propriété qui ne se mesure que par la balance [2], » mais cette concession est passagère et il revient bien vite au pur dynamisme. Pour répondre à la terrible objection de son interlocuteur : « Je ne puis m'expliquer comment de simples principes sans étendue, comme les forces, peuvent produire une réalité que l'imagination se représente étendue, » M. Vacherot assimile l'étendue aux autres qualités sensibles, telles que la saveur, et l'odeur. De même que la saveur considérée comme sensation, n'est pas dans le fruit, attendu qu'elle est purement subjective, de même l'étendue n'est rien en dehors du sujet qui en reçoit l'impression.

La subjectivité de l'étendue a été rigoureu-

---

1. Page 216.
2. Page 217.

sement réfutée par M. l'abbé de Broglie dans son remarquable ouvrage : *le Positivisme et la Science expérimentale :* « Dire que c'est nous qui produisons par notre activité interne, non pas l'éclat de la couleur apparente, mais la solidité et la résistance, le sol qui nous porte, la maison où nous habitons, le pain qui nous nourrit, le projectile qui nous pénètre et nous tue, c'est, on le comprend, dépasser la limite des paradoxes permis, c'est imposer à la croyance humaine des choses absolument incroyables, c'est renverser la raison de fond en comble. C'est là cependant ce qu'on dit, lorsqu'on affirme que l'étendue est subjective [1]. »

M. l'abbé de Broglie fait ressortir les conséquences inacceptables qui découlent de la théorie de l'étendue subjective et, avec beaucoup de raison, il en appelle au bon sens, « ce grand docteur, dit Bossuet, qui laisse peu de questions indécises. »

Comment admettre que l'étendue de la table sur laquelle j'écris soit une qualité subjective semblable à la saveur d'une pêche ou à l'odeur d'une rose? Si elle n'est rien en dehors de moi, sur quoi donc repose le livre que j'y ai placé? Il ne peut pas évidemment se tenir en équilibre sur une sensation.

1. L. IV, ch. v, § 2.

M. Vacherot invoque l'autorité de Leibnitz « le père du dynamisme, dont le génie *a fait évanouir les vains fantômes qui peuplaient la vieille métaphysique* pour les remplacer par les célèbres *monades*[1]. »

La pensée de l'illustre philosophe n'est pas facile à saisir, car elle n'est pas toujours d'accord avec elle-même. Par moment, en effet, il exécute son système en homme qui n'est pas émerveillé de la découverte : « Je m'étonne, dit-il, que jusqu'à présent personne n'ait vu que c'était un jeu[2]. »

Leibnitz définit la *monade* : « une substance simple qui entre dans les composés[3]. » La monade est donc une *substance;* mais, toujours d'après Leibnitz, elle n'a ni partie, ni étendue, ni figure, ni divisibilité possible (§ 3); il ne faut lui accorder que des qualités, sans cela elle ne serait pas même un être (§ 8). C'est donc la qualité qui fait de la monade *un être;* voilà ce qui est difficile à accepter et à concilier avec la définition, *la monade est une substance*. Si, en effet, elle est substance, les qualités ne lui donnent pas un être qu'elle a déjà; si elle n'est pas substance, sur quoi reposent les qualités? Quand on presse Leibnitz

---

1. Page 219.
2. Lettre à Mathieu Pfaff.
3. *Monadologie,* § 1.

en lui objectant que sa monade, atome de la nature et élément des choses, ne diffère pas beaucoup de cette substance immatérielle que nous appelons l'âme, il avoue sans hésiter que l'âme est une monade consciente et que la monade est une âme inconsciente : « Lorsque nous tombons en défaillance, dit-il, ou quand nous sommes accablés d'un profond sommeil sans aucun songe, l'âme ne diffère point sensiblement d'une simple monade, mais comme cet état n'est point durable et qu'elle s'en tire, elle est quelque chose de plus [1]. » L'âme d'un homme dont le sommeil n'est troublé d'aucun rêve ne diffère donc pas sensiblement de la monade qui entre dans la composition des corps, elle ne devient quelque chose de plus que lorsqu'elle reprend conscience d'elle-même.

Nous comprenons parfaitement que Leibnitz ait vu les difficultés que soulève une théorie si dure et qu'il soit revenu à la doctrine *des formes substantielles*, sauf à les expliquer à sa manière [2]. Nous acceptons sans réserves le jugement prononcé par Euler : « Ce serait bien dommage si cet ingénieux système des monades tombait en ruine. Il a fait trop de bruit et a coûté à ses partisans trop de sublimes

---

1. *Monadologie*, § 20.
2. *Système nouveau de la nature*, § 3.

et profondes spéculations pour pouvoir s'oublier tout à fait. Il restera toujours comme un monument remarquable des égarements où peuvent tomber les esprits des philosophes [1]. »

L'ancienne et célèbre théorie de la matière et de la forme n'a pas la prétention de dissiper toutes les ombres qui nous cachent encore la nature intime des substances corporelles, mais elle est, croyons-nous, préférable aux systèmes qu'on a voulu lui substituer, et la science moderne, en reconnaissant dans les corps deux éléments, des atomes et des mouvements, vient justifier la conception scolastique [2].

On est bien obligé d'accepter l'existence des corps : la terre qui nous porte, la maison que nous habitons, le pain que nous mangeons ne sont pas des fantômes ; il s'agit d'expliquer leur composition.

Il y a deux éléments primordiaux, dit la scolastique ; la matière première et la forme. Pour comprendre ce que les scolastiques appellent la matière première, prenons l'exemple choisi par saint Thomas [3].

1. 130° Lettre à une princesse d'Allemagne.
2. Voir M. l'abbé de Broglie : *le Positivisme et la Science expérimentale*, tome II, appendice 2.
3. Opuscule 27°, édition de Parme.

Soit une statue d'airain ; la matière dont elle est faite est-elle la matière première ? Non, car avant d'avoir la forme statue elle existait comme airain. Considérée sous ce dernier aspect, est-elle la matière première ? Non, car le bloc d'airain se présente nécessairement avec la forme qui lui est propre. Dépouillons-le encore de cette forme qui en fait tel métal plutôt que tel autre, sommes-nous arrivés à la matière première ? Pas encore, il nous reste un pas à franchir. Nous avons en effet une matière métallique; passons outre, considérons non plus telle matière en particulier mais la matière *simpliciter*, et nous nous trouvons en face de ce que les scolastiques appellent *la matière première*. De même que l'airain peut devenir statue, glaive ou bouclier, de même la matière première revêt les innombrables formes sous lesquelles elle nous apparaît. Elle peut devenir tout, et ce qui la fait passer du devenir à l'être, c'est la forme. La matière n'existe donc jamais sans ce second élément du composé qui lui donne l'être et qui la détermine.

La théorie scolastique ne résout pas toutes les difficultés, mais elle est, selon nous, l'explication la plus plausible que l'on ait encore imaginée[1].

1. Voir le cardinal Zigliara : *Summa philosophica*, 2e vol., l. II, ch. II.

M. Vacherot consacre au panthéisme le dernier entretien du premier volume de la *Méthaphysique et la Science.*

Nous voulons, à tout prix, écarter de ces débats toute qualification qui paraîtrait injurieuse aux écrivains dont nous combattons les doctrines.

M. Vacherot proteste énergiquement quand il est accusé de panthéisme, mais alors, si le mot le choque, pourquoi le système a-t-il le don de ne pas lui déplaire ? « Il n'y a pas lieu de se tourmenter, dit-il, comme l'ont fait tant de métaphysiciens et de théologiens, pour savoir comment le monde procède de Dieu, si c'est par génération, par émanation ou par création. Le monde ne procède pas de Dieu : il y est, il s'y meut, il s'agite comme le phénomène dans la substance, comme l'acte dans la puissance, comme le développement dans le germe, comme la réalité visible et extérieure dans l'être invisible et intérieur. *Deus mundus implicitus ; mundus Deus explicitus*, ces deux définitions expliquent tout à la fois la distinction et l'identité du monde et de Dieu : différence de point de vue, identité de substance [1].

On ne peut pas dire en termes plus clairs

---

1. Page 251. — Dans son dernier ouvrage : *le Nouveau Spiritualisme*, M. Vacherot expose les mêmes idées.

que la substance du monde est identique à celle de Dieu, car la différence de point de vue ne constitue pas une diversité de substance, et si ce n'est pas là le pur panthéisme, nous ne savons de quel mot nous servir pour désigner cette doctrine qui n'est autre que celle de Spinoza.

Le point de départ du spinozisme est en effet l'unité de substance; il n'y a qu'une substance, Dieu, dont les êtres créés sont les modes : « Il ne peut exister et on ne peut concevoir, dit Spinoza, aucune autre substance que Dieu. Dieu est l'être absolument infini duquel on ne peut exclure aucun attribut exprimant l'essence d'une substance, et il existe nécessairement. Si donc il existait une autre substance que Dieu, elle devrait se développer par quelqu'un des attributs de Dieu, et de cette façon il y aurait deux substances de même attribut, ce qui est absurde. Par conséquent il ne peut exister aucune autre substance que Dieu, et on n'en peut concevoir aucune autre; car si on pouvait la concevoir, on la concevrait nécessairement comme existante, ce qui est absurde. Donc aucune autre substance que Dieu ne peut exister ni se concevoir. Il suit de là très clairement : 1° que Dieu est unique, c'est-à-dire qu'il n'existe dans la nature des choses qu'une seule substance et qu'elle est absolument infinie, 2° que la chose étendue et la chose pensante sont des attributs de Dieu, ou des affections des attributs de Dieu [1]. » Si on demande à Spinoza ce qu'il entend par la substance, il répond qu'elle est ce qui existe par soi : « La substance, dit-il [2], est cause de soi, et ainsi son essence enveloppe l'existence, ou bien l'existence appartient à sa nature. » M. Vacherot, acceptant la conception de Spinoza, dit que la substance *est en soi* et *par soi* [3].

Le panthéisme tout entier est contenu dans cette définition. Si en effet l'existence appartient à la nature de la substance, si elle est *par soi*, elle existe donc nécessairement, et elle a, dès lors, tous les attributs de l'Être nécessaire, c'est-à-dire de Dieu, par conséquent tout ce qui est substance est Dieu ; Spinoza ne recule devant aucune des déductions qui découlent du principe qu'il a posé. Mais est-il vrai que *toute* substance soit nécessaire et existe par soi ?

Remarquons d'abord que le panthéisme confond être *par soi* avec être *en soi*, or ces deux notions sont tellement différentes

---

1. *Éthique*, première partie.
2. *Ibid.*
3. Page 255.

qu'elles sont séparées par un abîme infranchissable.

L'Être par soi, *ens a se et per se*, est celui dont l'essence implique nécessairement l'existence, qui ne tient son être que de lui-même, qui ne peut pas ne pas exister, qui par conséquent est éternel, absolu, infini, et qui est nécessairement tel qu'il est.

Être *en soi* signifie, comme le mot l'indique, n'être pas dans un autre, avoir une existence indépendante et séparée, or c'est précisément en cela que consiste la notion de substance : *Substantia*, dit saint Thomas d'Aquin, *est res cujus quidditati debetur esse non in aliquo*[1]. » La substance est donc ce qui fait qu'un être est en lui-même et non en un autre, elle est ce qui supporte les manifestations de l'être, *sub stare*.

Pour que le panthéisme ait le droit de confondre ces deux modes et de conclure à l'unité de la substance il faut qu'il démontre que la substance *en soi* possède tous les attributs de la substance *par soi (à se)*, c'est-à-dire que toute substance est nécessaire, absolue, infinie, en d'autres termes que tout revêt les caractères de la divinité. C'est en effet vers ce but que tendent les efforts du panthéisme.

1. *De Potentiâ*, q. VII, a 3, ad. 4.

« Le monde, dit M. Vacherot, est infini, absolu, nécessaire, universel ; les mots de fini, de contingent, de relatif et d'individuel, sont des mots vides de sens [1]. »

Le monde est-il infini ? Il s'agit ici évidemment du mot infini pris dans le sens métaphysique, puisqu'on veut attribuer au monde l'infinité même de Dieu ; or, dans ce sens, infini signifie non seulement l'absence de limite dans un genre donné, mais encore la possession de toute perfection infinie dans un acte d'une simplicité absolue.

Ces deux conditions requises pour l'infini métaphysique sont incontestables. Supposons un être possédant à un degré illimité toutes les perfections imaginables ; si ses perfections sont *à parte rei* distinctes l'une de l'autre, si, par exemple, la beauté est séparée de la sagesse, celle-ci n'aura pas l'être de celle-là, et, par conséquent, ces perfections illimitées, dans leur genre, seront limitées au point de vue de l'être *in ratione entis,* d'où il suit que le sujet dont elles sont les attributs ne sera pas infini *simpliciter,* puisqu'il n'aura que des perfections se limitant les unes les autres. Il faut donc que toutes les perfections viennent se réunir dans un acte d'une simplicité absolue qui n'est que l'infinité elle-

---

1. Page 253.

même : telles sont les deux conditions exigées pour constituer l'infini métaphysique.

Le monde est-il cet infini? Poser la question, c'est la résoudre. Prenons dans le monde la créature la plus parfaite, l'homme. L'homme a t-il la force, la sagesse, la vie, la beauté sans limite? Possède-t-il ces perfections dans un acte d'une simplicité absolue? La réponse ne se discute même pas, et elle s'applique au monde comme à l'homme : non, le monde n'est pas infini.

Il n'est pas nécessaire : « Qu'en savez-vous? dit M. Vacherot. Que ce phénomène, que cette loi ne soit pas essentielle à la notion que vous vous faites du monde, je l'accorde ; mais qui nous dit que cette notion est adéquate à la vérité? Que savez-vous de l'ensemble, du fond, du merveilleux enchaînement des choses, et de cet ordre, de cette symétrie, de cette sympathie qui président au système du monde, pour avoir le droit d'affirmer que ceci pourrait ne pas être, que cela pourrait être autrement sans modifier, sans changer le système tout entier?... Contingente pour l'expérience, la nature est nécessaire pour la raison [1]. »

D'abord nous ne voyons pas les motifs de cet antagonisme entre les données de l'expé-

---

1. Page 261.

rience et celle de la raison ; si l'expérience me dit que la nature est contingente, pourquoi la raison conclurait-elle à sa nécessité ? Quand il s'agit de connaître la nature, la raison s'appuie sur l'expérience et elle doit en accepter les conclusions sous peine de concevoir *à priori* une nature idéale qui ne ressemblera en rien à la réalité. Il est évident que si je me fais, d'un objet, une idée contraire aux notions fournies par l'expérience, j'en aurais une conception fausse ; la raison, pour être dans le vrai, doit donc écouter les leçons de l'expérience, et si celle-ci lui enseigne que la nature est contingente, la raison doit conclure dans le même sens, c'est en effet ce qu'elle ne manque pas de faire quand elle *raisonne juste*.

Le mot *nécessaire* implique l'impossibilité de ne pas être ; en admettant donc (ce qui d'ailleurs est faux) que le monde soit nécessairement tel qu'il est, la question est de savoir s'il *est* nécessairement, c'est-à-dire s'il ne peut pas ne pas exister.

Prenons comme tout à l'heure une partie du monde, l'homme ; si la partie n'est pas nécessaire, il est clair que le tout ne le sera pas davantage, puisque le tout n'est que l'ensemble des parties. Soit donc un homme existant aujourd'hui, il n'a pas été toujours donc il n'est pas nécessaire, car ce qui est nécessaire ne peut pas ne pas exister. Le même raisonnement s'applique à l'espèce tout entière qui n'est que la somme des individualités. Il y a donc une partie du monde qui est contingente, comment dès lors le tout pourrait-il être nécessaire [1] ? La nature est donc contingente pour la raison comme pour l'expérience.

Pour que le monde fût *absolu*, il faudrait qu'il ne pût pas être autrement qu'il n'est en réalité, or quelle contradiction logique y a-t-il à supposer la terre, par exemple, plus grande ou plus petite ? Si l'on objecte que les lois actuelles de la gravitation condamnent cette hypothèse, il est facile de répondre que ces lois seraient autres, et on peut le supposer sans contradiction, ce qui prouve que ni la terre, ni les lois qui la régissent, ne sont absolues au sens métaphysique du mot.

Le panthéisme n'est pas plus heureux quand il affirme que toutes les substances particulières rentrent, pour y être absorbées, dans la substance unique qui n'est autre que la substance divine : « J'entre dans la vie divine, dit M. Vacherot, par la conscience que

1. Voir le Cardinal Zigliara : *Summa philosophica*, 2º vol., p.9.

j'acquiers de mon identité avec l'Etre universel [1]. »

D'abord, je n'ai nullement conscience de cette identité. La conscience me dit, au contraire, et cela à n'en pas douter, que je suis *moi* et non un autre, car la conviction de l'identité personnelle est indestructible.

La raison rend témoignage à la voix de la conscience en m'enseignant que mon moi relatif, fini, imparfait et contingent ne peut être identique à une substance absolue, infinie, souverainement parfaite et nécessaire. Il y a donc au moins deux substances, puisque leurs attributs sont inconciliables; mais n'y en a-t-il que deux, l'une finie, l'autre infinie?

La multiplicité numérique des substances finies est une vérité qui s'impose, car pour soutenir la thèse opposée, c'est-à-dire l'identité numérique de toutes les substances finies, il faudrait affirmer que Platon, par exemple, est le même homme que César, « ce qui est tout à fait absurde, » dit avec raison saint Thomas d'Aquin [2].

M. Vacherot repousse les conclusions du panthéisme, parce que, dit-il [3], si la spéculation et la métaphysique militent en sa

1. Page 265.
2. *Somme théologique*, première partie, q. 76, a. 2.
3. Page 268.

faveur, il est condamné par l'expérience et la psychologie. Nous n'admettons pas cet antagonisme, arbitrairement signalé par M. Vacherot, et nous croyons avoir prouvé que la métaphysique s'unit à l'expérience pour prononcer la condamnation du panthéisme.

II

Le but que se propose l'auteur de *la Métaphysique et la Science* est, on s'en souvient, de chercher un asile où pourront se réfugier les questions les plus vitales et les plus indestructibles de l'esprit humain. Il est allé frapper à plusieurs portes (c'est à ce travail qu'il consacre le premier volume de son ouvrage), et il n'a rencontré que des édifices à demi ruinés, dont les murs ébranlés ne résistent pas à la rude secousse de la critique. Que faire ? Faut-il renoncer à bâtir plus solidement que les devanciers, ou doit-on espérer d'être plus heureux ? M. Vacherot n'est pas de ceux qui désespèrent et, après avoir déblayé le terrain, il va creuser les fondements de la nouvelle métaphysique qu'il veut asseoir sur la psychologie.

L'intention est excellente. Pour édifier une métaphysique vraie, il est nécessaire de bien connaître l'âme et ses facultés et, parmi les facultés, il en est une, l'intelligence, qui doit surtout attirer l'attention du métaphysicien. Ici les questions se pressent, toutes graves et importantes. L'intelligence est-elle une faculté une ou multiple? Les mots intelligence, raison, entendement désignent-ils des facultés distinctes ou simplement diverses opérations d'une seule et unique faculté? Quel est son objet? Comment procède-t-elle dans la recherche et l'acquisition de la science? A quelles sources puise-t-elle ses connaissances? Quelle est, dans les opérations intellectuelles, la part qui revient à l'élément sensible? Tels sont les principaux problèmes qui se placent devant quiconque veut faire reposer la métaphysique sur la psychologie.

Sur toutes ces questions, la pensée de M. Vacherot est-elle bien nette, bien précise, son analyse est-elle d'une rigoureuse exactitude? Nous ne le croyons pas.

D'abord les mots raison, entendement, intelligence désignent-ils des facultés distinctes ou diverses opérations d'une seule et même faculté? D'après M. Vacherot, *l'intelligence* donne leur forme aux matériaux fournis par la sensation, *l'entendement* produit la notion ou l'idée, et l'objet de *la raison* est le jugement. Il pense que ces opérations sont irréductibles et qu'il faut, par conséquent, les rapporter à des facultés distinctes.

Que l'on pose la question quand il s'agit de l'intelligence et de la raison, passe encore; mais faire de l'entendement et de l'intelligence deux facultés, alors que l'on reconnaît que l'intelligence donne leur forme aux éléments fournis par la sensation et que l'entendement produit l'idée, c'est pousser par trop loin la multiplicité des puissances de l'âme. Qu'est-ce, en effet, que produire l'idée, si ce n'est donner leur forme aux éléments sensibles?

Écoutons M. Vacherot :

« Qu'est-ce que la raison? Une bonne défi-
« nition me semble d'autant plus urgente,
« qu'on s'accorde moins sur la fonction pro-
« pre de cette faculté. Tantôt, on étend le
« sens de ce mot jusqu'à faire de la raison la
« faculté générale et collective de connaître,
« ce qui est supprimer la raison comme fa-
« culté originale. Tantôt, on restreint, au
« contraire, le sens du mot au point de bor-
« ner cette faculté à la conception d'un petit
« nombre de vérités *dites métaphysiques*, telles
« que l'infini, le parfait, l'absolu, le néces-
« saire, l'universel, l'être en soi ou la sub-
« stance. Tantôt, enfin, en se rapprochant
« davantage de l'étymologie *ratio*, λογος, on
« voit dans la raison la simple faculté de per-
« cevoir les rapports des choses et l'ordre qui

« en dérive. Cette dernière définition a l'avan-
« tage d'être conforme au sens commun et à
« la langue; mais elle a pour nous le défaut
« grave de nous laisser dans une complète
« ignorance sur les actes et les objets de cette
« faculté qu'invoque sans cesse la métaphy-
« sique dans le cours de ses spéculations. Si
« le mot raison est universellement employé
« pour désigner la faculté qui joint les rapports
« des choses et des idées, la faculté de juger
« et de raisonner, la philosophie serait mal
« venue de protester contre cette signification.
« Mais tout en respectant la langue et le sens
« commun, elle a le droit de rechercher si la
« fonction spéciale que les métaphysiciens
« attribuent à la raison est réelle, et si l'ordre
« d'idées qu'ils y rapportent est autre qu'un
« jeu de scolastique ou une œuvre d'imagi-
« nation. Laissons donc la langue définir la
« raison, la faculté de juger, de raisonner,
« d'affirmer des rapports, et voyons s'il n'y
« a pas dans l'intelligence une faculté qui ait
« sa fonction et son objet propre, correspon-
« dant aux spéculations métaphysiques. Entre
« nous, il s'agit de choses et non de mots;
« qu'importent les mots, pourvu que les faits
« et les actes de l'intelligence soient mis en
« relief!.... Remarquez bien que je ne conteste
« nullement la valeur de la définition banale.

« Le sens commun et la langue, je suis porté
« à le croire, ont presque toujours d'excellentes
« raisons de définir les mots comme ils le font.
« Il est certain que le jugement proprement
« dit est un acte de l'esprit qui diffère réelle-
« ment de la notion ; que, par conséquent,
« il y a lieu de rapporter ces deux actes *à deux*
« *facultés distinctes de l'intelligence* [1]. Mais,
« bien que les mots *entendement* et *raison* ré-
« pondent parfaitement à cette distinction, il
« n'en est pas moins vrai qu'elle n'exprime
« pas une différence essentielle entre deux
« fonctions de l'esprit. Le jugement, de même
« que le raisonnement, n'est que le simple
« résultat d'une opération qu'on nomme la
« comparaison. Ce n'est point une fonction
« de la pensée qui ait son objet propre. Il se
« borne à rapprocher, à réunir les éléments
« fournis par la sensibilité transformée par
« l'entendement ; il ne leur fait pas subir une
« nouvelle transformation. Surtout il n'en
« change pas le caractère, il ne leur donne
« pas cette vertu supérieure, cette portée
« transcendante que les métaphysiciens ont
« cru reconnaître dans l'ordre des idées qu'ils
« attribuent à la raison. Les jugements formés
« de notions contingentes et particulières res-
« tent contingents et particuliers. Quand ils

---

1. Ces mots ne sont pas soulignés dans le texte.

« deviennent nécessaires et universels, cela
« tient à la nature abstraite des notions qui
« servent de termes au rapport. Si donc il
« existe des jugements absolument irréduc-
« tibles aux perceptions de l'expérience et
« aux notions de l'entendement, et propres à
« une faculté nouvelle et originale, comme le
« seraient les jugements *métaphysiques,* au
« dire de nos écoles rationalistes, ce ne peut
« être comme jugement qu'ils possèdent cette
« vertu et relèvent de cette origine. C'est parce
« qu'ils ont pour éléments des notions ou
« des conceptions *sui generis,* et par consé-
« quent irréductibles. Or, ceci est un point
« de fait sur lequel l'analyse seule peut nous
« édifier. Demandons-lui donc si ces juge-
« ments existent, et si, par suite, il y a lieu
« de reconnaître, sous le nom de raison ou
« sous tout autre, une faculté spéciale à la-
« quelle il faille les rapporter [1]. »

A la suite de Kant, M. Vacherot s'engage
dans une longue discussion sur les jugements
analytiques et synthétiques, et il conclut en
disant que « l'analyse moderne prouve invinciblement que la raison, de même que l'entendement, est une faculté originale de l'esprit

---

1. Pages 52 et suiv.

absolument irréductible à la sensibilité[1]. »

Oui, la raison est irréductible à la sensibilité, mais la raison et l'entendement ne sont pas deux facultés originales, c'est-à-dire distinctes et, pour s'en convaincre, il suffit de considérer leurs actes, dit saint Thomas[2]. L'acte de l'entendement (comprendre) consiste dans la simple appréhension de la vérité, et l'acte de la raison (raisonner) est le passage d'une vérité connue à une vérité qui ne l'est pas encore. Dans la recherche de la vérité, en effet, l'homme avance peu à peu, il va d'une vérité connue à une vérité qu'il ne voit pas encore, c'est ce que l'on appelle *raisonner*. Quand il est arrivé au terme de ses investigations, c'est-à-dire à la conclusion qu'il cherchait, il *comprend* la vérité jusqu'alors ignorée, mais ces deux actes, raisonner et comprendre, procèdent de la même faculté, l'intelligence. La raison est donc à l'intelligence comme le mouvement est au repos, puisque la première marche à la conquête de la vérité et que la seconde se repose dans sa possession. Or le mouvement et le repos ne

---

1. Page 113.
2. *Somme théologique*, première partie, q. 79, art. 8. — L'intelligence et l'entendement sont la même faculté, car le mot intelligence ne signifie que l'acte de l'entendement (intellect.). Voir *ibid.*, art. 10.

doivent pas se rapporter à deux causes distinctes, car la force qui nous fait marcher est aussi celle qui nous fait arriver.

Pour accentuer encore la ligne de démarcation qui, d'après lui, sépare l'entendement de la raison, M. Vacherot en appelle à l'abstraction. Son interlocuteur lui propose la doctrine, vraie, selon nous : « Il nous « semble, dit-il [1], que toute notion (idée « abstraite) n'est qu'une simple perception « devenue commune par l'élimination de cer« tains éléments individuels. Ainsi, la repré« sentation de telle ou telle réalité concrète « est une perception. Mais si, après compa« raison d'un certain nombre de réalités sem« blables, vous en retranchez tout ce qui en « fait des objets individuels, il restera ce que « vous appelez la notion, notion de table, de « livre, de pierre, de plante, d'animal, « d'homme, etc. Nous ne voyons là rien de « bien nouveau et nous n'éprouvons pas le « besoin de recourir à une fonction originale « de l'intelligence pour expliquer la notion : « l'abstraction et la généralisation nous suffi« sent. Or, abstraire et généraliser, de l'aveu « de toutes les écoles, ne sont pas des facul« tés, mais de simples opérations de l'esprit. » M. Vacherot n'accepte pas cette théorie et il

Page 20.

répond « que cette explication ne tient pas devant l'analyse. » Nous pensons, au contraire, que l'analyse ne nous oblige nullement à recourir à une faculté *originale* pour expliquer l'abstraction et la généralisation.

En effet, je vois un objet quelconque, un fleuve, par exemple; ses flots sont limpides, ses bords sont boisés, il coule entre deux chaînes de montagnes. J'ai, pour parler le langage de M. Vacherot, la *perception* de tel fleuve. J'en rencontre un second, un troisième, un quatrième, et je constate qu'ils présentent tous un caractère unique dans des conditions différentes. Le caractère unique, c'est un cours d'eau, coulant entre deux rives; les conditions diffèrent, c'est-à-dire que les rives de l'un sont boisées, celles de l'autre sont nues, celui-ci s'avance entre des montagnes, celui-là circule dans une plaine, mais, dans ces milieux si divers, le caractère fondamental est toujours le même.

Ne puis-je pas, sans recourir à une autre faculté que celle qui m'a fait connaître le premier fleuve, abstraire les conditions particulières et dire, d'une manière générale : un fleuve est un cours d'eau coulant entre deux rives? Pourquoi faire intervenir une faculté nouvelle? N'est-il pas plus simple et plus raisonnable d'admettre que la faculté qui nous fait voir le *concret* a la puissance de le séparer de ses conditions individuelles et d'en tirer *l'abstrait*? Si ces deux opérations correspondent à deux facultés, comment l'une rendra-t-elle témoignage à l'autre? comment puis-je savoir que la *notion* correspond à la *perception*, c'est-à-dire l'abstrait au concret? La faculté qui nous fait percevoir le concret est donc la même qui nous permet de former l'abstrait : les opérations sont diverses, mais la faculté est la même.

M. Vacherot aura-t-il la main plus heureuse dans le problème psychologique par excellence : l'origine des idées?

Deux principaux systèmes sont en présence : celui des idées innées et celui des idées acquises par l'abstraction à l'occasion de la sensation.

Entre ces deux théories irréductibles, M. Vacherot n'a pas voulu prendre résolument son parti, il passe de l'une à l'autre et il est assez difficile de savoir s'il a, sur ce sujet capital, une opinion bien arrêtée.

Il adopte la thèse de Kant sur le concept *à priori* d'étendue. Les sensations sont innombrables, mais, selon M. Vacherot, « le rôle « de l'esprit est parfaitement simple et uni- « forme. Il est toujours et partout le même. « Il consiste dans un acte de l'esprit qui se

« répète invariablement, sous chaque impres-
« sion des objets, dans chaque intuition em-
« pirique. Cet acte est une *synthèse* qui abou-
« tit toujours au *concept* d'étendue. » Cet acte
qui aboutit toujours au concept d'étendue
est, on vient de le dire, le fait de l'esprit, et,
quelques lignes plus bas, l'auteur le met sur
le compte de l'imagination : « Ce second
« élément, dit-il, est une synthèse de l'ima-
« gination qui constitue le concept de l'éten-
« due. »

Il faudrait cependant savoir si ce concept
invariable est formé par l'intelligence ou par
l'imagination. L'imagination, en effet, est une
faculté sensible qui ne peut refléter que tel ou
tel objet particulier, et qui, par conséquent,
est impuissante à former un concept aussi
abstrait et aussi métaphysique que l'étendue.

Quoi qu'il en soit, M. Vacherot, fidèle aux
inspirations de Kant, nous offre le concept
d'*étendue*, comme résultat de l'acte primordial de l'intelligence faisant la synthèse des
intuitions empiriques : « Il n'y a, dit Kant,
« que deux formes pures de nos intuitions
« sensibles, comme principes de la connais-
« sance *à priori*, savoir : l'espace et le temps...
« L'espace est une représentation nécessaire
« *à priori*, qui sert de fondement à toutes les
« intuitions extérieures... Le temps est une

« représentation nécessaire qui sert de fonde-
« ment à toutes les intuitions[1]. »

Ces principes d'idéologie sont-ils solides ?
Est-il vrai que l'espace et le temps soient les
formes les plus générales des représentations
sensibles ? n'y en a-t-il pas une autre plus
radicale ? Kant, malgré ses apparences si
austères, ne s'est-il pas laissé tromper par son
imagination ? Il admet sans difficulté « que
toutes nos connaissances commencent par
l'expérience, » et que les sens « excitent l'activité intellectuelle[2] ». Or, voyant que tous
les objets de nos connaissances expérimentales se présentent toujours dans la double
atmosphère, pour ainsi dire, de l'espace et
du temps, il a fait de l'espace et du temps les
formes primordiales de l'intelligence. C'est
une grave erreur : plus loin et plus haut que
l'espace et le temps, il y a une forme plus
générale que revêtent tous les concepts et qui
constitue l'acte primordial de l'intelligence,
c'est *la notion d'être*. C'est ce que démontre
admirablement saint Thomas d'Aquin.

Dans la connaissance intellectuelle, dit-il[3],

---

1. *Critique de la raison pure* : Esthétique transcendantale, section I et II.

2. *Ibid.*, introduction.

3. *Somme théologique*, I^e p., q. 85, a. 3.

il faut considérer deux choses : premièrement, qu'elle a son point de départ dans la sensation, et comme la sensation ne perçoit que le particulier, tandis que l'intelligence perçoit l'universel, il est nécessaire que, pour nous, la connaissance du particulier précède celle de l'universel. Il faut savoir, en second lieu, que l'intelligence procède de la puissance à l'acte, c'est-à-dire que l'idée, terme de l'activité intellectuelle, se forme peu à peu. Tout le monde est bien obligé d'avouer qu'on n'arrive pas, du premier coup, à la science parfaite. Or tout ce qui procède de la puissance à l'acte passe par l'acte incomplet avant de parvenir à l'acte complet, c'est-à-dire que la science est imparfaite avant de ne laisser rien à désirer. La science imparfaite est obscure et confuse, et par conséquent plus générale que la science claire et précise. Quand je contemple un objet, je vois d'abord *qu'il est* ; cette connaissance est la première de toutes et aussi la plus vague et la plus confuse ; je l'étudie ensuite dans ses détails et j'en acquiers une science plus nette, par conséquent, plus particulière. La connaissance vague et générale tient donc le milieu entre la puissance et l'acte parfait, d'où il suit nécessairement que celle-là précède celui-ci. Or quelle est cette connaissance primordiale qui précède toutes les notions ultérieures ? C'est l'idée d'être. Avant toute recherche, avant toute connaissance précise, nous voyons que *l'objet est* : l'idée d'être est donc la première de toutes, elle est la forme sous laquelle nous apparaît la multiplicité presque infinie des objets de la connaissance.

Nous disions tout à l'heure que, dans la perception sensible, le particulier se présente à nous avant l'universel. Mais il faut bien entendre le principe de saint Thomas. D'abord, comme nous recherchons l'acte premier de la connaissance intellectuelle, nous n'aurions pas à nous préoccuper de ce fait psychologique, mais la thèse du saint Docteur est parfaitement une. Il veut dire que notre connaissance, partant de la sensation, est particulière d'abord et générale ensuite, la sensation ne pouvant nous donner qu'une connaissance particulière, il s'agit donc de la genèse de la connaissance et non de son acte. Mais dans l'acte de la connaissance, même sensible, l'universel précède le particulier. Tout le monde l'a expérimenté. On voit un objet d'une manière confuse d'abord, la vue nette et particulière ne vient qu'après[1].

1. Ens est primum quod cadit in apprehensione simpliciter. *Somme théol.* 1ª, 2ª, q. 94, a. 2.

Kant est bien obligé de faire la part de l'élément sensible dans le phénomène de la connaissance, mais, à mesure qu'il avance dans sa critique, il le diminue graduellement, et il finit par le supprimer, de sorte, qu'en dernière analyse, la théorie kantienne, avec ses concepts purs *à priori*, n'est qu'une variété de la thèse des idées innées.

Dans son analyse de l'entendement, M. Vacherot semble se rapprocher de l'hypothèse des idées innées, que, cependant, il traite d'absurde quelque part[1]. Il est difficile, en effet, de ne pas voir cette théorie célèbre dans ces conceptions *à priori* des types de toutes choses. L'éminent écrivain ne croit pas que l'abstraction suffise pour former le concept idéal, et il pense que l'esprit le conçoit *à priori* : « L'esprit, dit-il, n'abstrait pas les
« *types* des figures géométriques, il les conçoit
« *à priori* : quand je dis *à priori*, je ne pré-
« tends pas qu'il les tire absolument de son
« propre fonds, qu'il les crée indépendam-
« ment de toute perception empirique. Per-
« sonne ne conteste, pas même l'idéalisme
« platonicien, qu'il ne les conçoit qu'à propos
« des réalités que lui révèle l'expérience.
« Toujours est-il que l'esprit conçoit *à priori*
« les figures géométriques, c'est-à-dire que,

[1]. Page 113.

« sans comparaison et sans induction, il
« aperçoit immédiatement, sur le premier
« exemple venu, le type, l'idée qui lui sert
« tout à la fois de principe, de définition et
« de mesure de perfection[1]. »

Les deux théories contraires sur l'origine des connaissances abstraites se trouvent à la fois dans ces quelques lignes. D'une part, l'esprit les conçoit *à priori* sans comparaison et sans induction, et d'autre part, cependant, il ne les conçoit qu'à propos des réalités que lui révèle l'expérience. Laquelle des deux solutions faut-il choisir? On ne peut pas les concilier, car elle se contredisent. Si, en effet, l'esprit *conçoit les connaissances* abstraites à propos des réalités extérieures, c'est donc, de ces réalités, qu'il abstrait l'idée ; s'il en est ainsi, il ne les conçoit pas *à priori* sans comparaison et sans induction. Si, au contraire, il les conçoit *à priori*, à quoi bon les réalités extérieures qui ne peuvent lui servir, ni pour la comparaison, ni pour l'induction ? M. Vacherot partage évidemment l'avis de Platon tout en repoussant ses exagérations. On sait que, d'après Platon, l'intelligence acquiert la science par son union avec les idées. Les idées ont une existence indépendante et séparée, et elles communiquent la science à l'esprit

---

1. Page 23.

humain. Platon était obligé de faire intervenir les idées, parce qu'il niait à l'intelligence le pouvoir de puiser la science dans les choses sensibles.

Cette opinion, combattue par saint Thomas d'Aquin, repose sur une étude, un peu superficielle peut-être de la nature humaine et des lois de la pensée. Les explications les plus simples sont toujours les plus vraies, et si, sans aller puiser la science dans je ne sais quelles formes séparées, nous en voyons l'origine dans les forces que le créateur a données à l'intelligence, il sera inutile d'en chercher la source si loin, alors qu'elle est si près de nous. Or l'esprit humain, laissé à ses seules forces, ne peut-il pas former le concept abstrait d'arbre, de pierre, de livre, de bien, de juste, etc. ?... Il le peut évidemment, et nous l'avons prouvé, lorsque, tout à l'heure, nous avons décrit le procédé de l'intelligence formant le concept abstrait de fleuve. Ce procédé est toujours le même, quel que soit le concept dont il s'agisse : « On ne « s'est jamais avisé, dit M. Vacherot, de faire « de l'idée du bien une simple abstraction « de la réalité[1]. » Pourquoi pas ? Pourquoi ne puis-je pas, avec l'aide d'une réalité bonne, former le concept abstrait du bien absolu,

1. Page 24.

comme je tire, de cette réalité, qui s'appelle un fleuve, le concept de fleuve en général ? Sans doute le bien absolu n'est pas *contenu* dans le bien particulier, mais si je ne puis pas l'en *extraire*, je puis en *abstraire* l'idée ? Il suffit pour cela de dépouiller la réalité bonne de ses conditions individuelles, de n'y considérer que le bien, et d'en reculer les limites. L'intelligence, avec sa faculté d'abstraire, n'est-elle pas capable d'opérer cette transformation et est-il nécessaire d'aller demander *aux idées* des notions dont l'origine s'explique si simplement ?

« C'est Platon, s'écrie M. Vacherot, c'est
« Platon et l'idéalisme qui ont raison sous la
« forme un peu chimérique de leurs théories,
« et c'est le prétendu bon sens des empiriques
« qui a tort. Entre la perception et la notion,
« entre l'expérience pure et l'entendement,
« il y a un abîme que tout l'art des transfor-
« mations ne comblera jamais, Locke, Con-
« dillac et bien d'autres y ont échoué[1]. »
Oui, Locke et Condillac y ont échoué : le premier, parce qu'il n'a pas tenu la balance exacte entre la perception et la notion, et le second, parce qu'il a dépassé toute mesure, en faisant de la notion une perception transformée et en osant soutenir que la faculté elle-

1. Page 39.

même tire son origine de la perception. Mais il y a d'autres philosophes qui n'ont pas accepté l'idéalisme de Platon et qui ont réussi à expliquer l'origine des notions abstraites.

Du reste, un peu plus loin, M. Vacherot semble revenir à la théorie vraie qu'il vient de renier : « C'est l'expérience, dit-il, qui « fournit à la notion tous ses éléments et « l'entendement qui en fait une synthèse. La « part de l'une est la *matière*, et la part de « l'autre est la *forme* dans l'élaboration de la « notion....., Pour nous, l'entendement, sans « être le moins du monde une table rase ou « une capacité purement passive, est une fa- « culté riche d'activité, mais absolument vide « de matière; ses concepts les plus purs, ses « types les plus abstraits, ne sont que des syn- « thèses d'éléments empiriques. En un mot, « l'entendement tire tout de l'expérience, rien « de son propre fonds [1]. »

Pour nous aussi, c'est l'expérience qui fournit à la notion tous ses éléments, et c'est l'entendement qui en opère la synthèse en faisant reposer son abstraction sur les données expérimentales. Nous ne comprenons pas seulement pourquoi on n'appellerait pas l'entendement *une table rase*, puisqu'on reconnaît

---

1. Pages 17-18.

qu'il est absolument vide de matière, car sa richesse d'activité ne fait pas qu'il y ait quelque chose d'écrit [1].

En faisant l'analyse de la raison, M. Vacherot accepte la classification de Kant sur les jugements analytiques et synthétiques; cette classification est, d'après nous, arbitraire, mais nous ne voulons pas la discuter, nous nions seulement qu'il se trouve des jugements synthétiques *à priori* irréductibles à l'analyse et à l'expérience, et nous ne voyons pas que, pour les expliquer, il faille recourir à une faculté spéciale que M. Vacherot appelle la raison [2].

Nous avons déjà démontré que la raison n'est pas une faculté distincte de l'intelligence, nous allons prouver maintenant que ses jugements ont l'origine commune à toutes nos idées; savoir la sensation et l'abstraction.

« S'il fallait en croire les écoles empiriques, « dit M. Vacherot [3], les conceptions (d'infini, « d'absolu, d'universel, d'être en soi) dont ces

---

1. Dans notre ouvrage : *Saint Thomas d'Aquin et la philosophie cartésienne*, nous avons traité en détail (tome II, l. vi) l'importante question de l'origine des idées. Nous ne l'abordons ici que dans la limite nécessaire pour notre discussion avec M. Vacherot.
2. Page 58.
3. Page 70.

« jugements sont formés n'auraient rien de
« nouveau pour l'analyse, n'étant que des né-
« gations des notions corrélatives de l'enten-
« dement..... Mais l'empirisme se fait trop
« beau jeu : il mutile la vérité pour l'expliquer. »
Si l'empirisme[1] mutile la vérité pour l'expliquer, pourquoi M. Vacherot accepte-t-il ses
procédés et sa méthode ? Il dit, en effet, après
avoir analysé quelques jugements de la raison :
« Rien n'est moins mystérieux que les opé-
« rations de cette faculté que nous nommons
« la raison : tout se réduit pour elle à abs-
« traire et à analyser. C'est de l'abstraction
« et de l'analyse que l'esprit humain tire ces
« merveilles de la pensée qui étonnent ceux
« qui ne s'en rendent pas compte, et leur font
« supposer dans la raison une faculté surna-
« turelle et vraiment révélatrice. Le passage
« du contingent au nécessaire, du relatif à
« l'absolu, du particulier à l'universel, du
« fini à l'infini, a paru impossible à franchir
« autrement que par un saut extraordinaire
« et comme surhumain de la pensée. Vous
« avez vu comment l'esprit le franchit, sans
« autre secours que l'analyse et sans autre ef-
« fort que l'abstraction [2]. »

1. Nous entendons par empirisme toute la philosophie qui accepte l'adage célèbre : *Nihil est in intellectu.....*
2. Page 101.

Nous voudrions que M. Vacherot restât toujours fidèle à cette explication vraie de l'origine des notions rationnelles; mais, s'il y revient souvent, il s'en éloigne plus souvent encore. Voici, en effet, ce qu'il dit quelques pages plus loin : « L'esprit ne peut tirer d'au-« cune manière l'infini du fini, l'absolu du « relatif, le nécessaire du contingent, l'uni-« versel du particulier, ni par soustraction ou « addition, ni par analyse ou synthèse. S'il « va de l'intuition à la notion, de la notion à « la conception, c'est en vertu d'une force « irrésistible qui développe sa pensée [1]. »

Pour nous, nous nous en tenons toujours au même double principe : la sensation et l'abstraction. L'esprit humain, nous l'avons dit déjà, a la puissance d'abstraire, et cette puissance explique l'origine des notions d'infini, d'absolu, de nécessaire, etc., etc. S'il s'agit de l'infini, je remarque que cette notion est composée de deux éléments, l'un positif, l'autre négatif.

L'élément positif est la qualité que je constate dans un être quelconque, et l'élément négatif est celui que me fournit l'abstraction en supprimant la limite. Je suis une marche analogue pour toutes les autres notions.

Relevons maintenant une opinion au moins

[1]. Page 114.

hasardée, à notre avis, du savant écrivain :
« L'esprit, dit-il, a beau remonter la chaîne
« des êtres dont se compose la vie universelle,
« il n'arrive jamais, si haut qu'il remonte, à
« pouvoir se fixer sur un être entièrement in-
« dépendant et vraiment absolu, dans la
« stricte acception du mot. Et si, au lieu d'un
« être individuel, il prend une série, un sys-
« tème d'êtres, si grand, si étendu qu'on le
« suppose, à moins qu'il ne comprenne le tout,
« la pensée ne pourra pas davantage s'arrêter
« à cette série ou à ce système. On ne peut
« même, comme l'a fait Aristote, s'arrêter à
« un premier moteur comme à un dernier an-
« neau de la chaîne, comme à un suprême
« individu auquel *toute la nature serait*
« *comme suspendue*. Kant l'a démontré invin-
« ciblement dans ses *Antinomies*[1]. »

Si, comme le croit M. Vacherot, la démonstration de Kant est rigoureuse, les principaux arguments en faveur de l'existence de Dieu sont renversés. Examinons donc si la preuve de Kant est invincible.

Le solitaire de Kœnigsberg oppose l'antithèse à la thèse, et il s'efforce de démontrer que les arguments de l'une sont aussi concluants que les preuves de l'autre ; si la donnée est vraie, c'en est fait de la raison, elle est condamnée à

1. Page 86.

un scepticisme irrémédiable. Voici l'antithèse
« de Kant: Il n'existe nulle part aucun être abso-
« lument nécessaire, soit dans le monde, soit
« hors du monde, comme en étant la cause. —
« Preuve: supposé que le monde soit lui-même,
« ou qu'il y ait en lui un être nécessaire : alors,
« il y aurait dans la série de ses changements
« un commencement qui serait absolument
« nécessaire, par conséquent qui serait sans
« cause; ce qui répugne à la loi dynamique
« de la détermination de tous les phénomènes
« dans le temps. Ou bien la série même se-
« rait sans aucun commencement, et quoique
« contingente et conditionnée dans toutes ses
« parties, elle serait cependant, dans le tout,
« nécessaire et inconditionnée, ce qui est con-
« tradictoire, puisque l'existence d'une mul-
« titude ne peut être nécessaire si aucune de
« ses parties n'a en soi une existence néces-
« saire.

« Supposé qu'il y ait, au contraire, une
« cause absolument nécessaire hors du monde :
« alors cette cause, comme premier membre
« dans la *série des causes de changements* du
« monde, commencerait d'abord l'existence de
« ces causes et leur série. Mais alors, il serait
« nécessaire aussi qu'elle commençât à agir,
« et sa causalité aurait lieu dans le temps et,
« par cette raison, ferait justement partie de

4

« l'ensemble des phénomènes, c'est-à-dire du
« monde. Par conséquent, la cause elle-même
« ne serait pas hors du monde, ce qui contre-
« dit la supposition. Il n'y a donc ni dans le
« monde, ni hors du monde (mais avec lui en
« union causale) un être absolument néces-
« saire [1]. »

Il est facile de voir combien l'édifice de Kant est fragile. Écartons d'abord les deux premières hypothèses détruites par Kant lui-même, à savoir : « Supposé que le monde soit lui-même ou qu'il y ait *en lui* un être nécessaire. » Si le monde est par lui-même, il est nécessaire; par conséquent, non seulement il a un commencement nécessaire, comme dit Kant, mais il n'a pas de commencement : l'être nécessaire ne pouvant pas commencer. Si l'être nécessaire est dans le monde, la série, contingente et conditionnée dans ses parties, serait nécessaire et inconditionnée dans le tout, ce qui est contradictoire. « Supposé, ajoute Kant, qu'il y ait une cause absolument nécessaire hors du monde, cette cause, comme premier membre dans la série des changements du monde, commencerait d'abord l'existence de ces causes et leur série. » C'est ici que nous surprenons Kant en flagrant délit de contra-

1. *Critique de la raison pure* : Dialectique transcendantale, l. II, ch. II.

diction. S'il y a, en effet, hors du monde une *cause nécessaire*, elle ne peut pas être le premier membre d'une série de changements, car il répugne qu'une cause nécessaire soit sujette au changement. Qui dit nécessaire dit un être ne pouvant pas exister autrement qu'il n'est et, par conséquent, incapable de changer. « Mais alors, ajoute Kant, il serait nécessaire aussi qu'elle commençât à agir. » C'est évident. Il est clair que si le monde a une cause, cette cause a dû agir pour le faire. Sa causalité, d'après Kant, aurait lieu dans le temps. Il suffit de s'entendre. Si la cause est hors du monde (et c'est l'hypothèse), elle est aussi hors du temps, puisque le temps n'est que la mesure de l'existence des choses qui sont dans le monde. Lorsque la cause est entrée en activité pour produire le monde, le temps a commencé, et, dans ce sens, on peut dire que sa causalité est dans le temps. Mais la conclusion de Kant est tout à fait inattendue, car elle n'est nullement contenue dans les prémisses : « Donc, dit-il, la cause fait partie du monde, ce qui contredit la supposition. » Comment? parce que la cause fait le monde et, du même coup, le temps, elle ne serait plus hors du monde et en deviendrait une partie intégrante? Mais depuis quand l'ouvrier fait-il partie de son œuvre? En vertu de quel principe est-on autorisé à conclure, sinon à leur identité, du moins à leur voisinage si intime qu'ils ne sont plus que les parties d'un même tout ?

L'argumentation de Kant n'est pas sérieuse, et il faudrait des mains plus fortes que les siennes pour renverser les preuves scolastiques de l'existence de Dieu [1].

Si la pensée de M. Vacherot est indécise sur le problème de l'origine des idées, elle est en revanche fort nette sur une question bien autrement importante : la nature de Dieu. D'après l'auteur de *la Métaphysique et la Science*, Dieu n'est l'Être souverainement parfait qu'à la condition de ne pas exister. Il développera longuement cette thèse dans la troisième partie de son ouvrage, mais il est facile d'en suivre déjà la trace au second volume où il analyse la théodicée d'Aristote, de Leibnitz et de Platon :

« Dans la doctrine d'Aristote, l'univers
« forme un système d'êtres tous indépendants
« de Dieu, quant à leur existence, à leur
« essence propre, et même à leur activité.
« Dieu n'est que leur fin ; c'est par là qu'il

[1]. Il n'entre pas dans notre sujet de développer ceci : nous avons voulu montrer seulement que l'autorité de Kant, sur laquelle s'appuie M. Vacherot, n'est pas à invoquer.

« est pour eux le principe de tout bien et de
« toute perfection. Aristote ne comprend pas
« Dieu comme un principe d'existence et
« d'essence pour les êtres du monde ; il ne
« le conçoit pas même comme un principe
« moteur, dans le sens absolu du mot. Il ne
« lui semble pas nécessaire de remonter à
« une cause étrangère et supérieure pour
« expliquer l'existence, l'essence, le mouve-
« ment des êtres sensibles, il trouve cette
« explication dans l'idée même de la nature,
« telle que l'expérience la lui a montrée. Une
« seule chose lui paraît inexplicable, si l'on
« ne remonte pas au delà de la nature, c'est
« l'ordre, l'harmonie, le bien qui éclatent dans
« l'univers. C'est là seulement ce qui lui fait
« comprendre la nécessité d'un Dieu. Aussi
« le représente-t-il vis-à-vis du monde comme
« un chef au milieu de son armée, ou comme
« un monarque gouvernant son empire. »

Nous avouons de bonne grâce que la pensée d'Aristote a fléchi dans la grave question de l'éternité du monde. S'il dit, en effet, qu'il est des problèmes dont on ne peut pas trouver la solution, et que l'éternité du monde est de ce nombre[1], il penche évidemment pour l'affirmative ainsi qu'on peut s'en convaincre en lisant les passages *de cœlo et mundo*, l. II,

1. *In primo Topicorum.*

ch. I. — *Physicorum*, l. VIII. Saint Thomas d'Aquin l'admet sans difficulté : *Aristoteles posuit mundum semper fuisse*[1]. La création est un mystère et, sans la révélation, l'intelligence la plus forte n'a pu s'élever jusque-là. Mais il est inexact de dire qu'Aristote ne conçoit pas Dieu comme principe moteur et qu'il se passe de son intervention pour expliquer le mouvement des êtres sensibles. Il prouve, au contraire (XII, *Metaphysicorum*), la nécessité d'un moteur immobile, éternel, principe premier, auquel il accorde tous les attributs de la divinité. L'ordre qui règne dans la nature est, pour Aristote, une preuve de l'existence de Dieu, « *entia*, dit-il, *nolunt male gubernari*, » mais elle n'est pas la seule, et saint Thomas, en commentant ces paroles, conclut, avec Aristote, que le monde a un maître, qui est premier moteur, intelligence première et bien suprême.

La philosophie d'Aristote n'est pas parfaite, et cependant nous nous associons volontiers aux éloges que lui décerne M. Vacherot :
« C'est le chef-d'œuvre de la pensée antique,
« peut-être de la pensée humaine, pour la
« précision, la clarté, la profondeur, l'en-
« chaînement. Mais ce chef-d'œuvre est
« incomplet... Cette philosophie, incompa-

---

[1]. *Quæstiones de Potentiâ*, q. 3e, a. 17.

« rable comme science, est insuffisante comme
« métaphysique[1]. » Nous ne demandons pas
mieux que de voir compléter la philosophie
d'Aristote, mais le moyen dont se sert
M. Vacherot pour en combler les lacunes nous
paraît au moins étrange. Il voudrait, en effet,
qu'Aristote, pour être complet, fût panthéiste.
« Le sens de l'infini, de l'universel, lui
« manque entièrement, dit-il. Tout y est
« conçu (dans cette philosophie), représenté
« individuellement ; le monde n'est qu'un
« système d'individus ; le principe du monde
« n'est qu'un individu. Or, la raison conçoit
« ce principe avant tout comme l'Être uni-
« versel. Que cette universalité puisse ou ne
« puisse pas se concilier avec l'individualité
« et la personnalité, c'est une difficulté à
« résoudre ultérieurement. Toujours est-il
« que nier l'universalité du principe suprême,
« c'est nier son infinité, c'est-à-dire son
« essence même. La raison veut qu'il com-
« prenne tout, que tout tienne de lui et
« conserve en lui non seulement la fin et le
« mouvement, mais encore la substance de
« son être. »

On ne peut donc, selon M. Vacherot, concevoir l'Être infini qu'en admettant son identité substantielle avec tout ce qui est. S'il en

---

1. Pages 274-275.

était ainsi, l'infinité du premier principe serait matérielle, et par conséquent illusoire, car que peut ajouter à l'Être infini la réunion de tous les êtres finis? Ce n'est pas ainsi que les philosophes entendent l'infinité de Dieu. Dieu, disent-ils, est la perfection absolue, il a donc la totalité de l'être et il est impossible de découvrir en lui un principe qui puisse le limiter. La limite, en effet, vient de deux sources : ou de l'agent qui l'impose, ou du sujet qui la reçoit; or, aucun agent ne peut avoir action sur Dieu, puisqu'il ne dépend de personne, et le sujet, c'est-à-dire l'Être divin, peut encore moins, si c'est possible, recevoir une limite, car elle irait se heurter partout à une perfection qui la repousse. L'infinité de Dieu ne consiste donc pas dans son union substantielle avec l'universalité des créatures, elle consiste dans la possession de toutes les perfections illimitées dans un acte d'une simplicité absolue.

M. Vacherot reproche encore à Aristote de faire de Dieu une abstraction [1]; ce reproche est immérité, car la métaphore dont se sert Aristote pour désigner Dieu indique, à elle seule, qu'il en fait une personnalité réelle et vivante. Parlant, en effet, de l'ordre qui règne

---

1. Page 277.

dans le monde, « il faut, dit-il, qu'il y ait un Maître, *unus sit princeps*[1]. »

L'auteur de la *Métaphysique et la Science* range Leibnitz parmi les philosophes empiriques; il eût été plus naturel de le mettre au nombre des idéalistes.

Leibnitz est, en effet, partisan résolu des idées innées : « J'ai toujours été, dit-il[2], « comme je suis encore, pour l'idée innée de « Dieu, que M. Descartes a soutenue, et par « conséquent pour d'autres idées innées qui « ne nous sauraient venir des sens. Mainte- « nant, je vais encore plus loin, conformé- « ment au nouveau système, et je crois même « que toutes les pensées et actions de notre « âme viennent de son propre fonds, sans « pouvoir lui être données par les sens, comme « vous allez voir dans la suite..... On doit « dire que toute l'arithmétique et toute la géo- « métrie sont innées et sont en nous d'une « manière virtuelle en sorte qu'on les y peut « trouver en considérant attentivement et « rangeant ce qu'on a déjà dans l'esprit, sans « se servir d'aucune vérité apprise par l'expé- « rience ou par la tradition d'autrui, comme « Platon l'a démontré dans un dialogue où

1. *Metaphysicorum*, l. XII.
2. *Nouveaux Essais sur l'entendement humain*, l. I, §§ 1 et 5.

« il introduit Socrate menant un enfant à
« des vérités abstruses par les seules inter
« rogations, sans lui rien apprendre. »

On ne peut pas exposer plus formellement
la doctrine des idées innées.

M. Vacherot, injuste pour le Dieu d'Aristote, l'est aussi pour le Dieu de Leibnitz :
« Le Dieu de Leibnitz, dit-il [1], la monade des
« monades, si haut que l'ait élevée au-dessus
« de l'humanité la sévère raison de notre
« philosophe, n'est que l'idéal de cette huma-
« nité. Dans cet admirable système, l'homme,
« la nature et Dieu, tout s'explique donc par
« un principe unique. » Non, tout ne s'explique pas par un principe unique, dans le
système de Leibnitz, et Dieu est autre chose
que l'idéal de l'humanité.

Le mot idéal peut s'entendre dans deux
sens. On peut, en effet, appeler de ce nom un
Etre réellement existant et réalisant, à un degré infini, toutes les perfections partielles des
créatures; ou bien on peut vouloir désigner
une conception idéale, n'ayant d'autre réalité
que dans l'intelligence. C'est dans ce second
sens, nous aurons occasion de le prouver, que
M. Vacherot prend le mot idéal quand il l'applique à Dieu. Pour lui, en effet, un Dieu
réel est une contradiction dans les termes :

1. Page 295.

« C'est, en quelque sorte, par respect pour la nature divine » que M. Vacherot lui interdit l'existence [1]. Il faut avouer que c'est singulièrement respecter la divinité que de lui déclarer qu'elle a une existence chimérique. Leibnitz se fait de Dieu une tout autre idée, il suffit, pour s'en convaincre, de lire son beau livre : *Essais de théodicée.*

Le dernier entretien du second volume, *la Métaphysique et la Science*, est consacré à la critique de l'idéalisme : « L'idéalisme, c'est
« là son caractère propre, a la prétention de
« faire la science *à priori*, autant que possi-
« ble. Son idéal serait de tirer la science tout
« entière de l'esprit, en faisant abstraction
« complète des choses. Comme cela est tout-
« à-fait impossible, il se résigne à consulter
« l'expérience. Mais il faut lui rendre cette
« justice qu'il y puise le moins possible [2]. »
La discussion célèbre sur les idées de Platon vient tout naturellement dans la critique de l'idéalisme.

Il est plus que probable, sinon absolument certain, que Platon a placé les idées en dehors de Dieu, et ses admirateurs, le P. Thomassin et M. Cousin entre autres, ont tenté une entreprise bien difficile en

---

1. P. Janet, *la Crise philosophique.*
2. Page 307.

essayant de prouver que les idées platoniciennes ne sont que l'intelligence divine elle-même. Selon nous, ils n'ont pas réussi. Quoi qu'il en soit, M. Vacherot prétend que l'absurdité est la même, soit que les idées soient en Dieu, soit qu'elles aient une existence séparée. « Je sais bien, dit-il[1], qu'on essaye
« de faire disparaître l'absurdité en faisant
« résider ces êtres intelligibles dans le sein de
« Dieu. Mais ce n'est que la déplacer. Il est
« aussi impossible de concevoir l'*Être* des
« idées en Dieu, que dans un monde intel-
« ligible à part. Ou nous ne savons ce que
« nous disons, en parlant de l'intelligence
« divine, ou nous la concevons sur le type
« de l'intelligence humaine. J'admets bien
« qu'il y ait de l'une à l'autre la distance de
« la perfection à l'imperfection, mais je ne
« puis comprendre que les idées ou notions
« de l'entendement divin soient des êtres
« véritables, et qu'il y ait, entre les deux
« entendements, la différence de l'être à Dieu.
« J'avoue que je n'ai jamais su ce que la
« métaphysique veut dire quand elle réalise
« les idées en Dieu. »

La métaphysique ne fait pas, *des idées*, des êtres qui existent dans l'entendement divin, séparés et distincts de l'intelligence divine,

[1]. Page 310.

elles ne sont que l'intelligence de Dieu, ou plutôt que l'essence même de Dieu, en tant qu'elle est le type suprême de tout ce qui est[1]. Puisque M. Vacherot n'a jamais su ce que la métaphysique voulait dire quand elle réalise les idées en Dieu, saint Thomas d'Aquin va nous l'apprendre[2].

Tout être intelligent n'agit qu'autant qu'il a en lui la raison de son acte; sans cela, il agirait sans savoir ce qu'il fait; or, Dieu est intelligent, on ne peut pas supposer qu'il agisse d'une manière aveugle; il a donc en lui la raison de ses œuvres, et c'est précisément ce qu'on appelle l'idée. En outre, la cause universelle ne produit pas un effet particulier si elle n'y est pas déterminée; or, Dieu, cause universelle, est, par cela même, cause des effets particuliers. Pour les produire, il faut donc qu'il y soit déterminé par quelque chose, c'est-à-dire par la raison qui lui fait exécuter tel effet particulier. Si Dieu, en effet, n'avait pas en lui le type d'après lequel il a produit l'homme, par exemple, il est clair qu'il ne l'aurait jamais fait. De même qu'un artiste doit avoir en lui la raison, le modèle de son œuvre, de même Dieu doit

---

1. Voir l'opuscule du P. Van den Berg : *de Ideis divinis*.
2. *De Veritate*, q. III, a. 1.

nécessairement posséder le type d'après lequel il a réalisé toutes choses. Ces idées ne sont que l'essence divine elle-même considérée en tant que les créatures peuvent, de très loin, lui ressembler et entrer en participation affaiblie de quelques-unes de ses perfections.

Les *idées* jouent un rôle capital dans les théories platoniciennes, elles sont l'unique chemin pour arriver à la science. Platon, nous l'avons dit, supposait que la science ne peut pas se puiser dans les choses matérielles, il était donc obligé de chercher un autre moyen, et il a cru l'avoir trouvé en imaginant son hypothèse *des idées*. Il avait remarqué que l'objet de la connaissance humaine offre trois caractères : l'universalité, l'immatérialité et l'immobilité; or, ajoutait-il, les êtres matériels ne présentent aucun de ces trois phénomènes, car ils sont particuliers, sensibles et changeants, ils ne peuvent donc pas être, pour nous, la source de la connaissance. Il faut donc la chercher ailleurs et trouver un objet universel, immatériel et immobile : l'idée offre ces trois conditions, c'est donc par l'union avec l'idée que s'opère le fait de la connaissance.

« Ce recours est inutile, dit saint Thomas d'Aquin [1], car la puissance abstractive de

1. *Somme théologique*, I p., q. 84, a. 1.

l'intelligence rend l'objet universel, immatériel et immobile. » Nous ne pensons pas que M. Vacherot rende bien rigoureusement la pensée de Platon en disant : « Il (Platon) « ne regarde un moment la réalité que pour « dégager l'idée..... Ce que Platon prend pour « le monde intelligible, c'est, dans la langue « de l'analyse et de la psychologie, tout sim- « plement l'ensemble des notions de l'enten- « dement [1]. » Ce serait l'abstraction ; or, Platon ne la croit pas possible avec le seul travail de l'intelligence sur les données sensibles.

La meilleure page du second volume de *la Métaphysique et la Science* est peut-être celle qui contient l'exposition de la philosophie cartésienne [2]. L'auteur y présente les principes cartésiens avec beaucoup d'art et il en fait une critique fort juste. Mais il ne s'est pas mis en garde contre les anathèmes que tous les philosophes contemporains se croient obligés de lancer contre la scolastique. Pour expliquer le succès des doctrines cartésiennes : « Ce fut, dit-il, le *fiat lux* du monde de la pensée au sortir des ténèbres de la scolastique [3]. »

[1]. Page 314.
[2]. Sauf, bien entendu, les regrettables confusions sur l'infini et le parfait.
[3]. Page 336.

On n'y manque jamais. Il est entendu que, durant toute la période scolastique, une profonde nuit a couvert la pensée philosophique; c'était l'heure des ténèbres où la philosophie se débattait dans le vide, parlait un langage inintelligible, se hérissait de formules creuses qu'elle prenait pour le dernier mot de la science et se courbait impuissante sous le double joug d'Aristote et de l'intolérance religieuse. Il n'y a donc pas à se préoccuper beaucoup de la philosophie scolastique qui « n'est ni assez libre, ni assez originale pour engendrer ces œuvres indépendantes, personnelles et fécondes qu'on nomme des systèmes[1]. » Il était temps que le soleil se levât sur cette sombre nuit et que le *fiat lux* de Descartes dissipât les nuages amoncelés par l'ignorance et la barbarie du moyen âge.

Tels sont les préjugés de nos contemporains sur la philosophie la plus sûre, la plus forte, la plus grandiose et la plus vraie dont puisse, à juste titre, s'enorgueillir la pensée humaine et qui, avec saint Thomas d'Aquin, s'est élevée à une hauteur d'où elle domine le *Discours sur la méthode* et la *Critique de la raison pure*, comme la lumière d'une étoile plane au-dessus des lueurs douteuses d'un flambeau tenu par une main débile.

1. M. Vacherot, page 328.

Mais les préjugés sont vivaces ; on s'en ira peut-être pendant longtemps encore répétant le *fiat lux* cartésien, jusqu'à ce que l'on prenne la peine d'étudier cette philosophie que l'on condamne avant de l'avoir entendue.

M. Vacherot fait très bien ressortir les côtés faibles de la théodicée cartésienne, mais en la combattant il tombe dans une confusion regrettable au sujet des notions d'infini et de parfait : « Les notions d'infini et de parfait, « dit-il[1], appartiennent à des catégories diffé-« rentes, la première à la catégorie de la « quantité, la seconde à la catégorie de la qua-« lité. On dit une étendue, un nombre fini ou « infini : mais on dit une qualité, une vertu, une « faculté parfaite ou imparfaite. Ces deux no-« tions sont donc essentiellement distinctes. »
Non, le mot infini ne désigne pas, en métaphysique, une quantité. Lorsque nous disons que Dieu est infini, nous ne prétendons pas soutenir que Dieu est une *masse* infinie, nous disons simplement qu'il n'a pas de limites. S'il n'a pas de limites, il est donc souverainement parfait, car, s'il ne l'était pas, la perfection qui lui manquerait, constituerait une limite. Les deux notions d'infini et de

---

1. Page 347.

parfait sont donc corrélatives, au lieu d'être essentiellement distinctes.

Nous nous associons bien volontiers aux justes critiques que M. Vacherot adresse à la philosophie de Descartes, et, avec lui, nous dirons de *la Recherche de la vérité*, de Malebranche : « Cet idéalisme, construit avec
« tant de grâce et de goût et si peu de matière,
« me fait l'effet de ces palais enchantés qui
« s'élèvent et s'écroulent d'un seul coup de
« baguette, ou encore, de ces ballons aux
« formes élégantes et aux riches couleurs, qui
« crèvent dès que l'air qu'on y a soufflé cesse
« de les remplir ; le magnifique *palais d'idées*,
« ce monde intelligible, que Malebranche
« décrit avec tant d'enthousiasme, qu'est-ce
« autre chose qu'une bulle de savon qui se
« dissipe au premier souffle de la critique[1]. »
Après ces observations qui nous paraissent vraies, M. Vacherot donne à Malebranche des éloges compromettants en l'appelant un *Spinoza chrétien*. Du reste, de tous les systèmes qu'il a jusqu'à présent passés en revue, la doctrine de Spinoza est celle en faveur de laquelle M. Vacherot se prononce le plus ouvertement.

1. Page 373. M. Vacherot met, il est vrai, ces paroles dans la bouche de son interlocuteur, mais elles rendent exactement notre opinion sur Malebranche.

Voici cette page, où il est impossible de ne pas voir le pur panthéisme : « Les concepts
« de la raison ont certainement un objet réel,
« puisque ce ne sont pas de pures fictions de
« l'imagination. En ceci, Platon, saint Augus-
« tin, Descartes, Malebranche et toutes les
« écoles idéalistes sont dans le vrai. Mais où
« ils se trompent, c'est lorsqu'ils assignent
« aux concepts de l'infini, de l'absolu, de
« l'universel, etc., un objet propre, en dehors
« des réalités individuelles. Cet Être infini,
« absolu, universel, qu'ils rêvent à part, qu'ils
« posent *à priori*, et auquel ils ont tant de
« peine ensuite à rattacher le monde, est une
« abstraction réalisée, cette substance absolue
« n'est rien sans les êtres qui l'*actualisent ;*
« cette cause absolue n'est rien sans les mou-
« vements qui la manifestent ; cette Provi-
« dence n'est rien sans les lois qui l'expri-
« ment. Ici c'est Spinoza seul qui me semble
« dans le vrai. Il a raison de ne pas séparer
« le monde de Dieu, tout en l'en distinguant
« logiquement. Il a raison de ne voir, dans
« Dieu et dans le monde, qu'un seul et même
« objet, conçu sous deux aspects différents :
« ici, dans l'unité de son essence intelligible,
« là, dans la multiplicité infinie de ses déter-
« minations. Il est possible qu'il se trompe
« dans son idée de la substance, c'est une

« question que nous examinerons plus tard;
« quant à l'identité substantielle de l'Être
« universel et des individus, je ne vois pas
« qu'on puisse y échapper autrement qu'au
« prix d'abstractions inintelligibles ou de fic-
« tions absurdes. Si l'on appelle cela du pan-
« théisme, je suis panthéiste avec Spinoza et
« tous ceux que n'ont point séduits les chi-
« mères de l'idéalisme platonicien ou les
« idoles de l'anthropomorphisme vulgaire[1]. »

On appelle cela du panthéisme, parce qu'on ne peut pas lui donner un autre nom. Une doctrine qui déclare que si Dieu n'est pas tout, il n'est rien, qu'est-ce autre chose que le panthéisme? Or, le panthéisme, en mettant Dieu en tout, ne le met en réalité nulle part, d'où il suit qu'un panthéiste est bien près d'être un athée. Nous laissons échapper ce mot à regret, car M. Vacherot s'insurge contre l'accusation d'athéisme; mais, de bonne foi, si le mot l'offusque, pourquoi accepte-t-il la chose? Or, la chose y est, nous allons le prouver en reprenant les assertions qu'on vient de lire.

Les philosophes se trompent, dit-on, quand ils posent à part un Être infini, absolu et universel, donc il n'y a pas *à part*, c'est-à-dire en dehors du monde, et distinct de lui, un Être

---

1. Page 415.

infini, absolu et universel. Où est-il donc? Il est dans le monde ou plutôt il est le monde lui-même. Le monde et l'Être infini, absolu, universel sont donc une seule et même chose. Mais le monde est-il bien absolu, infini et universel? Est-il infini? A-t-il non seulement toutes les perfections possibles, mais encore les possède-t-il à l'infini et dans un acte simple? car il faut toutes ces conditions pour l'infini proprement dit. Prenons une créature, quelle qu'elle soit, présente-t-elle ces caractères? Non; nous l'avons déjà prouvé au commencement de ce travail. Si une créature n'est pas infinie, la collection sera indéfinie peut-être, mais elle ne sera infinie à aucun titre. Le monde est-il absolu et universel? Nous avons déjà répondu négativement et nous l'avons démontré. L'Être absolu, infini et universel n'est donc pas le monde; s'il n'y en a pas d'autre, il suit nécessairement que l'Être infini n'existe nulle part. De là à dire qu'il n'est pas, il n'y a pas même une nuance. Si cette substance n'est rien sans les êtres qui *l'actualisent*, comme il est impossible que des êtres finis actualisent une substance infinie, il faut donc conclure que cette substance n'est rien.

Le système de Spinoza a, pour M. Vacherot, entre autres avantages, celui de sup-

primer le problème si difficile de la création. Le problème de la création est un *mystère*, nous l'avouons sans détour, mais nous nions qu'il soit « un non sens pour les philoso-
« phes... un mot de plus ajouté au diction-
« naire des abstractions inintelligibles [1]. » —
« C'est l'*ex nihilo* qui fait toute la difficulté,
« disons l'impossibilité. »

Nous ne nions pas la difficulté, elle est grande, en effet; mais il n'est pas interdit à la raison de se rendre compte, autant qu'elle le peut, de ce redoutable mystère. Or, la création *ex nihilo* ne renferme pas une impossibilité et un non sens; elle est, au contraire, l'explication la plus plausible de l'origine des choses. On est obligé, en effet, d'admettre que tout ce qui existe tient son être de Dieu. Dieu étant seul l'Être subsistant par soi, tout ce qui est n'a donc qu'un être participé qu'il doit nécessairement tenir de celui qui est par lui-même, car tout être qui n'a pas, en lui, la raison de son existence, doit évidemment la puiser ailleurs, c'est-à-dire en celui qui est par soi [2]. Comment les créatures procèdent-elles de Dieu? Nous disons que c'est par voie de création. Si on nous objecte que la création contient une impossibilité et une contra-

1. Page 422.
2. *Somme théologique*, I p., q. 44, a. 1.

diction dans les termes, nous répondons :
1° que créer ne consiste pas à prendre le
néant pour en faire un être, ce serait absurde.
Il est parfaitement vrai de dire qu'avec rien
on ne fait rien. Nous entendons, par création,
l'acte d'un Être tout puissant faisant exister
des êtres qui n'étaient pas ; 2° nous répondons, en second lieu, qu'on est nécessairement obligé d'admettre la création *ex nihilo*.
Si, en effet, l'action de Dieu dans la création
consistait seulement dans certaines modifications appliquées à une matière existant déjà,
il s'ensuivrait que cette matière, sujet des
opérations divines, n'aurait pas Dieu pour
principe et pour cause, puisqu'elle préexisterait à l'acte créateur [1]. Or, nous venons de voir
que tout ce qui est tient son être de Dieu;
donc, Dieu n'a pu le tirer que du néant, donc,
avant l'acte créateur, rien n'était, excepté
Dieu. La création *ex nihilo,* loin d'être un non
sens, est au contraire une conclusion logique
déduite de principes incontestables.

1. *Somme théologique*, 1 p., q. 45, a. 2.

III

M. Vacherot a trouvé enfin la métaphysique qu'il cherchait, c'est celle de Hégel. Jusqu'à lui, les métaphysiciens ont été des rêveurs ou des idolâtres : « C'est Hégel qui aura eu la gloire d'ouvrir au XIXe siècle la voie de la métaphysique[1]. » — « Sauf un sentiment vague et fugitif qui jaillit parfois de la raison naturelle, comme l'éclair de la nue, sans laisser de traces dans la science, jusqu'à la philosophie de l'identité, la métaphysique n'a point saisi le vrai principe des choses; elle n'a réellement possédé qu'une abstraction. Abstraction pure et vide pour les théologiens rationalistes comme Platon, Descartes et Spinoza; abstraction personnifiée pour les théologiens mystiques et empiristes. Un infini abstrait ou un infini concret à la manière des choses sensibles et humaines, c'est-à-dire un néant ou

1. *La Métaphysique et la Science*, 3e vol., page 142.

une idole, voilà l'alternative de l'ancienne métaphysique[1]. » Seul, le génie de Hégel a été assez puissant pour soulever les voiles du grand mystère! Nous verrons bien, mais auparavant, qu'il nous soit permis de demander à M. Vacherot s'il croit sérieusement que l'ancienne métaphysique se soit agenouillée devant un néant ou une idole. Croit-il que le Dieu de saint Thomas d'Aquin, Être suprême et nécessaire, moteur premier et cause universelle, perfection absolue, ordonnateur tout puissant et fin dernière des choses soit une abstraction vide et un pur néant? Pense-t-il que le Dieu de Bossuet soit un Jupiter olympien perfectionné ? Non, M. Vacherot n'en est pas là, seulement son admiration pour Hégel l'a entraîné un peu loin et elle lui fait dépasser les limites de la justice et de la vérité.

Quelle est donc cette métaphysique qui, seule, a saisi « le vrai principe des choses »?

M. Taine a dit avec beaucoup d'esprit : « Un Français peut conclure qu'un philosophe commence à se tromper, lorsqu'il introduit en français des mots allemands[2]. » Que sera-ce

---

1. Page 126.

2. *Les Philosophes classiques du XIXe siècle*, 5e édit., ch. IV.

donc quand, non content d'introduire les mots, il introduit les choses.

Le P. Gratry a fait une excellente réfutation de Hégel en citant toujours les textes du philosophe pour l'en accabler[1]. M. Vacherot, au contraire, cite rarement. Il a craint sans doute, et avec raison, d'effaroucher le bon sens français en mettant sous les yeux du lecteur des pages comme celle-ci : « Le non être, en tant qu'il est ce moment immédiat (la conception primordiale) est, de son côté, la même chose que l'être. Par conséquent, la vérité de l'être ainsi que du non être est dans leur unité. Cette unité est le devenir. — Dans le devenir, l'être en tant qu'il ne fait qu'un avec le non être, et le non être en tant qu'il ne fait qu'un avec l'être, ne font que disparaître. Par la contradiction qu'il renferme, le devenir va aboutir à l'unité où l'être et le non être se trouvent absorbés. Son résultat est par conséquent l'existence[2]. »

C'est clair comme de l'eau de roche : l'être et le non être ne font qu'un dans le devenir, là, ils disparaissent l'un et l'autre.

Leur disparition est-elle définitive ? Non,

---

1. Voir le P. Gratry, *Logique*, livre II, ch. 1 et 2.

2. Hégel, *Logique*, première partie, §§ 88 et 89. — Voir dans le présent ouvrage l'opinion de Schopenhauer sur Hégel.

car heureusement le devenir contient une contradiction qui sauve tout ; grâce à elle, en effet le devenir aboutit à l'existence.

« L'identité (c'est M. Vacherot qui parle) est le premier et le dernier mot de la philosophie allemande, la clef de voûte de son système, la formule universelle par laquelle tout s'explique et à laquelle tout vient aboutir. C'est l'absolu, c'est Dieu. Tout est un, toujours et partout. Ramener toute différence à l'identité, tel est l'unique et constant problème de cette philosophie dans la nature et dans l'histoire[1]. »

Oui, l'identité universelle est bien la clef de voûte de cette philosophie, et l'aveu qu'on vient de lire est la condamnation la plus dure mais aussi la plus juste que l'on puisse prononcer contre elle. Le bien et le mal, l'être et le néant, le oui et le non, Dieu, l'homme et le monde, tout, en un mot, absolument tout, est *un*. Hégel donne à cet *un* monstrueux le nom d'idée, qu'est-ce donc que l'idée de Hégel ? Est-ce Dieu, le moi, le monde ?

Est-ce une réalité ou une abstraction ? « Le contenu réel de l'idée, dit le philosophe, n'est que la représentation d'elle-même[2]. » Tout ce qu'il y a de réel dans l'idée est donc une

1. Page 15.
2. *Logique*, § 213.

représentation, mais une représentation est elle-même déjà une idée ; la représentation du livre que j'ai sous les yeux est l'idée du livre, donc toute la réalité de l'idée de Hégel est l'idée d'une idée. A la suite d'un merveilleux *processus*, cette représentation devient la vie, la connaissance, l'absolu.

Assurément un philosophe peut se tromper, mais quand il entasse comme à plaisir de telles énormités, on lui fait trop d'honneur en les discutant.

M. Vacherot violente les textes en disant que l'idée de Hégel est l'idée de Platon et l'être parfait de la théodicée cartésienne[1]; il n'y a en effet aucun trait de ressemblance. D'abord, si l'interprétation était vraie, pourquoi dès lors Hégel serait-il *le plus grand métaphysicien de tous les siècles* puisqu'il n'aurait fait que rééditer Platon et Descartes, mais non, la thèse platonicienne n'est, à aucun titre, l'idée de Hégel. Les idées, dans le système de Platon, sont des *formes séparées*, hors du monde et au-dessus du monde, tandis que, selon Hégel, Dieu, l'homme et le monde, résultat de l'évolution de l'idée, font un tout identique, une monstrueuse unité, il n'est donc pas possible de confondre les deux systèmes. La confusion est encore plus impos-

---

1. Page 52.

sible s'il s'agit de l'Être parfait de la théodicée cartésienne. Descartes a pu se tromper dans le choix des preuves de l'existence de Dieu, mais il a eu, de Dieu, une notion juste, son Dieu est le vrai Dieu, et il suffit, pour s'en convaincre, de lire ses *Méditations*; le système de Hégel, au contraire, est l'identité de Dieu et du monde, c'est-à-dire le pur panthéisme.

A quoi bon du reste s'attarder à discuter ces rêveries d'intelligences dévoyées, puisque, de l'aveu même de ceux qui les admirent, elles ne reposent sur rien : « La sanction de l'expérience manquant à cette logique, on ne voit plus sur quoi repose la légitimité de ses affirmations, » dit M. Vacherot[1]. Nous sommes absolument de cet avis ; le système de Hégel n'a pour base que l'audacieuse témérité d'un philosophe qui croit sans doute que l'absurdité de ses affirmations le dispense de donner des preuves et que l'obscurité dont il les entoure passera pour de la profondeur[2].

Si la philosophie de Hégel n'est qu'un amas de propositions incohérentes et de divagations d'esprit malade, que sera sa théologie? Voici,

---

1. Page 151.

2. On sait que Hégel disait qu'un seul de ses disciples l'avait compris, et encore pas complètement.

selon M. Vacherot, le mystère de la Trinité expliqué par Hégel :

« L'idée se posant, s'opposant, s'unissant à soi dans sa réalité objective, l'idée en soi, de soi et pour soi, qu'est-ce autre chose que le mystère de la Trinité? Dieu est l'être général, la pensée pure, substance de toute chose, le Père. Mais cette généralité abstraite se particularise, se représente dans un autre, *devient* pluralité d'idées, c'est le Fils, le Verbe, le type des idées. Puis Dieu revient à lui-même et, dans ce retour, il est Esprit ou personnalité absolue [1]. »

Cette explication bizarre de la Trinité n'est pas de nature à éclairer le mystère. L'idée se posant, c'est, dans le langage de Hégel, l'idée existant en soi, mais alors pourquoi *s'oppose-t-elle?* S'opposer étant le contraire de se poser, en s'opposant elle se détruit. Avec un tout autre philosophe, la difficulté serait sérieuse, mais ici elle n'est qu'une application du principe hégélien : l'être est la même chose que le non être. Après s'être opposée, l'idée s'unit à elle-même.

C'est assez dur à accepter, car enfin on ne s'unit pas *à soi*, on s'unit à un autre. Ceci n'est encore rien, en comparaison de ce qu'on est obligé d'entendre, quand le philosophe en-

[1]. Page 111.

tre dans le détail des trois personnes. Le Père est à la fois la pensée pure, la substance de toute chose d'une généralité abstraite. Comment une pensée pure peut-elle être le pain que je mange et la maison que j'habite? Quand le laboureur cultive son champ, il foule aux pieds cette généralité abstraite qui s'appelle Dieu le Père et il marche sur une abstraction! Cette substance de toute chose, en se particularisant, devient le Fils. Mais une substance universelle ne peut pas se particulariser, c'est-à-dire se restreindre, ou, si elle se restreint, elle n'est plus elle-même, d'où il suit que le Père, pour engendrer le Fils, doit cesser d'être ce qu'il était. Il n'est rien, en effet, pas plus du reste que le Fils, car ce n'est que dans l'Esprit, que Dieu devient personnalité, et voilà le mystère de la Trinité selon Hégel!

L'entretien, qui a pour titre : *Théologie*, est le plus important de tout l'ouvrage : *la Métaphysique et la Science*. C'est là que M. Vacherot expose en détail ses opinions personnelles sur le plus grave problème de la métaphysique : Qu'est-ce que Dieu ? La thèse de l'auteur est fort claire et elle peut se résumer dans cette phrase qui revient à tout moment, sous toutes les formes : « L'Être infini, « universel, ne devient parfait, immuable, su- « périeur au temps et à l'espace, qu'en pas- « sant à l'état d'idéal. Il est Dieu, alors, mais « il ne prend la *divinité* qu'en perdant toute « *réalité*[1]. » C'est bien là le fond même de la thèse, et la suite de cette discussion va nous prouver qu'on ne la falsifie pas en la formulant : *Il y a un Dieu, mais ce Dieu n'est rien.*

M. Vacherot veut nous donner d'abord une idée de la métaphysique : « Pour bien com- « prendre ce que c'est que la métaphysique, « dit-il[2], il convient de remonter à la défini- « tion de la science elle-même. Considérée « quant à son étendue, la science est la con- « naissance de la vérité, telle que nous la « révèlent les diverses facultés de l'esprit « humain, appliquées chacune selon son apti- « tude propre. Si elle dépasse la portée de « ces facultés, elle devient fausse. » Cette définition et cette division de la science ne sont pas assez précises, car, si toute science est connaissance, toute connaissance n'est pas

1. Page 236.
2. Page 208.

science proprement dite. La connaissance de la vérité, en effet, peut s'opérer de deux manières [1] : directement ou indirectement. La connaissance directe est celle qui est acceptée par l'esprit aussitôt qu'une proposition lui est présentée, comme, par exemple, la connaissance des premiers principes; et la connaissance indirecte est produite par l'inquisition de la raison allant d'une vérité à une autre. Dans cette marche, la raison peut procéder par une double voie, ou plutôt elle peut s'avancer plus ou moins loin. Si elle s'arrête à un genre déterminé, en atteignant cependant les conclusions dernières, elle acquiert *la science;* si, au contraire, elle s'avance jusqu'à la limite, non plus de cette connaissance particulière, mais de la connaissance humaine dans ce qu'elle a de plus universel, elle entre en possession de la connaissance des choses par leurs plus hautes causes et elle acquiert *la sagesse.* C'est le but que doit se proposer le philosophe. La connaissance a donc un domaine plus étendu que la science et ne doit pas être confondue avec elle. M. Vacherot dit, en outre, qu'au delà de la portée de l'esprit humain, il n'y a que le faux. Il faudrait prouver que tout ce que ne comprend pas l'intelligence est faux, et qu'il n'existe nulle part des

---

1. *Somme théologique*, II° partie, q. 57, a. 2.

vérités qui dépassent les forces intellectuelles de l'homme. Cette démonstration est encore à faire. La raison humaine est bien grande, mais quelque grande qu'elle soit, a-t-elle le droit de dire : J'ai parcouru tous les horizons du vrai, j'ai gravi toutes les cimes, mon regard a contemplé toute lumière, et plus loin que ces horizons, plus haut que ces cimes, il n'y a que les ténèbres et que le vide. Si elle est sincère avec elle-même, et si elle a conscience de sa véritable force, la raison ne peut pas tenir ce langage. Même dans sa sphère, il est tant de mystères dont elle n'a pas encore soulevé les voiles, qu'elle ne doit pas s'étonner d'en rencontrer ailleurs.

Nous disions tout à l'heure que la science proprement dite a un objet déterminé : la psychologie, par exemple, est la science de l'âme, l'astronomie est la science des mondes étoilés, etc., mais M. Vacherot n'accepte pas ces données ; pour lui, la science est totale ou elle n'est rien : « Vous ne pouvez, dit-il, « détacher un fragment de la vérité totale, « sans la réduire en abstraction. Vous ne « pouvez borner la pensée à tel ordre de « recherches, sans la mutiler. Les sciences « spéciales ne sont donc, en dehors de la « science universelle, que des abstractions. « Il est bien entendu qu'au fond il n'y a qu'une

« science comme il n'y a qu'un monde[1]. »

Hé quoi ! je me suis livré à une étude approfondie du siècle de Louis XIV, par exemple, j'ai étudié, dans les plus petits détails, les hommes, les institutions, les mœurs, les lois, je recherche les causes qui ont préparé le grand siècle, je constate l'influence du prince sur ses contemporains, le rang qu'il a assigné à la France, en un mot, j'ai, entre les mains, tous les éléments de cette partie de l'histoire, j'en fais ensuite la synthèse, et cette science ne serait qu'une abstraction parce que je n'aurais pas fait une étude semblable sur l'histoire universelle ? L'histoire universelle, à son tour, en admettant qu'elle n'ait pour moi aucun secret, ne serait qu'une abstraction parce que je ne connais ni les mathématiques, ni la chimie, ni la mécanique, etc., etc. ? Si cette théorie est vraie, pourquoi M. Vacherot divise-t-il les sciences en *mathématiques, physiques* et *métaphysiques ?* Cette division est la destruction de la science, puisque la science divisée est une abstraction.

La métaphysique est « la science de l'infini,
« de l'absolu, de l'universel, de l'unité, du
« tout, dans lequel la raison nous fait con-
« templer les réalités finies, relatives, indivi-
« duelles, multiples, partielles, attestées par

[1]. Page 211.

« l'expérience. » Son domaine est bien vaste, et si, pour être métaphysicien, il faut posséder la science du *tout,* peu d'hommes seront capables de le devenir.

M. Vacherot semble la restreindre un peu plus loin : « Concevoir l'Être universel, com-
« prendre dans leur rapport à l'Être universel
« les êtres individuels connus par la science
« positive, tel est l'objet de la métaphysique[1]. »
Si, au lieu de l'Être universel, on assignait pour objet à la métaphysique l'être en général, nous accepterions la définition ; mais dans les termes où elle est présentée, elle offre la métaphysique comme la science universelle, tandis qu'elle est une science spéciale qui a un objet propre, l'être *ut sic.* On lui assigne une origine bien récente en la faisant dater du XIXe siècle[2]. Il eût été mieux d'avouer qu'elle n'existe pas encore et qu'elle ne sera jamais faite, car il est probable que la science universelle ne sera jamais complète.

Cela posé, on divise la métaphysique en deux parties : la partie spéculative est la *théologie,* et la partie positive est la *cosmologie.* On le voit, la métaphysique est toujours la science universelle, la connaissance du tout,

[1]. Page 213.
[2]. Page 215.

car, après Dieu et le monde, que reste-t-il à connaître?

« La théologie est la science de l'Être par-
« fait, conçu dans son idée, et abstraction faite
« de toute réalité. La perfection de cet être de
« raison est toute idéale. C'est le Dieu de la
« pensée pure, en dehors du temps, de l'es-
« pace, du mouvement, de la vie, de toutes
« les conditions de la réalité; c'est le Dieu
« que, dans leur élan de spéculation, Platon,
« Plotin, Descartes, Malebranche, Fénelon
« poursuivent en vain comme un être réel, le
« Dieu dont l'activité est sans mouvement, la
« pensée sans développement, la volonté sans
« choix, l'éternité sans durée, l'immensité
« sans étendue. Ce Dieu-là n'a d'autre trône
« que l'esprit, ni d'autre vérité que l'idée [1]. »
Ce Dieu, qui est en dehors de toute réalité,
est cependant la réalité universelle : « Science
« de l'idéal universel ou *théologie*, science de
« la réalité universelle ou *cosmologie :* voilà
« toute la distinction à faire entre ces deux
« sciences dont l'objet est le même au fond [2]. »
Il n'y a donc pas de milieu: ou Dieu est tout,
ou il n'est rien : et pourtant « entre Dieu et
le monde il y a un abîme [3]. »

Où donc M. Vacherot a t-il vu que le Dieu

1. Page 218.
2. Page 220.
3. Page 222.

de Fénelon a la volonté sans le choix, l'éternité sans la durée, et l'immensité sans l'étendue ? Nous pousserons tout à l'heure la discussion plus à fond ; qu'on nous permette de faire remarquer, pour le moment, qu'on énumère, dans cette période, des termes qui ont besoin d'être expliqués et dont quelques-uns supposent une connaissance peu exacte des expressions dont se servent les théologiens.

La volonté est, en Dieu, sans le choix de faire le mal, car un Dieu pouvant faire le mal implique une contradiction, mais elle n'y est pas sans le choix de faire ce qui lui plaît, ce monde, ou un autre, par exemple. L'éternité est en Dieu, sans la durée successive que nous appelons le temps, mais non sans cette durée sans commencement ni fin qui peut seule mesurer l'existence de Dieu.

L'immensité est en Dieu, sans cette étendue qui consiste dans la réunion des parties juxtaposées, mais non sans cette ubiquité qu'il atteste par sa puissance sur toute chose, par son omniscience, et enfin par son essence, en tant qu'il est la cause de l'être en chaque créature[1]. Quand les théologiens disent que l'activité est en Dieu sans le mouvement, et la pensée sans le développement, ils ne font

1. *Somme théologique*, 1re partie, q. VIII, a. 3.

que déduire les conclusions nécessaires de ce principe évident : Dieu est l'être parfait ; or le mouvement et le développement de la pensée supposent des imperfections, donc on ne doit pas les admettre en Dieu. Le mouvement, en effet, est l'acte d'un être qui tend vers un but, il lui manque donc quelque chose ; une pensée qui se développe n'est pas formée, l'un et l'autre sont donc incompatibles avec la notion de Dieu. Nous reviendrons sur toutes ces questions quand nous suivrons M. Vacherot dans sa discussion sur les attributs divins.

Descartes, Malebranche et Fénelon ne croyaient pas avoir à faire à un être de raison, à un idéal en dehors de toutes les conditions de la réalité, quand ils se prosternaient devant leur Dieu. Ils se trompaient peut-être ? ils étaient dupes d'une douce et sublime illusion, les hymnes enflammés que Fénelon a chantés dans son magnifique *Traité de l'existence de Dieu* restaient sans échos et allaient se perdre dans le vide ? C'est ce que nous allons examiner.

M. Vacherot affirme « que le théologien
« est dupe de ses abstractions. Pour s'en
« convaincre, il n'a qu'à se rendre compte
« par l'analyse de la manière dont se forment
« dans son esprit les conceptions théologi-

« ques ; il verra que l'opération de la pensée
« est la même que pour les constructions de
« l'imagination et les notions de l'entende-
« ment. C'est par une abstraction et une syn-
« thèse de l'esprit que se forment ces der-
« nières. C'est également par une abstraction
« et une synthèse que se forment les concep-
« tions qui ont pour objet l'Être parfait,
« l'idéal hypercosmique dont le nom est
« Dieu. La perfection est conçue à propos
« des imperfections, l'idéal à propos des réa-
« lités, exactement de même que le rapport
« est abstrait des termes, la loi des phéno-
« mènes, le type des individus. Il n'y a pas
« un seul terme rationnel qui puisse être sé-
« paré de son terme empirique correspondant,
« sans devenir une abstraction. La réalité ob-
« jective de toutes les conceptions ration-
« nelles est à cette condition [1]. Quand donc
« le théologien distingue le parfait de l'impar-
« fait, l'idéal du réel, Dieu du monde, il fait
« une opération analogue à celle du géomètre,
« du physicien, du moraliste, du politique,
« qui séparent le rapport de ses termes, la loi
« de ses phénomènes, les principes de leurs
« applications, afin de montrer la vérité dans

1. Puisque M. Vacherot accepte *la réalité objective de toutes les conceptions rationnelles*, pourquoi repousse-t-il la réalité objective de la conception qui a Dieu pour objet ?

« sa pureté idéale. Il construit sa science par
« le procédé que le géomètre emploie à cons-
« truire la sienne. La seule différence, c'est
« qu'il est dupe d'une abstraction dont le
« géomètre et le physicien ont parfaitement
« conscience [1]. »

Quand même le théologien n'aurait pas d'autre procédé que le géomètre, il ne serait, pas plus que ce dernier, dupe d'une abstraction. Quand le géomètre étudie un triangle, il sait très bien que la superficie qu'il mesure n'est pas contenue dans les lignes grossières qu'il vient de tracer. Cependant, quelque idéal que soit le triangle, il faut bien qu'il soit quelque chose, sans cela on ne pourrait pas le mesurer et il ne serait pas l'objet d'une science ; une abstraction, en dehors de toutes les conditions de la réalité, ne se mesure pas. Le triangle est donc quelque chose, et, par conséquent, il est quelque part. Leibnitz dit avec une admirable profondeur : « Toute réa-
« lité doit être fondée sur quelque chose
« d'existant. Il est vrai qu'un athée peut être
« géomètre. Mais s'il n'y avait point Dieu,
« il n'y aurait point d'objet de la géomé-
« trie [2]. »

Comment s'y prendrait-on pour mesurer

---

1. Page 218.
2. *Théodicée*, IIe partie.

un triangle qui n'existerait pas? Il est idéal, dites-vous, soit; mais il ne suit pas de là qu'il ne soit rien. Il n'est pas le triangle que vous tracez sur un tableau, nous le savons, et vous savez aussi bien que nous qu'il est quelque chose, car vous ne vous amuseriez pas à mesurer le néant. Une chose peut donc être idéale, en *comparaison de la réalité matérielle,* et cependant exister au moins aussi réellement que la matière palpable. Il est possible, comme dit Leibnitz, que le géomètre ne se doute pas qu'il y ait un Dieu, mais, qu'il le sache ou non, son triangle idéal est réel en Dieu. Idéal et abstraction ne sont donc pas synonymes d'êtres de raison en dehors de toutes les conditions de la réalité.

Mais le théologien a un autre procédé. Il passe devant un temple et il ne lui faut pas un raisonnement bien compliqué pour conclure que l'édifice ne s'est pas fait tout seul. Il applique le même principe à un temple autrement merveilleux, qui s'appelle l'univers, et il se demande d'où il vient. Pas plus que le temple, le monde ne s'est produit lui-même. Il a donc une cause; cette cause, à son tour, d'où vient-elle? Coûte que coûte, il faut bien arriver à une cause première, car, si on ne trouve pas le premier anneau de la chaîne, dans la série des causes efficientes, l'existence des anneaux intermédiaires est inexplicable. Il y a donc une cause première; les théologiens et les philosophes l'appellent Dieu. Ce Dieu est-il une abstraction, un idéal sans réalité, un être de raison? Il est difficile de penser que la cause de tout ce qui est, n'est pas. Si nous sommes des dupes en raisonnant ainsi, il faut avouer que c'est à désespérer de la raison humaine, car il est impossible de raisonner autrement.

Dieu est donc pour M. Vacherot un idéal, une abstraction sans réalité. Cependant, il ne se contente pas de cette définition : « Dieu
« est l'Être parfait, voilà une définition qui
« dit tout et ne dit rien. Elle dit tout en ce
« sens que la perfection est l'essence, l'idée
« même de la divinité. Elle ne dit rien, en ce
« sens qu'elle ne nous révèle aucun objet en
« fait de perfection. Sous ce rapport, il en est
« de cette définition comme de toutes les
« idées de Platon ; elle ne devient instructive
« que par l'expérience. Dieu est l'Être parfait,
« axiome évident. Mais qu'est-ce que l'Etre
« parfait [1]? »

La réponse la plus naturelle est celle-ci : l'Être parfait premièrement *est* puisqu'il est *Être*; en second lieu, et à plus forte raison, il *est* puisqu'il est parfait. Comment

1. Page 220.

peut-on supposer un Être parfait auquel il manque la base et la condition *sine quâ non* de toute perfection, l'existence. Sur quoi reposeront les perfections, si l'existence fait défaut? M. Vacherot ne s'en tient pas à notre réponse :
« Quelles sont ces perfections ? demande-t-il.
« Ici commence la difficulté. Si nous réunis-
« sons toutes les perfections correspondant
« à toutes les qualités, propriétés, forces,
« facultés que nous montre l'expérience dans
« la réalité universelle, ne risquons-nous pas
« d'introduire dans l'idée de Dieu des attri-
« buts incohérents et même contradictoires ?
« Et si, d'une autre part, nous excluons de
« cette idée les attributs qui sembleraient
« répugner à telle ou telle détermination de
« la nature divine, n'encourons-nous pas le
« reproche de n'obtenir un type divin homo-
« gène qu'à la condition qu'il soit incom-
« plet ? Comment nous tirer de là[1]. »

Le moyen d'éviter cette double difficulté et de sortir de cette impasse où l'on veut acculer l'idée de la réalité divine, le moyen, dis-je, est assez simple, si l'on conserve dans toute sa plénitude la définition : Dieu est l'Être parfait[2].

1. Page 220.
2. Rappelons ici la distinction entre la perfection *simpliciter* et la perfection *secundum quid*. — Les premières sont en Dieu *formaliter*, les secondes *virtualiter*.

Nous lui donnons à un degré infini les qualités des créatures, et par conséquent nous en retranchons toutes les imperfections. On nous objecte qu'il est des qualités qui se contredisent et qu'ainsi nous introduisons, en Dieu, des attributs incohérents. Qu'on nous désigne deux perfections vraies et contradictoires ? qu'est-ce en effet qu'une perfection ? C'est un degré d'être. Tout ce qui existe, par cela seul qu'il existe, a une perfection, et il y a, dans l'échelle des perfections, la même proportion qu'entre les degrés de l'être. La molécule *est*[1]. On ne dira pas que c'est, pour elle, une imperfection. C'est une imperfection, si on la compare à un être supérieur, mais, si on ne la considère que comme molécule, c'est incontestablement une perfection. Est-ce la perfection suprême ? Il y a loin. Nous trouvons en effet, au-dessus de la molécule, la vie avec toutes ses manifestations. La vie s'élève à mesure que l'être monte, et, au sommet, nous rencontrons la vie à son plus haut degré, dans l'homme. Pouvons-nous nous arrêter là ? L'homme a-t-il toute l'existence et toute la vie ? Non. Il y a au-dessus de l'homme une existence et une vie plus complètes que la sienne. Que cette existence soit Dieu, nous ne

---

1. *Esse* ne se dit pas de Dieu et des créatures *univoce* mais seulement *analogice*.

nous en occupons pas pour le moment, nous voulons prouver seulement qu'il n'y a aucune contradiction métaphysique entre les diverses perfections des créatures. Or, nous venons de le voir, elles reposent toutes sur l'être et on les mesure d'après le degré d'être. Or l'être n'est certainement pas contradictoire à l'être, ce ne sont pas deux notions incohérentes. Mais, nous dit-on, vous ne pouvez pas attribuer à Dieu l'être de la molécule, de la plante, de l'homme. Pourquoi pas, sauf les imperfections ? Si Dieu, d'après notre définition, est l'Être parfait, on doit écarter de lui toute imperfection. Je puis donc dire que Dieu a l'être de la molécule, de la plante et de l'homme, sans en avoir les imperfections. Or c'est une imperfection relative que de n'avoir qu'une existence matérielle, qu'une vie végétative, que d'être condamné, comme l'homme, à n'arriver au vrai que par la voie du raisonnement, je retranche donc de l'idée de Dieu toutes ces imperfections, je lui attribue, à un degré infini, les perfections des créatures et je le définis la perfection absolue ou, en d'autres termes, l'Être parfait. C'est ainsi que j'évite le double écueil signalé par M. Vacherot de donner à Dieu des attributs incohérents ou de n'en faire qu'un type incomplet[1].

1. *Somme théologique*, Ire p. q. 1*, a. 2.

On a pensé que les théologiens esquivaient la difficulté au prix de contradictions flagrantes ; que, pour les uns, Dieu est l'archétype ; pour les autres, l'amour ; pour ceux-ci, l'intelligence pure, etc., (page 227). Ces contradictions ne sont même pas à la surface. Quand un théologien dit que Dieu est le Tout-Puissant, qu'un autre l'appelle la Sagesse suprême, que celui-ci l'adore sous le nom d'Etre parfait, ces dénominations différentes indiquent seulement les aspects divers sous lesquels l'intelligence humaine considère l'immensité de l'essence divine. Quand je dis le *Tout-Puissant*, je n'ai nullement l'intention d'exclure, de l'idée divine, la Sagesse, la Providence et les autres attributs. L'esprit de l'homme ne peut pas supporter le poids de la Majesté divine, et de même que les objets divisent la lumière pour en diminuer l'éclat, de même l'intelligence, quand elle médite les grandeurs de Dieu, étudie un attribut en particulier, sans exclure les autres, car ils ne sont tous, au fond, qu'une seule et même chose : l'essence divine.

M. Vacherot n'a pas une idée très juste de la manière dont les théologiens attribuent à Dieu la perfection suprême : « L'idée de Dieu « est une couronne dont les fleurons sont les « types divers de la vie universelle. Si un seul

« fait défaut, la couronne est détruite et Dieu
« a disparu. Or comment réunir tous ces
« fleurons épars en nombre infini ? Comment
« recueillir tous les rayons de la divinité en
« une seule image adéquate à la nature même
« de Dieu? Cela est impossible [1]. »

Il serait impossible, en effet, de réunir tous les types de la vie universelle et d'en faire une couronne qu'on déposerait sur le front de la divinité, si notre Dieu n'existait qu'à la condition de n'être qu'un assemblage de perfections disparates et qui s'évanouirait avec une seule de ces perfections qu'on aurait eu le malheur d'oublier. Mais ce n'est pas ainsi, on l'a vu, que nous tressons la couronne de notre Dieu.

Il est, voilà le fleuron qui contient tous les autres ;

Il est, voilà le foyer d'où s'échappent tous les rayons ;

Il est, voilà non seulement l'image, mais la réalité adéquate à la nature de Dieu, qui s'est défini lui-même : *Ego sum qui sum,* et qui ajoutait, en s'adressant à Moïse : *Tu diras aux enfants d'Israël : Celui qui Est m'a envoyé vers vous* [2]. Voilà comment les théologiens considèrent les types de la vie univer-

[1]. Page 228.
[2]. *Exode,* III, 14.

selle pour les réunir en un acte d'une simplicité absolue, voilà le centre où vont aboutir tous les rayons qui s'échappent de l'immensité de l'essence divine.

Quand nous acceptons la définition, Dieu est l'Être parfait, nous croyons pouvoir ajouter, donc il est infini, nécessaire, absolu, universel. Pour nous, ces attributs découlent nécessairement de la notion d'Être parfait ou d'acte pur, ce qui revient au même. M. Vacherot n'est pas de cet avis : « J'entends dire « que Dieu est l'Être infini, l'Etre nécessaire, « l'Être absolu, l'Être universel. Je ne de- « mande pas mieux que d'enrichir de ces « grands attributs l'idée de Dieu; toute la « question est de savoir s'ils conviennent à « l'Être parfait..... Je le nie positivement. « D'abord, en ce qui concerne l'attribut d'in- « finité, je ne vois, quoi qu'en ait dit Des- « cartes et son école, rien de commun entre « ce concept et celui de perfection [1]. »

Le lien n'est cependant pas difficile à saisir, car un Être parfait, mais non infini, est une contradiction dans les termes. S'il n'est pas infini, il lui manque donc quelque chose, s'il lui manque quelque chose, il n'est pas parfait. Un Être parfait est donc nécessairement infini. Pour prouver l'incompatibilité entre

---

1. Page 233.

les deux concepts d'infini et de parfait, M. Vacherot rappelle une distinction qu'il a faite précédemment. Pour lui, infini s'applique à la quantité, et parfait à la qualité, « en sorte « qu'on peut concevoir la perfection d'une « chose finie aussi bien que d'un être infini[1]. » Nous faisons remarquer que, lorsque nous appliquons à Dieu le concept d'infini, il ne s'agit pas d'une quantité infinie mesurable par son volume, mais que nous désignons, par là, une essence qui n'a pas de limite. Quant à soutenir qu'on peut concevoir la perfection d'une chose finie, tout aussi bien que d'un être infini, c'est jouer sur les mots. Car, dans le premier cas, il ne peut être question que d'une perfection relative, tandis que, dans le second cas, il s'agit d'une perfection absolue. M. Vacherot raisonne de même pour l'attribut d'universalité; nous lui opposons une réponse semblable à celle que nous venons de faire pour l'attribut d'infini :

« Restent les attributs d'indépendance et
« de nécessité, relatifs aux catégories de la
« relation et de l'existence. Ici ne voyez-vous
« pas poindre un problème qui domine la
« double question de savoir si l'Être parfait
« est absolu et s'il est nécessaire? C'est de

---

[1]. Page 234.

« savoir si l'Être parfait existe¹..... L'Être
« universel peut être envisagé sous deux
« aspects : dans son *idée* et dans sa *réalité*.
« Sous le premier aspect, c'est Dieu ; sous le
« second, c'est le monde. La théologie est la
« science qui, faisant abstraction de la réalité,
« place l'Être métaphysique au-dessus du
« temps et de l'espace, loin du changement,
« du mouvement et de la vie ; elle en fait
« l'Être parfait, immuable, immobile, et
« l'assied sur *le trône désert d'une éternité*
« *silencieuse et vide,* selon les fortes paroles
« d'un philosophe contemporain. Ici, je me
« joins au chœur des théologiens pour célé-
« brer les ineffables vertus de leur Dieu, le
« vrai, le seul Dieu qui soit un digne objet de
« notre adoration. Seulement, je crains qu'ils
« n'oublient à quoi il les doit. Les attributs
« de perfection, d'immutabilité, d'immobilité,
« d'indépendance du temps et de l'espace,
« qu'ils ajoutent au concept de l'être méta-
« physique, lui coûtent la réalité. L'Être
« infini, universel, ne devient parfait, immua-
« ble, supérieur au temps et à l'espace, qu'en
« passant à l'état d'idéal. Il est Dieu alors ;
« mais il ne prend la *divinité* qu'en perdant
« toute la *réalité*². » Il est impossible de

1. Page 235.
2. Page 236.

s'expliquer plus clairement : le vrai Dieu, le seul qui soit digne de notre adoration n'est Dieu qu'à la condition de ne pas exister. M. Vacherot arrive à cette conclusion en recherchant, on s'en souvient, si les attributs d'indépendance et de nécessité sont applicables à l'Être parfait et il veut l'appuyer sur une démonstration qu'il a déjà essayée, à savoir : que le théologien, en faisant de Dieu un être réel, est dupe d'une abstraction. Nous avons répondu en son lieu et nous avons établi : 1° que le théologien, n'eût-il que le procédé du géomètre, il ne s'ensuivrait pas que son objet ne fût qu'une abstraction ; 2° que la théologie a d'autres voies pour arriver à son but et pour démontrer l'existence d'un être réel qu'elle appelle Dieu. Qu'on ne s'imagine pas alléguer un argument décisif en distinguant la *vérité* et la *réalité*, « point sur lequel on ne saurait trop insister. » Cette distinction est antimétaphysique au premier chef. Le vrai et la réalité, c'est-à-dire l'être, se confondent, *Ens et verum convertuntur*. Tout ce qui est est vrai, et réciproquement. Par cela seul qu'une chose est, elle peut être comprise par l'intelligence, elle est donc la base inébranlable du vrai ; le vrai, à son tour, suppose nécessairement, et l'intelligence qui comprend et l'objet compris ; des deux

côtés, il repose donc sur l'être, par conséquent, la distinction entre la vérité et la réalité n'est pas admissible. C'est dans cette distinction que M. Vacherot puise un nouvel argument pour démontrer que la théologie est victime d'une illusion en réalisant l'être parfait. Il lui accorde la première place parmi les sciences, à condition qu'elle ne poursuive que des rêves. « Sous ces réserves, la théo-
« logie est la plus vraie de toutes les sciences,
« en tant qu'elle est la science de l'idéal
« suprême[1]. » Comment une science peut-elle être vraie et la plus vraie de toutes, si son objet n'existe pas ? que seront donc les autres ? « En réalisant leur être parfait, les
« théologiens ont soulevé une montagne de
« difficultés et de contradictions qui pèse
« encore aujourd'hui sur la théologie... Les
« difficultés sont insurmontables... sans vou-
« loir suivre les théologiens dans le dédale
« de leurs subtilités scolastiques, attachons-
« nous aux difficultés qui sautent aux yeux[2]. »

La théologie est à plaindre, si elle a sur elle une montagne de contradictions et de difficultés qui sautent aux yeux; elle sera bien robuste si elle n'est pas écrasée. Approchons-nous de cette montagne et nous verrons que,

1. Page 240.
2. Pages 241 — 242 — 243 *passim*.

peut-être, elle n'est pas aussi lourde qu'on le suppose.

On conteste, d'abord, que l'immutabilité soit compatible avec l'existence, la vie, la réalité : « Cet être souverainement parfait, « simple, idéal pour nous, réalité pour les « théologiens, qui fait l'objet propre de la « théologie, est nécessairement immuable « dans sa perfection. Changement et perfec- « tion sont deux termes qui s'excluent ; tous « les théologiens s'accordent à le reconnaître. « Mais alors, comment concevoir l'existence, « la vie, la réalité d'un être immuable ? Que « l'être parfait ne soit pas soumis à la loi du « progrès, cela ressort de la définition même, « et peut d'ailleurs se comprendre à la « rigueur. Mais que son existence, sa réalité, « sa vie, son activité ne se produisent, ne se « trahissent par aucun changement, aucun « développement ; que tout cela reste sans « rapport, sinon avec l'espace, du moins avec « le temps, voilà ce que le génie des plus « grands docteurs n'a jamais pu faire com- « prendre. Je sais bien que les mots ne man- « quent pas pour nous répondre ; mais sous « les mots, il faut les idées. Quand on nous « aura dit, avec celui-ci, que l'existence divine « a cela de propre qu'elle n'a pas de durée « successive, avec celui-là que la vie divine

« est un acte simple, indivisible, nous n'en
« serons pas plus avancés. Ce ne sont pas
« même des mystères impénétrables pour
« notre intelligence ; ce sont des mots vides
« de sens[1]. »

L'arrêt est sévère. On pardonne aux théologiens d'évoquer un mystère impénétrable, mais les accuser de répondre à des difficultés par des mots vides de sens, c'est avoir une faible idée de leur valeur ou de leur bonne foi. Un homme qui se contente de mots, ne va pas bien loin dans les spéculations métaphysiques, ou, s'il est convaincu de la nullité de sa réponse, il serait plus sincère en avouant que l'objection est insoluble. L'est-elle réellement? Les théologiens n'y répondent-ils que par des mots qui ne signifient rien? Nous ne le pensons pas.

On ne peut pas, dit-on, concevoir l'existence, la réalité, la vie d'un être immuable, parce que sa réalité, sa vie, son activité ne se traduisent par aucun changement, par aucun développement. Notre contradicteur oublie qu'il accepte avec nous que Dieu est l'Être parfait. S'il est parfait, pourquoi et comment changerait-il? Que pourrait-il acquérir en se développant? Les termes, Être parfait et changement et développement sont contradictoires,

---

[1]. Pages 243-244.

par conséquent l'Être parfait ne peut ni changer, ni se développer; d'où il suit que l'Être parfait est nécessairement immuable. — Fort bien, nous répond-on, mais alors, il ne peut pas exister. — Et pourquoi? Pourquoi le changement et le développement seraient-ils la condition *sine quâ non* de l'existence. Qu'un être imparfait change et se développe, soit; cependant ce n'est pas en cela que consiste son existence; mais qu'un Être parfait ne puisse exister qu'à deux conditions, qui ne sont même pas requises pour l'existence d'un être imparfait, c'est ce que nous n'admettons pas. Nous l'admettons d'autant moins que, nous venons de le démontrer, il y a contradiction dans les termes entre Être parfait et changer et se développer.

On ajoute que le génie des plus grands théologiens ne fera jamais comprendre comment l'Être parfait peut exister sans aucun rapport avec le temps. M. Vacherot est trop modeste, et, quoique nous ne soyons pas un grand docteur, nous espérons lui faire comprendre comment l'Être parfait doit exister sans aucun rapport avec le temps. D'abord les mots *sans aucun rapport* sont trop absolus, car l'Être parfait étant créateur (nous l'avons prouvé plus haut), il a créé le temps quand il a fait toutes choses. Il y a donc entre lui et le temps les rapports de Créateur à créature[1]. Mais prenons l'idée elle-même : un être dont l'existence n'est pas dans le temps ne peut être qu'une abstraction sans réalité. On oublie toujours qu'il s'agit de l'Être parfait; or, l'Être parfait ne peut pas ne pas avoir existé, car si, à un moment, il n'a pas été, il était alors dans un état d'imperfection radicale, attendu que ne pas être est la pire de toutes les imperfections. D'autre part, il ne peut pas finir, car la possibilité de n'être plus constitue encore une imperfection inadmissible dans un Être que M. Vacherot suppose, avec nous, parfait. L'Être parfait ne peut donc avoir ni commencement, ni fin; il est donc plus haut que le temps, qui mesure l'existence des êtres qui commencent et qui finissent. Ces conclusions découlent logiquement de la notion d'Être parfait : elles sont peut-être impénétrables pour l'intelligence, mais, à coup sûr, elles ne sont pas des *mots vides de sens.*

Nous accordons à M. Vacherot que si l'existence de Dieu est en dehors du temps, « son activité créatrice y tombe nécessaire-

---

[1]. Nous ne prétendons pas que le temps soit une créature dans le sens ordinaire du mot, nous voulons dire simplement qu'il a été fait avec les créatures dont il mesure l'existence.

ment. » Oui, la création s'est faite dans le temps, en ce sens que le temps a commencé avec la première créature; mais on exige trop en demandant à Dieu de créer un monde parfait comme lui. Dieu ne le peut pas pour deux raisons qui, du reste, n'infirment en rien sa toute-puissance. La première, c'est que toute créature est fatalement imparfaite quand il n'y aurait, et il y en a bien d'autres, que l'imperfection inséparable de tout être qui commence. La seconde, c'est que Dieu ne peut pas faire un autre Dieu; or le monde serait Dieu s'il était parfait comme lui. L'imperfection relative du monde n'est donc pas un argument contre la possibilité de la création. M. Vacherot en émet un autre en soulevant le grave problème du mal : « Et l'existence du mal « dans le monde créé, dit-il, comment le con- « cilier avec la Providence d'un Dieu parfai- « tement sage et bon[1]? »

L'objection n'est pas nouvelle. Si on parle du mal moral, nous répondons que Dieu a fait l'homme libre, par conséquent faillible. Qu'on nous prouve que Dieu était tenu de créer l'homme impeccable? — Il le devait, dit-on, car si Dieu est sage et bon, il tarira la source du mal. — Nous répondons que si Dieu ne doit pas à l'homme de le créer (on

---

1. Page 245.

ne doit rien à celui qui n'est pas encore), à plus forte raison ne lui doit-il pas de le créer impeccable. On ne peut donc pas prouver que Dieu fût tenu de rendre l'homme impeccable. Si l'homme a volontairement abusé de sa liberté, a-t-il le droit de faire remonter jusqu'à Dieu un abus dont il est seul responsable? Quand l'homme se trompe dans les questions spéculatives, peut-il reprocher à Dieu le don d'une intelligence finie et réclamer une intelligence infaillible? Cette réclamation ne serait pas juste; qu'il se contente de ce qui lui a été accordé, qu'il n'aspire pas à l'impossible, qu'il accepte la condition de créature, en d'autres termes, qu'il ne tente pas d'être Dieu. Il en est de même de la volonté. La volonté humaine est peccable par cela seul qu'elle est volonté créée. Si on parle du mal physique, nous disons d'abord qu'il est, de fait, la conséquence du mal moral; secondement, qu'il n'y a pas obligation pour Dieu de mettre l'homme à l'abri des maux qui sont l'inévitable condition de la créature. D'après notre croyance, Dieu a mis le premier homme dans un *Paradis terrestre;* y était-il obligé? Nullement. Si, en même temps qu'il créait Adam, Dieu eût créé un autre homme et l'eût placé ailleurs que dans l'Éden, le moins privilégié des deux eût-il pu dire, en toute justice :

Pourquoi ne suis-je pas, moi aussi, dans un lieu de délices? Dieu, qui ne devait rien ni à l'un ni à l'autre, était bien libre de donner à l'un des privilèges qu'il refusait à l'autre.

Quant aux désordres qui se constatent dans l'univers matériel et qu'on se plaît à invoquer pour les opposer à la Providence, on les exagère beaucoup, car, en définitive, c'est l'ordre qui est la règle, et le désordre est l'exception. L'ordre proclame la sagesse et la bonté de la Providence divine. Lorsque, de l'impuissance des causes secondes, il résulte quelque désordre, on n'a pas le droit de s'en faire une arme contre la Providence, car, selon le mot profond de saint Denis, cité par saint Thomas[1] : « Le but de la Providence n'est pas de détruire les créatures, mais de les gouverner. » Or, elle les détruirait si elle les arrachait à leur nature, c'est-à-dire à la condition de créatures défectueuses.

Nous ne pouvons pas développer ici la thèse de la Providence, ce serait sortir de notre cadre; qu'il nous suffise de clore cette discussion par ces grandes paroles de Bossuet :
« Dieu veut que nous vivions au milieu du
« temps dans une attente perpétuelle de l'éter-
« nité; il nous introduit dans le monde, où il
« nous fait paraître un ordre admirable, pour

---

1. *De Veritate,* q. V, a. 4, ad. 4.

« montrer que son ouvrage est conduit avec
« sagesse, où il laisse de dessein formé quel-
« que désordre apparent pour montrer qu'il
« n'y a pas mis encore la dernière main,
« .....Précipiter les affaires, c'est le propre de
« la faiblesse, qui est contrainte de s'empres-
« ser dans l'exécution de ses desseins, parce
« qu'elle dépend des occasions, et que ces
« occasions sont certains moments dont la
« fuite soudaine cause une nécessaire préci-
« pitation à ceux qui sont obligés de s'y atta-
« cher. Mais Dieu, qui est l'arbitre de tous
« les temps, qui, du centre de son éternité,
« développe tout l'ordre des siècles, qui con-
« naît sa toute-puissance et qui sait que rien
« ne peut échapper à ses mains souveraines,
« oh! il ne précipite pas ses conseils. Il sait
« que la sagesse ne consiste pas à faire tou-
« jours les choses promptement, mais à les
« faire dans le temps qu'il faut [1]. » La sagesse
de Dieu ne précipite pas ses desseins, celle
de l'homme consiste à s'incliner devant eux,
car, pour citer encore une parole de Bossuet,
« s'il y a de l'art à bien gouverner, il y en a
« aussi à bien obéir. »

Telle est la théologie de Bossuet et de tous
les théologiens. Quoi qu'en dise M. Vacherot,

1. *Sermon sur la Providence*, premier point.

elle est autre chose « qu'un tissu de contradictions et d'absurdités[1]. »

La thèse de l'auteur de *la Métaphysique et la Science* est tout entière dans ces principes : « Perfection et réalité impliquent contradic- « tion. La perfection n'existe, ne peut exister « que dans la pensée. Il est de l'essence de « la perfection d'être purement idéale... S'obs- « tiner à réunir sur un même sujet la per- « fection et la réalité, c'est se condamner aux « contradictions les plus palpables. Il suffit « de lire saint Augustin, Malebranche, Féne- « lon, Leibnitz pour s'en convaincre[2]. »

C'est le renversement de la métaphysique. Sur quoi donc une perfection, quelle qu'elle soit, repose-t-elle, sur quoi peut-elle reposer, si ce n'est sur l'être ? La maxime *primum esse, deinde esse tale* est d'une évidence qui saute aux yeux. Il faut d'abord être avant d'être tel, c'est-à-dire parfait ou imparfait, et, s'il y a un être parfait, sa perfection suppose, par le fait même, la plus haute réalité. Imagine-t-on une perfection qui n'existe pas ? or, elle n'existera pas, si elle n'a pas l'être pour point d'appui.

Cependant M. Vacherot ne veut pas être athée, le mot seul le révolte ; mais quel est donc son Dieu ? « Quant au Dieu réel, il vit,

1. Page 245.
2. Page 247.

« il se développe dans l'immensité de l'espace
« et dans l'éternité du temps ; il nous appa-
« raît sous la variété infinie des formes qui
« le manifestent ; c'est le Cosmos *(ibid.)*...
« Pour nous, le monde, n'étant pas moins
« que l'être en soi, lui-même, dans la série
« de ses manifestations à travers l'espace et
« le temps, possède l'infinité, la nécessité,
« l'indépendance, l'universalité et tous les
« attributs métaphysiques que les théologiens
« réservent exclusivement à Dieu [1]. »

Cette doctrine n'est-elle pas le panthéisme ? quel nom donner à un système qui fait, du monde, un Dieu ? M. Vacherot s'en défend encore : « Le mot spirituel de M. Cousin sur
« ce petit *spectre évoqué à l'usage des sacris-*
« *ties* est d'une parfaite justesse. Le jeu est
« habile, en ce que la calomnie gagne en
« vraisemblance sans rien perdre de sa gra-
« vité [2]. » Le mot est spirituel peut-être, mais il ne change rien aux doctrines. Et d'ailleurs est-ce calomnier un homme que de lui dire : vous êtes panthéiste, quand lui-même l'avoue, et M. Vacherot, on s'en souvient, nous a fait cet aveu : Je suis panthéiste comme Spinoza.

Mais non, M. Vacherot ne veut, à aucun

1. Page 248.
2. Page 249.

prix, être panthéiste. Pour lui le panthéisme est un *crime*, et il préférerait être athée[1]. Si nous étions aussi sévère pour lui qu'il l'a été pour les théologiens, nous pourrions répéter les paroles amères dont il a été prodigue, mais nous ne voulons, laisser échapper aucune expression blessante. Comment donc va-t-il répondre à des accusations qu'il est difficile de ne pas formuler ? Le voici.

Le monde est Dieu, c'est vrai, mais il y en a un autre[2] ; ceux qui n'admettent que le Dieu-Monde sont panthéistes. Nous ne sommes donc pas panthéistes puisque nous adorons un autre Dieu. Nous ne sommes pas athée, car l'athée nie Dieu, et nous, nous le proclamons. Mais notre Dieu « n'existe que dans l'être pensant » au point que « supprimer l'homme « et les autres êtres pensants, s'il en est dans « le monde, Dieu n'existe plus... le Dieu « *vrai* aurait cessé d'exister (page 277). »

Le vrai Dieu n'existe donc que dans la pensée. C'est une existence bien éphémère, mais, au moins, cette existence dans la pensée a-t-elle quelque réalité ? Non. « Nulle réalité, « soit individuelle, soit générale, n'est Dieu, « si grande, si intense que soit en elle la con-

1. Page 251, *passim*.
2. Nous résumons fidèlement les pensées exprimées dans les dernières pages de l'*Entretien sur la théologie*.

« centration des rayons de l'idéal... Nulle
« réalité ne peut être Dieu[1]. »

Nulle réalité n'est Dieu! Dieu n'est donc rien de réel, pourquoi ne pas dire en termes plus clairs : Dieu n'est pas. C'est cependant là le Dieu qu'invoque M. Vacherot : « Idéal,
« idéal! tu es bien le Dieu que je cherche!
« Ta lumière est la seule qui puisse faire
« évanouir à jamais les deux fantômes de
« l'idôlatrie et de l'athéisme (page 282). »

En discutant la thèse du philosophe, ces beaux vers nous revenaient souvent à la mémoire :

ATHALIE.

J'ai mon Dieu, je le sers, vous servirez le vôtre,
Ce sont deux puissants dieux.

JOAS.

Il faut craindre le mien;
Lui seul est Dieu, madame et le vôtre n'est rien[2].

---

1. Pages 283-284.
2. Acte II, scène VII.

CONCLUSION

L'idée mère du livre de M. Vacherot est l'union de la métaphysique et de la science. La métaphysique doit devenir scientifique et la science doit se faire métaphysicienne. Mais où trouver une métaphysique disposée à cette alliance? On a passé en revue tous les systèmes, depuis Platon et Aristote jusqu'à Aug. Comte et M. Littré, et on a rencontré tantôt une métaphysique antiscientifique et tantôt une science en garde contre la métaphysique. Il faut cependant les unir, l'avenir de l'une et de l'autre dépend de là : voici le sanctuaire où leur hymen va se célébrer: « La métaphysique
« est moins une science qu'une vue supé-
« rieure de la science. Elle ne nous instruit
« d'aucune réalité, grande ou petite; loi ou
« fait, loi universelle ou loi particulière; elle
« ne sert qu'à ramener à leur principe les

« vérités perçues par la science et déjà com-
« prises par la philosophie. La définition la
« plus simple et la plus précise qu'on puisse
« en donner, c'est *la vision des choses dans
« l'unité*[1]. »

Au commencement de cette étude, nous avons donné une autre définition, mais laissons la sienne à M. Vacherot, demandons-lui seulement où est cette unité des choses? Que la philosophie donne aux sciences leurs principes, que la métaphysique domine à son tour les principes scientifiques et que la gradation, science, philosophie, métaphysique, soit exacte, nous ne le contestons pas, mais c'est cette *unité des choses* qui nous préoccupe. Quelle est-elle? Est-elle seulement une vue d'ensemble respectant la distinction et l'individualité des êtres, ou bien est-elle une unité substantielle, un tout dont les choses ne sont que la manifestation? S'il en est ainsi, l'union de la métaphysique et de la science est toute naturelle, puisqu'elles ont l'une et l'autre un objet identique, que la science envisagera comme partie et la métaphysique comme tout. C'est évidemment le sens de M. Vacherot; dans son désir de réaliser l'union de la métaphysique et de la science, il n'assigne à la connaissance humaine qu'un objet, *le tout*.

1. Page 409.

L'union est faite, mais elle coûte cher à la métaphysique et à la science :

« Rien n'engendre réellement, dans le tra-
« vail de la nature, que la nature elle-même,
« ou plutôt que l'Être universel, le Dieu vi-
« vant dont la nature n'est que la manifesta-
« tion extérieure. Les phénomènes, les êtres,
« les règnes, les époques se succèdent, mais
« ne s'engendrent pas. Chaque progrès d'un
« être à un être, d'un règne à un règne, d'une
« époque à une époque ne peut s'expliquer
« que par le développement d'une puissance
« nouvelle, cachée dans les profondeurs de
« l'Être universel, et qui arrive à l'expan-
« sion, à son heure, après une certaine pré-
« paration. Faites abstraction de ce principe,
« et réduisez l'univers à une simple multi-
« tude d'individus juxtaposés dans l'espace,
« il ne vous est plus possible de comprendre
« les évolutions progressives de la nature.
« Vous êtes condamnés à l'une ou à l'autre
« de ces deux absurdités : ou chercher le
« principe du nouveau phénomène dans un
« antécédent qui ne le contient pas, comme
« fait le matérialisme, ou faire intervenir à
« tout propos la puissance créatrice d'une
« cause en dehors de la nature. Mais restituez
« aux éléments de la vie universelle leur
« unité, leur substance, leur être commun ;

« alors les évolutions, les transformations,
« les progrès de la nature s'expliquent sans
« qu'on soit forcé d'en chercher ailleurs le
« principe, par le simple développement de
« l'être cosmique aussi inépuisable dans son
« activité créatrice qu'infinie dans son
« étendue[1]. »

Dans une page précédente (309) on avait dit : « l'Être infini n'est pas un être distinct
« des êtres finis, concevant et créant son
« œuvre à un moment déterminé. La vie
« universelle est son acte nécessaire, sa réa-
« lité intime et identique avec son essence. »
Il n'y a donc qu'une essence, qu'une vie, qu'une substance, qu'une réalité, qu'un être, en un mot : l'être cosmique. Dans ces conditions, l'union de la métaphysique et de la science n'est pas difficile, elles n'ont et ne peuvent avoir que le même objet, puisqu'il n'y en a qu'un.

M. Vacherot vient d'appeler l'Être universel, le cosmos, le *Dieu vivant*. Ne pourrions-nous pas lui renouveler le reproche de panthéisme, reproche qui lui est si pénible et qu'il repousse comme une calomnie. Il semblerait que non : « Gardons précieusement, dit-il[2],
« la distinction de Dieu et du monde, car ce

1. Page 372.
2. Page 358.

« n'est pas moins que la différence de l'idéal
« et du réel, de la perfection et du progrès,
« de l'être et du devenir. » Comment accuser
de panthéisme un philosophe qui nous recommande de garder soigneusement la distinction
de Dieu et du monde? Cette recommandation
est la négation même du panthéisme. Malheureusement il ajoute immédiatement après:
« Cette réserve faite, célébrez les grandeurs,
« les beautés, les forces, les vertus sans nom-
« bre du cosmos; je suis le premier à me
« joindre au chœur de ses admirateurs. S'il
« n'est pas le Dieu qu'adore la conscience
« de l'homme religieux, c'est-à-dire l'être
« parfait, fin et loi de tous les êtres, il est
« l'être infini, l'Être des êtres, principe et
« substance de la vie universelle, devant
« lequel s'incline la raison du savant et du
« philosophe. Sans être Dieu lui-même, il
« est *la source de toute divinité*[1], car il est le
« Dieu de l'esprit comme de la nature. Or
« c'est du sein de l'Esprit qu'on voit éclore
« cette fleur de la pensée qui se nomme
« l'*idéal* ou le *divin*.»

Le cosmos n'est pas Dieu, mais il est la
source de toute divinité, puisque, sans lui,
Dieu ne serait pas. Il est donc tout, le monde
et le Dieu vivant; quant au Dieu qu'adore la

---

1. Ces mots ne sont pas soulignés dans le texte.

conscience de l'homme religieux, nous savons que c'est une abstraction en dehors de toutes les conditions de la réalité.

Cette unité substantielle et universelle dans laquelle la métaphysique voit toutes choses et dont la science s'efforce d'étudier quelques parties, cette unité est-elle acceptable ? Elle l'est si peu que M. Vacherot la renie à la première objection.

Son interlocuteur lui rappelle les discussions des théologiens pour faire concorder la liberté humaine avec la prescience divine : « Que
« sera-ce donc, ajoute-t-il[1], lorsqu'il faudra
« concilier la personnalité, l'être des indivi-
« dus avec une définition métaphysique qui
« repose sur l'identité substantielle de l'in-
« dividu et de l'Être universel ? Comment
« l'homme, par exemple, pourrait-il rester
« pour la conscience un être personnel et
« libre, en devenant pour la raison un simple
« mode de la substance unique ? Comment
« sera-t-il tout à la fois fini et infini, individu
« et universel, l'être que nous sommes et
« l'Être en soi ? »

« L'objection serait grave, répond M. Va-
« cherot, si la contradiction qu'elle signale
« était réelle. Mais je crois qu'ici nous
« n'avons affaire qu'à une difficulté de mots. »

1. Page 322.

La difficulté n'est pas dans les mots, elle est dans les choses, car il est fort difficile de concilier la liberté et la personnalité avec la théorie de la substance unique. Nous ne voyons pas la réponse, M. Vacherot sera peut-être plus heureux que nous :

« L'Être universel, dit-il[1], ne devient un
« embarras pour la liberté humaine qu'en
« devenant individuel, personnel, c'est-à-dire
« en cessant d'être universel. Laissez l'Être
« universel de la raison avec ses attributs
« purement métaphysiques; n'en faites point
« un certain être doué d'attributs physiques
« ou moraux; bornez-vous à ne voir en lui
« que l'Être infini, absolu, que la raison nous
« révèle, vous n'éprouverez aucune peine à
« comprendre son rapport avec les individus,
« physiques ou moraux. »

Pardon, cet Être universel qui était tout à l'heure la substance unique, la seule réalité, vous en faites maintenant une sorte d'agrégat d'attributs métaphysiques en le dépouillant de tout attribut physique ou moral. S'il n'a aucun attribut *physique,* c'est que, probablement, il n'existe pas, car s'il existe, il en a au moins un; s'il n'existe pas, je comprends qu'il ne soit pas un embarras. Mais tant qu'il restera l'Être des êtres, le principe et la substance

---

1. Page 324.

de la vie universelle, la source de toute divinité, il faudra fatalement choisir entre lui et les autres. Votre Être universel, votre Tout n'est donc qu'une fiction, puisque vous êtes obligé de l'anéantir et de le répudier à la première difficulté. Sans doute vous ne voulez pas que l'Être universel soit un *individu;* mais il importe peu; du moment qu'il est la *substance unique,* l'objection demeure avec toute sa force, et vous ne pouvez y répondre qu'en reniant le principe qui fait le fond même de votre thèse.

Ce n'est pas sur ce terrain que peut se faire l'union de la métaphysique et de la science.

D'abord, sont-elles séparées? On pourrait le croire, à entendre les récriminations de certains savants au seul nom de métaphysique; elles ne prouvent rien, si ce n'est que ces savants se font une idée fausse de la métaphysique. Elle n'est, pour eux, qu'un ensemble de formules abstraites, de fantômes sans réalité et, comme ils ne veulent que des faits matériels, ils ne peuvent s'empêcher de sourire quand on leur parle de métaphysique. C'est très bien, mais ces faits, à moins de ne les con-

sidérer qu'isolément les uns des autres, sont régis par une loi qui préside à leur développement et qui règle leur activité. Un savant, qui veut aller au bout de sa science, doit marcher jusqu'à ce qu'il trouve la loi donnant l'explication logique des faits qu'il étudie. Qu'y a-t-il de plus scientifique et de plus conforme aux exigences de la raison que de rechercher la cause des phénomènes? C'est une pente sur laquelle on ne peut pas s'arrêter. Que penserait-on d'un astronome qui se contenterait de constater une éclipse et qui dirait : La cause m'importe peu ? L'étude des causes et des lois est donc essentiellement scientifique, et c'est par ce sommet que la science touche à la philosophie qui la couronne. Sans ce faîte, elle est un édifice incomplet. Qu'une science soit aussi positive qu'elle le voudra, qu'elle n'attache d'importance qu'aux réalités soumises à son expérimentation, toujours est-il que la question des causes et des lois se pose forcément devant elle. Comment pourra-t-elle rendre raison des faits si elle n'en connaît ni la loi, ni la cause?
— Mon but, répond-elle, n'est pas d'en rendre raison, mais seulement de les constater.
— Votre but n'est que cela, si vous n'êtes que le manœuvre de la science, mais si vous voulez en devenir l'architecte, votre but est plus

élevé. Les faits n'en seront pas moins *positifs*, votre science ne sera pas moins *positive*, lorsque vous aurez expliqué les faits et achevé la science. La science et la philosophie des sciences sont donc naturellement unies; une science tronquée peut seule proclamer leur divorce.

Au-dessus de la philosophie des sciences, au-dessus des lois et des causes qui expliquent les faits, il y a une science supérieure, la métaphysique, et nous avouons qu'il n'est pas nécessaire de monter jusque-là pour que la science soit parfaite. On peut être *savant* sans être *métaphysicien*. Mais si les données scientifiques sont exactes, elles ne seront jamais en contradiction avec cette science supérieure qui les domine toutes. La métaphysique, en effet, est la science de l'être, or, si une conclusion scientifique vient heurter quelques principes métaphysiques et dire, par exemple : ce qui est n'est pas, ou attribuer à un être des qualités qui ne lui appartiennent pas, il est évident que la conclusion sera fausse. Si au contraire, toutes les déductions sont logiquement tirées, elles iront nécessairement aboutir à ce grand principe métaphysique : ce qui est, est ; principe où toutes les sciences trouvent leur épanouissement, leur plus vive lumière et leur plus grande certitude. Quand donc la science et la philosophie seront-elles unies ? Quand le rêve de M. Vacherot sera-t-il réalisé ? Lorsque les hommes iront jusqu'au bout de leur raison, et ne s'imagineront pas être *savants* en s'arrêtant à moitié chemin.

M. TAINE

M. TAINE[1]

I

M. Taine, disciple de Condillac, compare
« le xviiiᵉ siècle à une société de gens qui
« sont à table; il ne suffit pas que l'élément
« soit devant eux, préparé, présenté, aisé à
« saisir et à digérer; il faut encore qu'il soit
« un mets, ou mieux une friandise. L'esprit
« est un gourmet; servons-lui des plats savou-
« reux, délicats, accommodés à son goût; il
« mangera d'autant plus que la sensualité ai-
« guisera l'appétit. Deux condiments parti-
« culiers entrent dans la cuisine du siècle, et,

---

1. *De l'Intelligence*, 3ᵉ édition.

« selon la main qui les emploie, fournissent à
« tous les mets littéraires un assaisonnement
« gros ou fin. Dans une société épicurienne,
« à qui l'on prêche le retour à la nature et les
« droits de l'instinct, les images et les idées
« voluptueuses s'offrent d'elles-mêmes ; c'est
« la boîte aux épices appétissantes et irri-
« tantes. Chacun alors en use et en abuse ;
« plusieurs la vident tout entière dans leur
« plat. Et je ne parle pas seulement de la lit-
« térature secrète, des livres extraordinaires
« que lit Mme d'Andlau, gouvernante des
« enfants de France, et qui s'égarent aux
« mains des filles de Louis XV, ni d'autres
« livres plus singuliers encore où le raison-
« nement philosophique apparaît comme un
« intermède entre des ordures et des gra-
« vures, et que des dames de la Cour ont sur
« leur toilette avec ce titre : *Heures de Paris*.
« Il ne s'agit ici que des grands hommes, des
« maîtres de l'esprit public. Sauf Buffon, tous
« mettent dans leur sauce des piments, c'est-
« à-dire des gravelures ou des crudités. On en
« rencontrerait jusque dans *l'Esprit des lois*;
« il y en a d'énormes, concertées et compas-
« sées, au milieu des *Lettres persanes*. Dans
« ses deux grands romans, Diderot les jette à
« pleines mains comme en un jour d'orgie. A
« toutes les pages de Voltaire, ils craquent

« sous la dent, comme autant de grains de
« poivre[1]. »

M. Taine pense-t-il que Condillac ne soit
pour rien dans ce festin du xviii° siècle? Il est
vrai qu'il n'a servi aucun des mets fortement
épicés qui flattent le palais des convives, mais,
s'il n'a pas mis la table, il a au moins préparé
la salle où sont venus s'asseoir ceux qui tirent
les conséquences de ses principes.

M. Taine méritait de puiser ses inspirations
à des sources plus pures. S'il eût été élevé à
l'école des philosophes qui sont la gloire de
l'esprit humain, « il aurait laissé une grande
« œuvre, un vaste système dont bien des par-
« ties auraient paru étranges, hypothétiques,
« arbitraires, mais dont d'autres feraient l'ad-
« miration du lecteur par la profondeur des
« analyses et l'originalité des solutions..... Il
« aurait été violemment attaqué, mais il au-
« rait vigoureusement riposté, et les écoles
« du monde entier auraient retenti des
« luttes qu'il aurait suscitées. Il aurait ob-
« tenu l'affection de ses disciples, l'estime de
« ses adversaires, et son nom serait resté avec
« autorité[2]. »

---

1. *L'Ancien Régime*, l. IV, ch. Ier, 3.
2. M. l'abbé de Broglie : *le Positivisme et la Science expérimentale*, tome II, 2° partie, l. III, ch. iv, § 3.

L'influence de Condillac se fait sentir dès la première page de l'ouvrage de M. Taine : « Je « n'ai traité que des connaissances, dit-il[1], « et si je me suis occupé des facultés, c'est « pour montrer qu'en soi, et à titre d'entités « distinctes, elles ne sont pas. »

C'est exactement la thèse de Condillac. Pour ce dernier, en effet, non seulement l'idée, mais la faculté elle-même, n'est que la sensation transformée. La sensation n'est pas la condition de l'idée, elle est l'idée, et la faculté, à son tour, n'est qu'une nouvelle transformation de la sensation ; d'où il suit que la faculté n'existe pas comme entité distincte de la sensation[2]. M. Taine, acceptant ces données, et disant : « Tout ce qui, dans l'esprit, dépasse « la sensation brute, se ramène à des images, « c'est-à-dire à des répétitions spontanées de « la sensation[3], » va être condamné, on le verra, à cette contradiction, qui est la clef de voûte du système de Condillac. Il n'y a que des sensations ; expliquons cependant certains phénomènes intellectuels comme s'il y avait autre chose. Tout est là en effet. Les phénomènes intellectuels sont composés, ils n'ont

---

1. *De l'Intelligence*, préface.
2. Extrait raisonné du *Traité des sensations*.
3. Préface, page 18.

pas une origine unique, les philosophes qui n'admettent qu'un seul principe, la sensation, sont obligés, pour les expliquer, de supposer nécessairement un second principe, sans lequel la solution d'un des problèmes les plus importants de la psychologie est absolument impossible : ce problème est *l'abstraction*. Peut-on le résoudre avec la sensation seule ? Nous allons démontrer que non.

D'après M. Taine, il faut distinguer, dans la sensation, le signe et l'idée qu'il nous suggère[1]. Du haut d'un lieu élevé, je vois un point noir qui s'agite, et je dis : c'est un homme qui marche. Le point noir est le signe, il me montre l'idée, un homme qui marche. Or, parmi les signes, il en est quelques-uns dont les propriétés sont remarquables ; ce sont les *noms*. Les noms désignent soit des individus, soit des collections d'individus. Les premiers sont les noms propres, les seconds sont les noms communs : « Ceux-ci sont les plus nom-
« breux et les plus usités dans toute mémoire
« humaine ; il y en a trente ou quarante mille
« dans une langue, et ils forment à eux seuls
« tout le dictionnaire. En outre, ils sont les
« plus importants : c'est par leur moyen que
« nous faisons des classifications, des juge-
« ments, des raisonnements, bref, que nous

---

[1]. Livre Ier.

« passons de l'expérience brute et décousue à
« la science ordonnée et complète. Considé-
« rons-les avec attention. Ce serait atteindre
« une vérité capitale, infinie en conséquences,
« que trouver, non pas en grammairiens et en
« logiciens, mais en psychologues, leur vraie
« nature et leur office précis. »

Oui, c'est atteindre une vérité, capitale en psychologie, que de découvrir le chemin suivi par l'intelligence pour aller de l'expérience brute à la science ordonnée, c'est-à-dire de la sensation à l'idée. Je vois tel arbre, tel triangle, tel homme, comment ai-je acquis l'idée d'arbre, de triangle, d'homme ? On le voit, il est impossible de faire un pas en psychologie, sans rencontrer le problème de l'origine des idées et, par conséquent, de l'abstraction. Comment se forment ces trente ou quarante mille mots, qui sont dans une langue et qui, à eux seuls, remplissent le dictionnaire ? Pour nous, il n'y a qu'une explication. Nous l'avons déjà donnée dans notre étude sur M. Vacherot, et nous sommes obligés d'y revenir encore, car elle est la seule vraie. L'idée générale, dont le nom commun est le signe, est le produit de l'abstraction.

On ne peut pas nier l'existence de l'idée générale, puisque le signe qui l'exprime remplit tous les dictionnaires. D'où vient-elle donc, et comment s'est-elle formée ? Je vois dans telle salle, sur tel tableau noir, devant tel élève, une figure géométrique qui s'appelle le triangle ; voilà la sensation. Je mets de côté la salle, le tableau, l'élève, le triangle qui est sous mes yeux, et je n'envisage que le triangle en général, c'est-à-dire une figure à trois côtés, voilà l'idée. Que l'idée d'un triangle me soit venue à l'occasion du triangle, c'est évident ; mais que l'idée ne soit que l'image, transformée tant que l'on voudra, c'est ce que je nie. L'image, en effet, est particulière ; c'est l'image *de ce* triangle tracé sur tel tableau ; l'idée, au contraire, est *celle de triangle*, et cette idée est une notion bien réelle, puisque je calcule toutes les propriétés d'un triangle. Or, s'il n'y a en moi que la faculté de recevoir l'image, l'image étant toujours particulière et ne pouvant être que cela, d'où vient l'idée générale de triangle ? Ce triangle abstrait, dont j'ai l'idée, n'existe nulle part dans les objets sensibles qui occasionnent mes sensations et me fournissent les images, car, tout ce qui est sensible et source d'image est concret et particulier. Il faut pourtant que l'idée du triangle vienne de quelque part, puisqu'elle est dans mon esprit et qu'il m'est impossible d'en douter. Encore une fois d'où vient-elle ? Elle ne peut pas venir de la sensation seule puisqu'elle a des caractères que je ne trouve pas dans l'image, il y a donc, en moi, autre chose que la sensation, la sensation seule est donc impuissante à résoudre le problème de l'origine des idées. Peut-on dire que l'idée vient du nom ? Mais M. Taine, vaincu par la force de la vérité, se hâte de répondre : « Entre « l'image vague et mobile suggérée par le « nom et l'*extrait* précis et fixe noté par le « nom, il y a un abîme[1]. » Il y a, en effet, l'abîme qui sépare la sensation de l'idée, les sens de l'intelligence, la bête de l'homme. Mais si vous n'admettez que la sensation, avec quoi comblez-vous l'abîme, comment expliquez-vous l'idée, et quelle est la signification des mots qui remplissent le dictionnaire ?

M. Taine se tire d'embarras en se réfugiant dans une sorte de sous-sol ténébreux où l'on ne voit pas très bien ce qui se passe. « Au-« dessous des images et des expériences, sorte « de végétation qui vit au grand jour, il est « un monde obscur d'impulsions, de répu-« gnances, de chocs, de sollicitations ébau-« chées, embrouillées, discordantes, que nous « avons peine à distinguer, et qui, cependant, « sont la source intarissable et bouillonnante « de notre action. Ce sont ces innombrables

---

[1]. Page 37.

« petites émotions qui, au terme de notre
« examen prolongé, se résument en une
« impression d'ensemble, par suite, en une
« poussée finale, en une tendance définitive, et
« la tendance elle-même aboutit à une expres-
« sion [1]. »

Cette poussée finale n'est pas autre chose que la nécessité où se trouve l'esprit humain de former des idées générales en faisant abstraction des conditions particulières de l'expérience ; elle n'aboutit pas seulement à un nom, elle aboutit à une idée. Si, en effet, le mot ne me dit rien, s'il ne cache pas une idée, il n'est qu'un son fugitif comme le bruissement du vent dans un arbre. Ce que M. Taine appelle, dans son style imagé, tout un monde obscur d'impulsions, de chocs, de sollicitations, ne s'agite pas *au-dessous* de la végétation qui fleurit au grand jour, il la domine, au contraire, et s'épanouit au-dessus d'elle. C'est, en effet, par le nom, signe de l'idée générale, que se termine le travail intellectuel commencé dans la sensation. Mais M. Taine ne veut pas que nous ayons des idées générales : « Quand
« nous avons eu une série d'objets pourvus
« d'une qualité commune, nous éprouvons
« une certaine *tendance*, une tendance qui
« correspond à la qualité commune et ne cor-
« respond qu'à elle. C'est cette tendance qui

1. Ch. II, page 40.

« évoque en nous le nom ; quand elle naît,
« c'est ce nom seul qu'on imagine et qu'on
« prononce. Nous n'apercevons pas les qua-
« lités ou caractères généraux des choses ;
« nous éprouvons seulement, en leur présence,
« telle ou telle tendance distincte qui, dans
« le langage spontané, aboutit telle mimique,
« et, dans notre langage artificiel, à tel nom.
« Nous n'avons pas d'idées générales à pro-
« prement parler ; nous avons des tendances
« à nommer des noms. Mais une tendance
« prise en soi n'est rien de distinct[1]. »

Si nous n'apercevons pas les qualités générales des choses, pourquoi les nommons-nous ? Le mot *arbre*, par exemple, ne désigne pas un arbre en particulier, un chêne, un poirier, un cyprès, il indique un objet qui a des racines, un tronc et des feuilles, c'est-à-dire les caractères communs à tous les arbres. Si nous ne constations pas les qualités générales, il est évident que nous n'aurions pas des noms pour les exprimer. La tendance qui nous pousse à inventer des noms pour désigner des qualités communes, ne s'explique que par la présence de l'idée générale. Si l'on veut confondre l'idée avec le nom, nous répondons encore avec M. Taine qu'ils sont séparés par un abîme, car, ce qu'il appelle *l'extrait* noté par le nom, est l'idée abstraite

---

1. Page 42.

fort distincte du nom. Le nom n'est qu'un assemblage de lettres, ou qu'un peu d'air modifié par les lèvres, et il n'a de valeur que par l'idée qu'il représente. Le mot est l'image, l'idée est la réalité ; il est le signe, l'idée est la chose signifiée, et ces deux éléments sont tellement distincts, que parfois, il est impossible même *d'imaginer* la chose représentée par le nom. Ainsi, par exemple: » Un myria-
« gone est un polygone de dix mille côtés.
« Impossible de l'*imaginer*, même coloré et
« particulier, à plus forte raison, général et
« abstrait. Si lucide et si compréhensive que
« soit la vue intérieure, après cinq ou six,
« vingt ou trente lignes, tirées à grande peine,
« l'image se brouille et s'efface ; et cependant,
« ma conception du myriagone n'a rien de
« brouillé ni d'effacé (p. 37). » Voilà donc, d'un côté, une compréhension, une vue intérieure, c'est-à-dire une idée parfaitement lucide, et de l'autre, un objet qu'on ne peut pas imaginer. Il y a donc une grande distance entre le nom, l'image et l'idée, si bien que quelques philosophes, les auteurs de la *Logique de Port-Royal* entre autres[1], se servent d'un exemple semblable à celui de M. Taine pour essayer de battre en brèche le principe fondamental de l'idéologie vraie : « *Nihil est*

1. *Logique de Port-Royal*, Ire partie, ch. 1er.

in intellectu quin prius fuerit in sensu. »

M. Taine, en niant la réalité des idées générales et en les confondant avec les noms, est encore disciple de Condillac, qui leur a déclaré une guerre à outrance et ne les admet que comme auxiliaires de la mémoire[1].

L'origine des idées générales tient, d'après nous, à la constitution même de l'esprit humain qui est obligé d'abstraire, des objets, leurs conditions particulières; mais l'ouvrage que nous analysons leur assigne une origine différente : « On peut assister de près, dit-
« il[2], à la naissance de ces noms généraux
« (n'oublions pas que, pour lui, le nom se
« confond avec la chose); chez les petits en-
« fants, on la prend sur le fait. Nous leur
« nommons tel objet particulier et déterminé,
« et, avec un instinct semblable à celui des
« perroquets et des singes, ils répètent le
« nom qu'ils viennent d'entendre. Jusque-là,
« ils ne sont que des singes et des perro-
« quets; mais ici se manifeste une délica-
« tesse d'impression toute spéciale à l'homme.
« Vous prononcez devant un bambin, dans
« son berceau, le mot *papa*, en lui montrant
« son père; au bout de quelque temps, à son

1. *Essai sur l'origine des connaissances humaines*, Ire partie, ch. VII.
2. Page 45 et suiv.

« tour, il bredouille le même mot, et vous
« croyez qu'il l'entend au même sens que
« vous, c'est-à-dire que ce mot ne se réveil-
« lera en lui qu'en présence de son père.
« Point du tout..... Un pareil état diffère
« beaucoup du nôtre et, néanmoins, il n'y a
« là que des tendances analogues aux nôtres,
« éveillées de la même façon que les nôtres,
« correspondant à des caractères généraux
« comme chez nous, mais à des caractères
« moins généraux que chez nous, bref, abou-
« tissant à des noms semblables de son et
« différents de sens. »

Assimiler, aux nôtres, les noms généraux dont se servent les enfants, et dire qu'ils sont éveillés de la même façon que les nôtres, c'est confondre le commencement avec la fin. L'enfant se sert du mot *papa* pour désigner un homme et non tel homme, parce que sa connaissance vague et confuse ne sait pas distinguer encore un objet précis, nettement défini par un nom, d'un autre objet qui lui ressemble. Cette tendance n'est nullement analogue à celle qui nous fait dire arbre, homme, triangle, car, dans ce second cas, le nom général est le résultat d'un double travail, un travail préparatoire d'analyse et un travail complémentaire de synthèse. Nous avons analysé plusieurs objets particuliers, nous n'en retenons que les caractères communs que nous désignons par les mots *arbre*, *triangle*, *homme*, etc. L'enfant n'a pas fait l'analyse, car, s'il l'avait faite, il ne confondrait pas son père avec un autre homme ; il n'a pas fait davantage la synthèse, car celle-ci suppose nécessairement celle-là. Pourquoi donc se sert-il de termes qui semblent avoir un certain caractère de généralité ? Y a-t-il là une tendance analogue à la nôtre ? C'est ce que va nous apprendre saint Thomas d'Aquin, en nous exposant la loi primordiale de l'origine des idées [1].

La connaissance de l'enfant est évidemment moins parfaite que celle de l'homme fait; or, le caractère propre d'une connaissance imparfaite est la *généralité*. Je vois un objet éloigné, je ne sais pas si c'est un arbre ou un homme; ma connaissance est d'autant plus générale qu'elle est plus confuse. Je m'approche et je constate que c'est un homme, ma connaissance devient plus précise et, par conséquent, moins générale; quand je suis à quelques pas seulement, je reconnais tel de mes amis; ma connaissance est devenue tout à fait claire et, par conséquent, absolument particulière, puisque je ne confonds pas celui que j'ai devant moi avec un autre. Il y a donc

---

[1]. *Somme théologique*, 1 p., q. 85, a. 3.

proportion exacte entre la généralité et la confusion de la connaissance : c'est l'état de la connaissance de l'enfant, et c'est pour cela qu'il applique, à plusieurs objets, un nom qui, ne convient qu'à un seul. Peut-on comparer cette généralité à ces noms communs exprimant les idées générales d'arbre, d'homme, de triangle? Ce serait, comme nous le disions tout à l'heure, confondre la fin avec le commencement. Ces noms généraux désignent, en effet, une catégorie d'êtres parfaitement nette et précise, et quand nous disons *arbre*, ce n'est pas l'idée d'homme qui s'éveille en nous. Si je puis me servir d'un nom général, c'est parce que j'ai étudié de près le caractère de plusieurs objets; que, négligeant les uns et conservant les autres, j'ai groupé les objets autour d'un type commun. Cette généralité est donc chez moi le signe de la perfection de ma connaissance, tandis que le mot dont se sert l'enfant, est la marque de la confusion de ses idées, on ne peut donc pas les assimiler.

Ni les sens, ni les images ne peuvent nous donner des notions abstraites; ils n'en sont que l'occasion; mais les choses abstraites, n'existant pas dans la nature, elles sont en dehors de la sphère de la sensation. M. Taine est obligé d'en convenir : « Le lecteur sait,

« dit-il[1], que les objets géométriques n'exis-
« tent pas dans la nature; nous ne rencon-
« trons pas, et probablement nous ne pou-
« vons pas rencontrer des cercles, des cubes,
« des cônes qui soient parfaits. Ceux que
« nous voyons ou faisons ne sont tels qu'à
« peu près. Et cependant nous en concevons
« de parfaits, nous raisonnons sur des figures
« dont la régularité est absolue..... Quel est
« donc cet objet conçu dont l'expérience ne
« nous fournit pas le modèle? La définition
« nous répond. — Le cercle est une courbe
« fermée, dont tous les points sont également
« distants d'un point intérieur, appelé centre.
« Mais qu'y a-t-il dans cette phrase? Rien,
« sinon, une première série de mots abstraits
« qui désignent le genre de la figure, et une
« seconde série de mots abstraits qui dési-
« gnent l'espèce de la figure, la seconde étant
« combinée avec la première comme une con-
« dition ajoutée à une condition. » Ne voir,
dans une définition, que des mots et rien que
des mots, c'est réduire la science à néant. Si,
en effet, les mots ne cachent rien, toute la
science se résume à quelques sons fugitifs
qui s'évanouissent avec les vibrations de l'air.
Sous les mots, il y a l'idée, il y a la chose
dont la définition révèle la nature intime.

[1]. Page 60.

M. Taine ne peut pas le nier, car il ajoute :
« Un caractère abstrait, noté par les premiers
« mots, a été uni à un autre caractère abstrait
« noté par les seconds mots, et le composé
« total, ainsi fabriqué, désigne *une chose*
« *nouvelle*, que nos sens n'atteignent pas,
« que notre expérience ne rencontre pas, que
« notre imagination ne sait pas tracer. Nous
« n'avons pas besoin d'atteindre, rencontrer
« ou imaginer cette chose; nous tenons sa
« formule, et cela nous suffit. » Il y a donc,
dans une définition, autre chose que des mots
abstraits, il y a la chose dont nous avons
l'idée; si nos sens ne peuvent pas l'atteindre,
notre expérience la rencontrer, notre imagination la tracer, l'origine de la formule qui la
désigne doit être assignée nécessairement
ailleurs que dans ces trois sources qui ne
peuvent pas nous la donner.

La formule nous suffit, dit M. Taine. La
formule qui contient la chose, oui; la formule qui ne contient que les mots, non.
Si la formule n'est qu'un mot, comment
peut-elle me donner l'idée de la chose?
M. Taine pense qu'en nous imaginant saisir
l'idée sous le mot, nous sommes victimes
d'une illusion, l'idée « n'ayant rien de sen-
« sible..... nous appelons esprit ce par quoi
« nous le saisissons (p. 68). Il se propose

« de démêler le mécanisme de cette illu-
« sion[1]. »

Quand nous croyons surprendre l'idée sous le mot, c'est, au fond, le mot seul qui est en jeu, mais, quoique toujours présent, il s'efface graduellement, si bien qu'à un moment donné, nous l'oublions pour n'envisager que ce que nous appelons l'idée. Nous la dépouillons et, la voyant nue, nous la croyons spirituelle, mais c'est là notre ouvrage, et nous lui prêtons des qualités qui ne lui appartiennent pas. C'est comme lorsque nous lisons un livre imprimé : il nous semble, tant la lecture est rapide, que nous ne suivons plus des mots, mais des idées pures; c'est en cela que consiste notre illusion.

Nous répondons à M. Taine, 1° que si nous pouvons dépouiller l'idée de son enveloppe sensible et la rendre pure, simple, c'est-à-dire spirituelle, c'est qu'il y a en nous la faculté d'opérer cette transformation; si cette faculté fait, de l'idée, quelque chose de pur, de simple, ce n'est que parce qu'elle est elle-même pure, simple, spirituelle. A l'œuvre on connaît l'artisan; une notion, dégagée de son enveloppe sensible, prouve donc l'existence d'une faculté capable de faire un changement qu'elle n'accomplirait pas si elle n'était pas elle-même

---

1. Nous résumons les dernières pages du ch. III.

supérieure à la sensation. L'idée est-elle absolument pure ? Ici, il faut soigneusement distinguer : si, par absolument pure, on entend une idée qu'on peut évoquer sans le mot qui l'exprime, non, il n'y a pas d'idées pures dans ce sens, parce que toutes les notions sont intimement liées à un élément sensible, quand ce ne serait qu'aux mots qui les représentent. La présence d'un élément sensible dans toutes nos conceptions, même les plus élevées, est la conséquence de notre nature d'intelligence incarnée. Mais si, par idée pure on entend une idée dégagée des liens qui enchaînent la sensation et l'image, toutes nos idées générales le sont, comme le prouvent, entre autres, les définitions géométriques citées par M. Taine. La définition du cercle n'est pas la définition de tel cercle, mais celle du cercle en général ; or, l'idée du cercle en général n'est ni une image, ni une sensation, puisque l'image et la sensation sont toujours particulières.

Nous répondons, 2° que lorsque nous lisons rapidement une page imprimée, nous ne sommes nullement dans l'illusion en croyant voir les idées sous les mots. Quelque rapide que soit la lecture, nous voyons toujours le mot, c'est incontestable ; bien mieux, dans le même mot, nous passons d'une lettre à une autre, mais le passage est si prompt que nous n'en avons pas conscience. Cependant, si, dans une page, il n'y a que des mots, quel intérêt peut-elle avoir pour moi ? Un livre écrit dans une langue étrangère me captivera tout autant que les plus grands chefs-d'œuvre de ma langue maternelle ; car, dans l'un et l'autre cas, je ne verrai que des caractères tracés sur un fond blanc. Si on conteste la justesse de notre comparaison, choisissons-en une autre. Prenons deux livres écrits en français : je comprends le sens des mots, mais s'ils ne cachent aucune idée, une oraison funèbre de Bossuet ne sera pas plus belle qu'un conte d'almanach : du blanc et du noir, du noir et du blanc, et c'est tout. Il est donc faux de dire que, « si loin que nous allions, nous « retombons toujours sur des noms (p. 67) » ou sur des mots; nous ne pouvons, au contraire, faire un pas sans tomber sur des idées.

Tout le second livre de l'ouvrage de M. Taine est consacré aux images qui se conservent ou réapparaissent dans la mémoire; mais au lieu d'être traitée au point de vue psychologique, la thèse n'est guère qu'un recueil d'anecdotes, spirituellement racontées, comme toujours. Il cite un très grand nombre de faits sur des hallucinations plus ou moins bizarres, sur des cas étranges, que nous ne contestons pas, du reste, de mémoire perdue ou retrouvée, mais on n'y trouve pas de thèse philosophique proprement dite. Nous ne relevons que quelques rares passages. Après avoir cité le fait d'un bon gendarme devenu fou pour avoir été témoin d'une exécution capitale, l'auteur ajoute : « On peut, d'après ces « exemples, se former une idée de notre machine intellectuelle. Il faut laisser de côté les « mots de raison, d'intelligence, de volonté, « de pouvoir personnel, et même de moi, « comme on laisse de côté les mots de force « vitale, de force médiatrice, d'âme végétative ; « ce sont des métaphores littéraires [1]. » Laissons-les de côté, si vous le voulez, quand il s'agit d'hommes qui ont perdu la raison, l'intelligence, la volonté, le sentiment de leur personnalité, mais la folie ne prouve pas que la raison soit un mythe. Pour juger de la valeur d'une machine, il ne faut pas choisir le moment où elle est détraquée.

A la fin de ce second livre, M. Taine effleure la grave question de la *personnalité*[2], de l'iden-

---

1. Page 123.

2. Il y reviendra plus loin et nous traiterons alors la question plus à fond.

tité du moi, mais il le fait trop rapidement pour qu'il nous ait été permis de voir bien clairement sa pensée sur cet important sujet. Il ne parle, il est vrai, que de la *personnalité morale*, mais les deux questions se touchent de si près, qu'il est bien difficile de ne pas admettre une distinction dans la personnalité *simpliciter*, quand on l'admet pour la personnalité morale. Sa théorie semble se rapprocher beaucoup de celle de Locke : « Si, dit l'au-
« teur de l'*Essai sur l'entendement humain*[1],
« si, par exemple, je *sentais* également en
« moi-même que j'ai vu le déluge et l'arche de
« Noé, comme je *sens* que j'ai vu, l'hiver passé,
« l'inondation de la Tamise, ou que j'écris
« présentement, je ne pourrais non plus dou-
« ter que le *moi* qui écrit dans ce moment, qui
« a vu, l'hiver passé, inonder la Tamise et qui
« a été présent au déluge universel, ne fût le
« même *soi*, dans quelque substance que vous
« mettrez ce *soi*, que je suis certain, que moi
« qui écris ceci, suis, à présent que j'écris, le
« même *moi* que j'étais hier. »

J'avoue que si je rencontrais jamais un homme qui, se croyant contemporain du déluge, me raconterait gravement ce que lui ont dit, dans l'Arche, Noé, Sem, Cham et Japhet, je serais bien tenté de le mettre de compagnie

---

1. *Essai sur l'entendement humain*, l. II, ch. XXVII, § 16.

avec le gendarme dont M. Taine raconte l'histoire. Si la personnalité consiste dans la conscience qu'on a du *moi,* elle se perd avec cette même conscience, de sorte qu'un homme qui dort n'est pas la même personne qu'un homme éveillé. Locke ne recule pas devant cette conséquence [1]. On ne pourrait donc pas punir un homme qui n'a plus le souvenir de son crime, puisque, n'en ayant plus conscience, il n'est plus la même personne. Nous n'avons pas le droit d'attribuer cette doctrine à M. Taine, car, nous le répétons, il n'a pas engagé la question à fond; nous disons seulement que ce qu'il en dit semble se rapprocher de la théorie de Locke.

Dans sa préface [2], M. Taine nous avertit que la spéculation philosophique n'est qu'une minime partie de son ouvrage. Il y a, en effet, des livres entiers uniquement consacrés à la physiologie et d'où il a écarté les problèmes philosophiques intimement liés à ces mêmes recherches physiologiques. Tels sont le livre troisième et une partie du quatrième : ce

[1]. « Socrate, dormant et veillant, n'est pas la même personne, » § 19.
[2]. Page 13.

n'est qu'au chapitre second du livre quatrième que nous retrouvons la philosophie proprement dite. Elle reparaît avec la question de l'union de l'âme et du corps. Il y a deux solutions, dit M. Taine, celle de Leibnitz et de Malebranche, et celle des matérialistes; il pense avoir trouvé une solution intermédiaire. Nous allons voir s'il a frappé juste.

Le second chapitre du livre quatrième commence par cette citation de Tyndall :

« Admettons qu'une pensée définie corres-
« ponde simultanément à une action molé-
« culaire définie dans le cerveau. Eh bien !
« nous ne possédons pas l'organe intellectuel,
« nous n'avons pas même apparemment le
« rudiment de cet organe, qui nous permettrait
« de passer, par le raisonnement, d'un phéno-
« mène à l'autre. Ils se produisent ensemble,
« mais nous ne savons pas pourquoi. Si notre
« intelligence et nos sens étaient assez perfec-
« tionnés, assez vigoureux, assez illuminés,
« pour nous permettre de voir et de sentir les
« molécules mêmes du cerveau; si nous pou-
« vions suivre tous les mouvements, tous les
« groupements, toutes les décharges électri-
« ques, si elles existent, de ces molécules ; si
« nous connaissions parfaitement les états
« moléculaires qui correspondent à tel ou tel
« état de pensée ou de sentiment, nous serions

« encore aussi loin que jamais de la solution
« de ce problème ; quel est le lien entre cet
« état physique et les faits de la conscience ?
« L'abîme qui existe entre ces deux classes
« de phénomènes serait toujours intellectuel-
« lement infranchissable. Admettons que le
« sentiment *amour*, par exemple, corresponde
« à un mouvement en spirale dextre des molé-
« cules du cerveau, et le sentiment *haine* à un
« mouvement en spirale senestre. Nous sau-
« rions donc que, quand nous aimons, le
« mouvement se produit dans une direction,
« et que, quand nous haïssons, il se produit
« dans une autre, mais le *pourquoi* resterait
« sans réponse. »

Voilà, en effet, la difficulté : d'un côté, un phénomène moral, de l'autre, un phénomène physique, ils se correspondent, soit, mais à première vue, ils sont irréductibles. Les physiologistes, n'envisageant que la correspondance, disent : les deux phénomènes ont une cause commune, les centres nerveux ; les philosophes, frappés de leurs caractères irréductibles, disent : ils viennent de deux principes différents, M. Taine fait intervenir un « observateur prudent[1] » qui recule devant la difficulté et se résigne à l'ignorance. Il nous semble, au contraire, qu'un observateur prudent

---

1. Page 320.

devrait dire : si les phénomènes sont correspondants et irréductibles, c'est qu'ils sont l'œuvre de deux principes unis mais distincts. M. Taine croit avoir fait avancer la question d'un pas, grâce à sa théorie des images et des signes, et c'est de là qu'il partira pour donner sa solution. Mais nous avons démontré que la thèse de l'éminent écrivain pèche par la base en rendant impossible l'explication du fait constant et universel des idées générales. « Notre pensée tout entière se réduit « à des sensations, dit-il[1]. » Nous lui avons contesté cette conclusion, et nous lui avons prouvé, nous l'espérons du moins, qu'on est obligé d'admettre autre chose que la sensation. La difficulté n'est donc pas simplifiée, elle reste avec toute sa force. M. Taine avoue bien que, même dans son hypothèse, il se trouve encore en face d'un abîme, car : « du mouve-
« ment, et un mouvement quel qu'il soit, rota-
« tion, ondulation, ou tout autre ne ressemble
« en rien à la sensation de l'amer, du froid ou
« de la douleur. Nous ne pouvons convertir
« aucune de ces conceptions en l'autre, et
« partout, les deux événements semblent être
« de qualité absolument différente, en sorte
« que l'analyse, au lieu de combler l'intervalle

1. Page 321.

« qui les sépare, semble l'élargir à l'infini[1]. »
Remarquons qu'il ne s'agit, d'après M. Taine,
que de sensations, comparées au mouvement des nerfs, et cependant, l'analyse *élargit
à l'infini l'intervalle qui les sépare ;* que sera-
ce quand nous mettrons en présence un mouvement et une idée ? L'intervalle est si grand,
que les physiologistes qui, sans parti pris,
ont étudié la question, se prononcent hautement pour deux ordres de faits irréductibles
et devant être attribués à deux principes unis,
mais absolument distincts[2]. Selon M. Taine,
au contraire, les deux ordres, bien loin de se
rattacher à deux principes distincts, ne sont
irréductibles que « *par la manière dont nous
les concevons;* » leur incompatibilité n'est qu'à
la surface, elle n'est qu'une affaire de point
de vue. L'idée d'une sensation vient du dedans,
celle du mouvement des centres nerveux vient
du dehors, et nous croyons irréductibles ces
deux phénomènes qui nous arrivent par des
routes opposées. S'ils sont irréconciliables,
cela tient peut-être à leur nature intime, mais
peut-être aussi à ce qu'ils nous sont connus
par des voies contraires, de sorte qu'il y a
place pour les deux hypothèses : celle qui
suppose que les phénomènes ont pour cause

1. Page 323.
2. Voir Flourens : *de la Phrénologie*, IIe partie, § 5.

deux principes distincts; celle qui, admettant l'unité de principe, ne reconnaît qu'une différence de point de vue. Laquelle est la meilleure ? La première, acceptée par les philosophes du xviie siècle, Leibnitz et Malebranche en tête, a recours au surnaturel et au miracle, ce qui est antiscientifique au plus haut degré : la seconde, aussi plausible, a l'avantage d'être plus conforme aux faits constatés et de ne recourir à aucune propriété imaginaire ou inconnue. Telle est, en résumé, la thèse de M. Taine, et nous n'avons pas besoin de dire qu'il accepte la seconde hypothèse.

Avant de la discuter nous lui ferons observer que les hypothèses de l'harmonie préétablie et des causes occasionnelles ne sont pas les seules solutions de la philosophie spiritualiste. Les systèmes de Leibnitz et de Malebranche ont été, au contraire, vivement combattus, et il n'y a plus aujourd'hui un seul philosophe spiritualiste qui les défende. Si on en était réduit à se contenter des explications des deux philosophes que nous venons de nommer, la solution spiritualiste serait en grand danger.

Nous ne pouvons pas exposer la théorie, vraie, selon nous, de l'union de l'âme et du corps avant d'avoir réfuté la thèse de M. Taine, car il aurait le droit de nous reprocher une pétition de principe et de nous dire : Vous voulez expliquer l'union de l'âme et du corps, mais c'est précisément l'existence de cette inconnue qui est en question, il faut donc prouver d'abord qu'elle existe; vous vous en tirerez comme vous voudrez pour expliquer son union avec le corps.

C'est ce que nous allons faire, en démontrant que la thèse de M. Taine ne donne pas la raison suffisante du fait mental.

D'après lui, le fait mental ne diffère donc du fait cérébral que par le point de vue où l'on se place pour les juger, mais, en eux-mêmes, ils sont identiques et se ramènent aux mouvements des centres nerveux. Ce mouvement est donc obligé de rendre compte de la sensation et de l'idée.

Commençons par la sensation. Les centres nerveux se mettent en mouvement et le *moi* éprouve une sensation de plaisir ou de douleur. Ils sont simultanés, mais ne sont-ils qu'une seule et même chose? Pour l'affirmer, il faut dire qu'entre un mouvement semblable à celui d'une corde de violon, par exemple, et cet état qu'on appelle le plaisir ou la douleur, il n'y a qu'une différence de point de vue. De prime abord, cette affirmation paraît au moins étrange, car les caractères qui révèlent le mouvement et la sensation ne se ressemblent en rien. Le mouvement est circulatoire, ondulatoire, lent, rapide, en spirale, dextre ou sénestre, peu importe, et la sensation est agréable ou pénible, elle réjouit ou elle attriste. Quelle identité peut-il y avoir entre la joie ou la tristesse et un mouvement en spirale? Comment le mouvement seul peut-il les produire? La différence du point de vue où l'on se place, pour les étudier, comble-t-elle l'abîme et l'intervalle immense qui les sépare? Non, car quel que soit le point de vue, si on admet l'identité de l'événement cérébral et de l'événement mental, on unit et on confond deux phénomènes séparés, l'auteur l'avoue, par un intervalle qui va jusqu'à l'infini. Qu'on le remarque bien, la différence de point de vue ne change pas la nature des choses; j'ai beau regarder un objet de divers côtés, il reste le même. Si donc je ne mets que cette différence entre le mouvement des centres nerveux et la sensation, c'est le procédé dont je me sers pour les étudier qui n'est pas le même, mais l'objet ne change pas; s'il ne change pas, j'identifie donc deux faits séparés par un abîme. L'abîme ne peut être comblé que par l'intervention d'un principe autre que le mouvement des centres nerveux.

Les expériences quotidiennes confirment cette conclusion. Il est des cas (ils sont très nombreux) où ce principe que nous ne connaissons pas encore et que, pour le moment, nous nommons X, manifeste son action et sa présence d'une manière pour ainsi dire sensible, tant elle est évidente.

Soit le cas d'une douleur aiguë, d'une rage de dents, par exemple. Elle est occasionnée par un mouvement nerveux, et le *moi* est dans un état infiniment pénible. On se livre à une occupation qui captive et la douleur devient supportable, elle passe de l'état violent à une intensité beaucoup moindre : si l'attention est complète, la douleur est suspendue. D'où vient ce phénomène? Ou bien l'attention fait cesser le mouvement nerveux, ou bien elle le laisse continuer. Si elle l'arrête, c'est donc parce qu'il y a en nous un principe capable de le supprimer; si elle le laisse libre, c'est donc que ce même principe est assez puissant pour suspendre la sensation de douleur, malgré la continuation du mouvement. Dans l'une ou l'autre hypothèse, le fait certain, c'est qu'on n'a plus conscience de la douleur. Si le mouvement des centres nerveux est la même chose que la sensation, comment se fait-il que la sensation cesse quand le mouvement continue?

Il y a donc en nous un agent dont l'action est indispensable pour rendre compte du phénomène de la sensation. Cet agent est uni aux centres nerveux ; voilà pourquoi leurs actions se correspondent, mais il n'est pas une seule et même chose qu'eux, puisqu'il arrête leur mouvement, ou supprime leurs effets en dirigeant son activité vers une autre sphère.

Si la nécessité d'un agent, autre que les centres nerveux, s'impose dans l'explication de la sensation, à plus forte raison quand il s'agira de l'idée.

Un objet extérieur met en branle les centres nerveux, ceux, par exemple, qui sont le théâtre du phénomène de la vision. Je vois un chêne, son image est sur ma rétine, de la rétine elle va dans le cerveau et elle y met son empreinte. Mais outre l'image du chêne, j'ai l'idée *d'arbre;* c'est incontestable. Cette idée, où est-elle ? Est-elle dans mon cerveau comme un cachet dans la cire ? Mais, de la sorte, je ne puis avoir que l'idée ou plutôt que l'image du chêne, car l'objet qui est venu s'imprimer dans mon cerveau est tel objet particulier et il n'a aucun caractère d'universalité.

Cependant l'idée d'arbre s'applique au chêne, à l'érable, au peuplier, etc., etc., et l'empreinte qui est dans le cerveau ne représente que le chêne. Je dois donc ou nier l'idée d'arbre, ce qui est impossible, ou admettre un sujet en qui elle réside. Ce sujet, nous l'avons vu, ne peut pas être le cerveau, puisqu'il ne reçoit que des empreintes particulières, il y a donc en nous, outre les centres nerveux où s'imprime l'image, un sujet où s'élabore l'idée.

Ce sujet, quel est-il? Nous venons de démontrer que les centres nerveux ne peuvent rendre compte ni de la sensation, ni de l'idée. Quelle est la raison de cette impuissance? C'est que la sensation et l'idée sont des faits qui dépassent la portée d'agents purement matériels, il faut donc, pour les expliquer, admettre l'action d'un agent qui leur soit supérieur, c'est-à-dire immatériel. Tout à l'heure nous l'appelions X, maintenant nous lui donnons son vrai nom et nous l'appelons : *l'âme.* Pour combler « les lacunes énormes » qui séparent la sensation du mouvement des centres nerveux et l'image de l'idée, nous « n'obéis- « sons donc pas aux habitudes de notre es- « prit et aux besoins de notre cœur[1]. » Nous nous inclinons simplement devant une nécessité absolue qui nous force à admettre la présence d'un agent sans lequel on ne peut expliquer ni la sensation, ni l'idée.

M. Taine, si fidèle à Condillac, se sépare de lui sur un terrain où il eût été bon de le suivre. Condillac, en effet, malgré ses principes qui conduisent directement au matéria-

---

1. Page 365.

lisme, proclame cependant la distinction de l'âme et du corps et réfute victorieusement l'hypothèse de Locke sur la possibilité de penser accordée à la matière [1].

Il y a donc une âme, elle est unie au corps, quel est le mode de leur union ?

Nous écartons d'abord les théories de Leibnitz et de Malebranche par la seule raison qu'elles nient un fait au lieu de l'expliquer. Dans ces systèmes, l'âme et le corps sont juxtaposés, ils ne sont pas unis. Nous en disons autant des doctrines de Platon et de Descartes, et en général, de toutes les solutions spiritualistes qui, dans la crainte de matérialiser l'âme et de la confondre avec le corps, l'en séparent au point que leur union est accidentelle et fort problématique.

L'âme et le corps sont unis de telle sorte que, de leur union, il résulte un tout qui est le *moi* ou la personnalité humaine. L'homme n'est ni une âme ni un corps séparés, il est l'un et l'autre dans l'unité de la personne. La personne, comme tout être du reste, est douée

---

1. *Essai sur l'origine des connaissances humaines*, ch. Ier, §§ 6 et 7. — Locke ne dit pas que la matière pense, il se demande seulement si Dieu, en vertu de sa toute-puissance, ne pourrait pas lui accorder la pensée; il n'y voit pas d'impossibilité. Condillac démontre très bien qu'il y a contradiction dans les termes.

d'activité, or, le principe premier de l'activité d'un être, nous l'appelons la forme¹. Que le mot ne vous effraye pas ; laissons-le de côté pour un moment, si vous voulez, et ne prenons que la chose. Un être agit, il a donc en lui le principe de son action, sans cela, il demeurerait inerte ; il faut donner un nom à ce principe d'activité, appelez-le force si vous aimez mieux, nous, nous l'appellerons forme ; c'est une affaire d'habitude. Toujours est-il qu'il faut attribuer l'action d'un être au principe d'où elle découle : s'il s'agit, non d'une action secondaire et accessoire, mais d'une action fondamentale et primordiale, il faudra remonter jusqu'au principe premier de l'activité ; c'est précisément ce principe premier que nous appelons la forme. Or l'homme vit, il se meut, il se nourrit, il sent, il pense : par quoi vit-il, se meut-il, se nourrit-il ? par quoi sent-il et pense-t-il ? C'est par l'âme dont nous avons démontré tout à l'heure la nécessité. L'âme est donc le principe premier de l'activité humaine, c'est-à-dire qu'elle est la forme de ce composé qui est l'homme. Nous disons *de ce composé*. Dans l'homme, en effet, outre l'âme, il y a le corps, outre la forme, il y a la matière. Les deux éléments sont donc unis comme la forme est unie à la matière.

2. *Somme théologique*, I p. q., 76, a. 1.

10.

L'âme qui donne au corps toute son activité végétative, sensible, intellectuelle, lui communique aussi l'être en tant que corps humain. Si nous avons un corps humain, c'est-à-dire si nous sommes des hommes, c'est à l'âme que nous le devons.

L'âme est donc la forme substantielle du corps ; car, ce qui donne l'activité, nous l'appelons la forme, et ce qui donne l'être, nous l'appelons la forme substantielle. L'âme est donc unie au corps comme forme substantielle, et elle constitue, avec lui, la personne humaine.

Il ne faut pas s'étonner maintenant de l'influence de l'âme sur le corps, et du corps sur l'âme, puisque ces deux éléments forment une seule et même personne; mais, s'ils sont unis, ils sont distincts, et ne voir que l'un ou l'autre, c'est méconnaître la nature humaine.

Qu'on ne dise pas qu'en enseignant ce mode d'union de l'âme et du corps, nous en appelons au miracle et au surnaturel ; cette union, au contraire, est fort naturelle. Qu'y a-t-il de plus naturel pour un être que de se trouver dans les conditions requises, indispensables, pour émettre les actes qui lui sont propres ? Quelle est l'opération la plus noble et la plus spéciale de l'homme ? c'est de rechercher et de contempler le vrai. Or, l'homme ne peut atteindre ce but qu'en s'appuyant sur les choses sensibles et qu'en élaborant ses idées, des images fournies par les sens. Les philosophes qui cherchent une autre origine aux phénomènes intellectuels, ne tiennent compte ni de la nature de l'intelligence, ni des conditions où elle est placée. L'union de l'âme avec le corps est donc naturelle puisque, sans elle, l'activité intellectuelle s'étiolerait faute d'aliments.

Si on nous objecte que le Créateur aurait bien pu soumettre l'esprit humain à d'autres lois, au lieu de l'astreindre à cette humiliante nécessité, nous répondons que nous n'étudions pas une âme imaginaire, telle que la désireraient certains philosophes, mais l'âme réelle, telle que Dieu l'a faite.

Nous disions, dans une page précédente, que M. Taine semblait se rapprocher de la théorie de Locke sur l'importante question de la *personnalité*. Il y revient au chapitre III et il ne laisse plus aucun doute : d'après lui, la *personne* est encore plus ondoyante que celle de Locke.

« On arrive, dit-il, à considérer le moi
« comme un sujet ou substance ayant pour

« qualités distinctives certaines facultés, et,
« au-dessous de nos événements, on pose
« deux sortes d'êtres explicatifs, d'abord les
« puissances ou facultés qui les produisent,
« ensuite le sujet, substance ou âme qui pos-
« sède les facultés.

« Ce sont là des êtres métaphysiques, puis
« fantômes engendrés par les mots et qui s'é-
« vanouissent dès qu'on examine scrupuleu-
« sement le sens des mots[1]. »

Si M. Taine réussit à prouver ces affirmations, c'en est fait de la psychologie; les facultés, l'âme, le moi sont des abstractions qui ne cachent aucune réalité. Elles ont été imaginées par des philosophes qui, n'ayant pas su creuser le sens des mots, ont créé tout un monde fantastique.

Suivons pas à pas les propositions de M. Taine et serrons-les de près.

« Qu'est-ce qu'un pouvoir? demande-t-il.
« Un souverain despotique a un pouvoir ab-
« solu; cela signifie que sitôt qu'il ordonne
« une chose, quelle qu'elle soit, la confisca-
« tion d'une propriété, le meurtre d'un
« homme, elle sera faite. — Un roi constitu-
« tionnel n'a qu'un pouvoir limité; cela si-
« gnifie que, s'il ordonne certaines choses, le
« renvoi d'un fonctionnaire, la promulgation

1. Page 338.

« d'une loi, elles seront faites, mais que, s'il
« ordonne d'autres choses, par exemple celles
« qu'on citait tout à l'heure, elles ne seront
« pas faites, cela ne signifie rien de plus. Le
« mot pouvoir ne désigne ici qu'une liaison
« constante entre un fait qui est l'ordre du
« prince et tels ou tels autres faits qui suivent
« le premier. — Pareillement on dit qu'un
« homme sain a le pouvoir de marcher et
« qu'un paralytique ne l'a pas; cela veut dire
« simplement que la résolution de marcher
« chez l'homme sain est certainement suivie
« d'un mouvement des jambes et qu'elle n'est
« jamais suivie de ce mouvement chez le pa-
« ralytique; ici encore, le pouvoir n'est que
« la liaison perpétuelle d'un fait qui est l'an-
« técédent avec un autre fait qui est le consé-
« quent. »

Nous n'insisterions pas sur la comparaison si elle n'était l'axe autour duquel roule la théorie de l'auteur. Qu'un pouvoir constitutionnel ne soit pas très flatté d'être assimilé à une attaque de paralysie, la question n'est pas là, un écrivain est libre de choisir ses exemples et, dès lors qu'ils rendent sa pensée exacte, il est dans son droit. Ne prenons donc, de la comparaison, que la pensée dont elle est l'expression. Un roi absolu commande, voilà le premier fait, son ordre est exécuté, voilà le second ; il y a liaison perpétuelle entre l'antécédent et le conséquent. La cause du conséquent est dans l'antécédent, car si l'ordre n'eût pas été donné, l'exécution n'aurait pas eu lieu. Mais l'ordre à son tour, d'où vient-il ? Il ne peut pas venir du régime absolu, car ce mode de gouvernement n'assure que l'exécution d'un ordre quel qu'il soit, qu'il s'agisse d'un meurtre ou d'une confiscation. Le roi a commandé et il été obéi, c'est bien ; s'il a été obéi, c'est en vertu de son pouvoir absolu, mais s'il a commandé, ce ne peut être en vertu de la forme de son gouvernement, car cette forme n'est pas *lui*, elle n'est que l'instrument dont il se sert pour faire exécuter ses *volontés*. Il y a donc ici une confusion étrange dans l'acception du mot *pouvoir*, car il est pris comme forme politique et, en même temps, comme principe des volontés du prince. Or il y une très grande différence entre les conditions extérieures requises pour que la volonté du prince soit exécutée, et la volonté qui a donné l'ordre. M. Taine n'envisage que l'ordre et l'exécution, et il voit entre ces deux termes une liaison constante, c'est vrai ; mais encore une fois, l'ordre, d'où vient-il ? Quand un roi constitutionel ne peut pas faire exécuter une confiscation injuste, est-ce parce qu'il n'en a pas la volonté ? Nous voulons bien le croire pour l'honneur du régime, mais enfin qui peut lui défendre de *vouloir* ? On n'empêche que l'exécution, mais, la forme politique à laquelle il est soumis, n'a aucune prise sur sa volonté. M. Taine a donc confondu dans le mot *pouvoir* un régime politique et l'un des deux principes de l'activité humaine, la volonté.

Il n'est pas plus heureux en appliquant sa comparaison à l'homme sain et au paralytique. L'homme sain a le *pouvoir* de marcher, le paralytique ne l'a pas. Celui-ci n'a pas le pouvoir d'exécuter les mouvements, mais il en a certainement le désir et la volonté, car il y a peu de malades qui se résignent à leur immobilité.

« Les noms de pouvoir et de force, conti-
« nue M. Taine, ne désignent donc aucun
« être mystérieux, aucune essence occulte.
« Quand je dis : j'ai la force ou le pouvoir de
« remuer mon bras, je veux dire seule-
« ment que ma résolution de remuer mon
« bras est constamment suivie par le mouve-
« ment de mon bras. En effet, si à l'aide de la
« physiologie j'examine de plus près cette
« opération, j'y découvre quantité d'intermé-
« diaires, un mouvement moléculaire dans
« les lobes cérébraux, un autre mouvement
« moléculaire dans le cervelet, un autre mou-

« vement moléculaire propagé dans la moelle
« et de là dans les nerfs moteurs du bras,
« une contraction dans les muscles des bras,
« un déplacement de leur point d'attache. »

Mais quelle est donc la cause de tous ces mouvements? Si j'ai la *résolution* (M. Taine emploie souvent le mot) de remuer mon bras, mon bras remue; si j'ai la résolution de ne pas le remuer, il ne bouge pas : la cause de son mouvement est dans ma résolution, car ma résolution est toujours suivie de son effet. Cette résolution doit donc être quelque chose, car le rien ne produit rien; si elle est quelque chose, elle existe. Existe-t-elle comme faculté ou comme acte de faculté? Si c'est comme faculté, il existe donc une faculté; si elle est l'acte d'une faculté, la faculté, dont elle est l'acte, est donc aussi quelque chose. De quelque côté que nous nous tournions, nous arrivons donc nécessairement à conclure qu'une faculté existe.

« J'ai le pouvoir de remuer mon bras, dit
« encore M. Taine, comme l'employé au télé-
« graphe de Marseille a le pouvoir de remuer
« les aiguilles télégraphiques de Paris. Entre
« ma résolution et le déplacement de mon
« bras, il y a tous les intermédiaires énumé-
« rés entre l'employé de Marseille et les
« aiguilles de Paris, il y a les mille kilomètres

« de fil télégraphique. C'est une particularité
« constante pour les signaux de l'employé
« d'être suivis à mille kilomètres de là par le
« jeu des aiguilles indicatrices : c'est une
« particularité constante pour ma résolution
« d'être suivie à travers dix intermédiaires
« indispensables pour le déplacement de mon
« bras. Rien de plus. »

Entre l'employé du télégraphe de Marseille et le mouvement des aiguilles dans le bureau de Paris, il y a, outre les fils télégraphiques, l'électricité. Sans elle, l'employé de Marseille aurait beau s'évertuer à envoyer des dépêches, les aiguilles de Paris ne broncheraient pas. Il y a donc trois agents qui concourent à la production des phénomènes : l'action de l'employé, le fil et l'électricité. De même dans le mouvement de mon bras, il y a une résolution (c'est l'employé), le fil (ce sont les nerfs), l'électricité (c'est la vie qui anime les nerfs) : de ces trois agents, M. Taine supprime le principal, c'est-à-dire l'électricité. La dépêche ne partira pas toute seule, de même si ma résolution *n'existe pas*, mon bras restera immobile. Elle existe, dites-vous, puisque je me sers du mot; c'est vrai, vous vous servez du mot, seulement sous le mot, il n'y a rien qu'une particularité constante, qu'un rapport entre des phénomènes.

Vous ajoutez, en effet : « Par malheur, de
« cette particularité qui est un rapport, nous
« faisons, par une fiction de l'esprit, une sub-
« stance; nous l'appelons d'un nom substan-
« tif, force ou pouvoir; nous lui attribuons
« des qualités; nous disons qu'elle est plus
« ou moins grande; nous l'employons dans
« le discours comme un sujet; nous oublions
« que son être est tout verbal, qu'elle le tient
« de nous, qu'elle l'a reçu par emprunt, pro-
« visoirement, pour la commodité du dis-
« cours, et qu'en soi il n'est rien, puisqu'il
« n'est qu'un rapport. Trompés par le lan-
« gage et par l'habitude, nous admettons qu'il
« y a là une chose réelle et, réfléchissant à
« faux, nous agrandissons à chaque pas notre
« erreur. En premier lieu, l'être en question
« étant un pur néant, nous ne pouvons rien y
« trouver que le vide; c'est pourquoi, par une
« illusion dont nous avons vu déjà des
« exemples, nous en faisons une pure es-
« sence, inétendue, incorporelle, bref, spi-
« rituelle [1]. »

Quel malheur y a-t-il donc à attribuer des qualités à une résolution? Ne faut-il pas une résolution plus énergique pour aller se faire tuer sur un champ de bataille que pour aller à la pêche à la ligne? La résolution d'attendre

---

1. Page 341.

un homme au coin d'un bois pour lui voler sa bourse, est-elle moralement la même que celle qui guidait saint Vincent de Paul à travers les rues de Paris, quand il recueillait les enfants abandonnés? Une résolution qui varie comme la température est-elle aussi énergique qu'une autre que rien n'est capable d'ébranler? Ce n'est donc pas un grand malheur que de donner des qualités à une résolution ou au pouvoir d'émettre un acte. S'il a des qualités, c'est que probablement il est quelque chose; le néant ne peut pas être qualifié. On ne dira pas que le néant est fort ou lâche, criminel ou saint; on n'a de lui qu'une chose à dire, c'est qu'il n'est rien. Mais franchement, peut-on dire de ce qui nous fait faire des actes bons ou mauvais, pusillanimes ou héroïques : ce n'est rien, c'est un pur néant, il n'y a là que le vide. D'où viennent donc les actes si, à leur source, on ne trouve que le rien, le néant et le vide? Vous n'admettez qu'un rapport de régularité constante; mais un rapport suppose des choses que l'on compare entre elles. Vous êtes donc obligé de reconnaître que les actes existent; d'où viennent-ils? Vous nous répondez :

« Comme l'événement ne naît que par elle
« (par cette prétendue substance), il manque
« si elle manque; elle est sa cause. D'autre

« part elle le précède et lui survit; elle est
« donc permanente, tandis qu'il est passager;
« il a beau se répéter, changer, elle est tou-
« jours une et la même; on peut la comparer
« à une source inépuisable dont elle est un
« flot. Partant, la voilà considérée comme
« une essence d'ordre supérieur, située au
« delà des faits, stable, une, créatrice. Sur ce
« modèle, les philosophes vont peupler le
« monde d'entités pareilles. Et cependant elle
« n'est rien en soi qu'un caractère, une pro-
« priété, une particularité d'un fait, la parti-
« cularité qu'il a d'être constamment suivi
« par une autre particularité détachée de lui
« par abstraction, posée à part par fiction,
« maintenue à l'état d'être distinct par un nom
« substantif distinct, jusqu'à ce que l'esprit,
« oubliant son origine, la juge indépendante
« et devienne la dupe de l'illusion dont il est
« l'ouvrier [1]. »

Vous nous reprochez de faire de la cause de l'événement, qui n'est, pour vous, qu'une abstraction, une essence d'ordre supérieur, située au delà des faits, stable, une, créatrice; mais c'est que, malgré notre bonne volonté, il ne nous est pas possible de la considérer autrement.

En effet, nous avons prouvé que certains

1. Page 312.

événements, la sensation et l'idée, par exemple, sont inexplicables par l'action des centres nerveux seuls et que *l'intervalle immense* qui les sépare ne peut être comblé que par l'intervention d'une essence supérieure au mouvement physiologique des nerfs. Cette essence est située au delà des faits. Il faut s'entendre sur la portée de cette proposition. Si, pour vous, être situé au delà des faits, signifie en être séparé, ce n'est pas notre thèse, puisque nous enseignons l'union substantielle de l'essence et du fait physiologique. Si vous voulez dire que l'essence est, dans sa nature intime et personnelle, supérieure au fait, c'est le système que nous défendons, car nous avons constaté un ordre de faits qui dépassent la sphère des centres nerveux, et, par conséquent, nous avons dû leur attribuer une cause supérieure. Cette cause est *stable*. Le sens intime qui, dans ce cas, est infaillible, nous dit clairement que le principe d'où découlent nos actes n'est pas un parfum qui s'évapore, une brise qui passe, un nuage qui se dissipe, un météore qui disparaît. Les actes se succèdent, ils varient de forme et de nature, mais la cause à laquelle ils se rattachent en dernière analyse est stable, et elle n'est le sujet que de modifications accidentelles ; mais intrinsèquement elle ne change pas. Aujourd'hui je suis sorti, hier j'étais resté chez moi, aujourd'hui je suis triste, hier j'étais heureux ; les actes et les dispositions ont varié, le sujet est le même.

On sait que Montaigne s'est plu à décrire la prodigieuse inconstance des dispositions de l'âme, mais le piquant tableau qu'il en a laissé ne nous autorise pas à conclure au changement radical et substantiel du *moi* : « Non
« seulement, dit-il [1], le vent des accidents me
« remue selon ses inclinations ; mais en
« oultre je me remue et trouble moy-même
« par l'instabilité de ma posture ; et qui y
« regarde primement, ne se trouve guère
« deux fois en mesme estat. Je donne à mon
« âme tantost un visage tantost un aultre,
« selon le côté où je la couche. Si je parle
« si diversement de moy, c'est que je me
« reguarde diversement. Toutes les contra-
« riétés s'y trouvent selon quelque tout, et en
« quelque façon : Honteux, insolent, bavard,
« taciturne, laborieux, délicat, ingénieux,
« hébété, chagrin, débonaire, menteur, véri-
« table, savant, ignorant, libéral et avare et
« prodigue : tout cela je le veois en moi
« aulcunement, selon que je me voie ; et
« quiconque s'estudie bien attentivement,
« trouve en soy, veoire et en son jugement
« mesme, cette volubilité et discordance. »

1. *Essais*, l. II, ch. I.

Nous ressemblons à peu près tous à Montaigne ; il suffit d'un rayon de soleil pour nous égayer et un ciel couvert nous attriste ; un jour nous sommes disposés à travailler et le lendemain nous ne résistons pas à l'attrait d'une promenade, mais cette inconstance n'affecte que les dispositions d'un seul et même sujet. La cause est stable, elle est aussi *une*. Le moi d'aujourd'hui est le moi d'hier, le moi heureux n'est pas autre que le moi attristé. S'il variait avec ses modifications, il n'en garderait pas le souvenir : si je ne suis pas celui qui était hier, comment puis-je savoir ce que j'ai fait ou pensé dans la journée qui vient de s'écouler ? Notre existence serait à tout moment une naissance nouvelle sans aucune racine dans le moment qui précède ; ce qui est évidemment faux et contredit par le sens intime. On est acculé à cette conclusion lorsqu'on admet avec M. Taine : « qu'on « voit s'évanouir et entrer dans la région des « mots cette substance une, permanente, « distincte des événements [1]. » Si la substance n'en est pas distincte, elle varie avec eux, ou plutôt elle n'est que l'événement lui-même, d'où il suit qu'un événement heureux étant différent d'un événement malheureux, ce n'est pas la même substance qui est tour à

---

1. Page 343.

tour heureuse ou malheureuse. Mais alors comment sait-elle qu'elle n'a pas toujours été ce qu'elle est en ce moment présent ? « Il « ne reste de nous, continue M. Taine, que « nos événements, sensations, images, sou- « venirs, idées, résolutions : ce sont eux qui « constituent notre être, et l'analyse de nos « jugements les plus élémentaires montre, « en effet, que notre moi n'a pas d'autres « éléments. »

Tous les faits qui sont la manifestation de notre activité n'ont donc aucun lien, aucun sujet commun ? Un simple exemple va nous montrer que la moindre circonstance de la vie demeure, dans cette hypothèse, un problème insoluble. Je suis maintenant dans ma chambre, j'ai des idées, des sensations de livres, de table de travail, de meubles dont la vue m'est familière, des résolutions qui me font discuter une théorie philosophique, je suis en un mot le théâtre de tels ou tels événements. Si c'est là mon être, mon *moi*, il tient à peu de chose; en effet, je sors, j'erre sur les quais, je regarde le dôme des Invalides, j'achète un journal, je lis les nouvelles, je m'intéresse aux débats du Parlement, et me voilà bien changé, je suis *un autre*. Comment vais-je faire pour rentrer chez moi ? Je ne le puis pas. Si, en effet, le *moi* qui est sorti de ma chambre, n'est pas le même que celui qui se promène sur les quais, ce dernier ne saura où trouver un gîte. Il ne le saura pas pour deux raisons. La première, c'est que n'étant pas le moi qui est sorti, il ne se souviendra pas de la chambre habitée par l'autre ; et secondement, quand même il s'en souviendrait, il n'oserait pas y rentrer de peur d'être regardé comme un intrus. On ne va pas, en effet, *chez un autre* sans invitation préalable.

M. Taine avouera de bonne grâce que notre exemple n'a pas faussé sa thèse pour le plaisir d'en faire voir d'une manière sensible le côté défectueux, car nous ne faisons que traduire ces propositions : « Nos événements « successifs sont les composants successifs de « notre moi. Il est tour à tour l'un, puis « l'autre[1]. »

Il a parfaitement compris que, dans ces termes, son système était insoutenable, aussi il a essayé de faire surnager quelques débris de l'unité du moi.

« Non, dit-il, qu'il (le moi) soit un simple « total ; car le verbe *est*, qui joint le sujet à « l'attribut, énonce non seulement que l'attri« but est inclus dans le sujet comme une « portion dans un tout, mais encore que « l'existence du tout précède sa division. » Il

1. Page 343.

compare[1] le moi divisé en sensations, images, idées, résolutions, etc., à une planche sur laquelle on aurait tracé à la craie des triangles, des losanges, des carrés. La planche n'est pas seulement la série de ces figures ajoutées bout à bout, elle « reste une et continue ». C'est précisément ce que nous disons : outre les figures, il y a la planche qui est une entité réelle, outre les événements, il y a le moi qui en est le sujet. De cette façon, dit M. Taine, le moi demeure un et continu.

Pour affirmer l'unité et la continuité du moi, il faut accepter la comparaison jusqu'au bout; or, après avoir dit que la planche est *une* et *continue,* on ajoute que, si on enlève les figures qu'on y a tracées, elle n'est plus rien. Elle n'est, par conséquent, une et continue ni en elle-même, puisque, les figures ôtées, elle n'est plus rien, ni en vertu des figures, puisque le triangle n'est pas le carré, ni le carré le losange. Il ne reste donc que les figures; mais si le moi de la planche (qu'on nous passe cette expression) n'est rien, sur quoi sont tracées les figures et comment peut-on affirmer la continuité et l'unité d'un sujet composé de figures différentes? Il ne reste donc pas la moindre trace de l'unité et de la continuité du moi.

---

1. Page 344.

M. Taine s'applaudit de sa victoire : « La
« destruction de ce fantôme métaphysique
« abat l'un des chefs survivants de cette ar-
« mée d'entités verbales qui, jadis, avaient
« envahi toutes les provinces de la nature, et
« que, depuis trois cents ans, le progrès des
« sciences renverse une à une[1]. » Nous ne
croyons pas que le triomphe soit facile à remporter. Nous avons vu, en effet, à chacune
des assertions de l'illustre écrivain, le moi
s'imposer avec tous les caractères d'une inévitable nécessité. Notre tâche ne serait remplie qu'à moitié si nous n'exposions pas
maintenant la théorie vraie de la personnalité ; et d'abord, qu'entend-on par le mot personne ?

Nous supposons que des objets existent, et
notre supposition n'est pas trop risquée ; il
faut, en effet, une audace peu commune pour
conclure au néant absolu. Les objets existent
donc. Nous est-il permis de leur donner des
noms et de dire : ceci est un arbre, ceci est une
maison, ceci est un homme ? Nous n'y voyons
pas d'inconvénient. Or, parmi les objets,
parmi les arbres, par exemple, les uns sont
grands, les autres rabougris, les uns s'épa-
nouissent dans des climats froids, les autres
ne fleurissent que sous les tropiques, tantôt

---

1. Page 346.

ils sont couverts de feuilles et de fruits, tantôt ils en sont dépouillés, mais ce sont des arbres. Je distingue donc dans cet objet deux choses : ce qui le constitue en lui-même et certaines circonstances qui l'entourent, mais qui ne changent pas sa nature. De même que j'ai pu appeler arbre l'objet qui était sous mes yeux, de même je puis donner le nom de substance à ce qui constitue sa nature, et le nom d'accidents aux circonstances qui l'embellissent ou qui le dégradent. Ne disputons pas sur les mots, ne prenons que les choses; or il est évident qu'on doit admettre une différence entre la substance d'un être et ses conditions accidentelles. Mais sa substance n'existe pas en général, elle est individuelle, c'est-à-dire qu'il y a tel arbre, celui sous lequel je m'abrite ou dont je cueille les fruits. Si, pour me mettre à l'abri du soleil, j'étais obligé de chercher l'arbre en général, j'aurais le temps de me fatiguer beaucoup avant de le trouver. Il existe donc tel objet en particulier, ayant une substance individuelle qui le distingue des autres.

Or, parmi les objets, il en est qui me paraissent avoir des qualités spéciales; ils marchent, ils parlent, ils donnent des signes de liberté, d'intelligence, je suis tenté de les admirer ou ils ne m'inspirent que du mépris, en un mot, ils me frappent tellement, que je crois devoir les remarquer entre tous et leur donner un nom qui sera comme l'expression et le résumé de ces qualités qui ont attiré mon attention. S'il s'agit d'un objet quelconque, je dirai : c'est telle substance individuelle, mais si je veux désigner ces êtres privilégiés dont je viens de parler, je croirais de mon devoir de les honorer d'un nom particulier, je dirais: ce sont *des personnes*, et j'entendrais, par ce mot, *la substance individuelle d'une nature raisonnable*[1]. C'est en cela que consiste le *moi* ou la personnalité.

---

[1]. Saint Thomas d'Aquin, *Quæstiones de potentiá*, q. X, a. 2.

II

Dans le second volume : *de l'Intelligence,* M. Taine se propose d'expliquer les principales opérations intellectuelles : « Nous fai-
« sons des abstractions et des généralisations
« précises, dit-il[1], nous jugeons, nous rai-
« sonnons, nous construisons des objets
« idéaux. Voilà les principaux groupes d'ac-
« tions qui sont des connaissances. — Com-
« ment un être composé comme on l'a dit
« peut-il les accomplir? Comment les événe-
« ments intérieurs comme ceux qu'on a dé-
« crits parviennent-ils à les former? Telle est
« la question, et on ne la résout pas en disant,
« comme beaucoup de psychologues, que nous
« avons telle ou telle faculté, la conscience, la
« mémoire, l'imagination ou la raison. Ce
« sont là des explications verbales, héritage

1. L. 1, ch. I, p. 5.

« des scolastiques. » Nous ne voyons pas pourquoi on reprocherait à certains psychologues d'admettre l'existence des facultés. Si, en effet, nous raisonnons, c'est qu'évidemment nous avons la faculté de raisonner. Nous avouons volontiers que, proclamer la nécessité de la faculté ne suffit pas, qu'il faut, en outre, démontrer pièce à pièce, pour ainsi dire, l'opération produite par la faculté et mettre en lumière les éléments qui la composent, les conditions dans lesquelles s'exercent les lois qu'elle doit suivre. *La faculté* n'est pas, pour nous, un mot mystérieux qui nous dispense de pousser nos recherches plus loin, et nous ne croyons pas avoir tout expliqué quand nous avons dit : le raisonnement est l'acte d'une faculté appelée la raison. Nous mériterions alors le reproche de nous contenter d'une *explication verbale,* mais tous ceux qui ont étudié la scolastique savent qu'elle a merveilleusement expliqué le mécanisme et les lois du raisonnement.

On a vu, dans le chapitre précédent, que M. Taine s'efforce de ramener tous les phénomènes intellectuels aux images, à la sensation et aux signes, c'est-à-dire, en dernière analyse, à la sensation seule. Il reste fidèle à ce principe : « Deux procédés principaux, dit-il[1],

---

1. Page 6.

« sont employés par la nature pour produire
« les opérations que nous appelons connais-
« sances : l'un qui consiste *à créer en nous
« des illusions;* l'autre qui consiste à *les recti-
« fier.* C'est par cette double opération que
« s'élève et s'achève l'édifice mental. »

Nous saurons tout à l'heure ce que l'auteur entend par *illusions;* faisons-lui remarquer, pour le moment, que, dans les procédés qu'il énumère pour expliquer le fait de la connaissance, il omet le plus important : l'abstraction. Nous formons des illusions, c'est-à-dire des images fausses ou rectifiées, c'est incontestable, mais réduire la connaissance à ces deux éléments, c'est la découronner en enlevant le faîte de l'édifice mental. Nous allons le démontrer en prenant un des trois exemples choisis par M. Taine lui-même (page 7).

Je vois un bâton à demi plongé dans l'eau, il me semble courbé; je le retire et je constate qu'il est droit, je le plonge de nouveau, il paraît courbé, je répète plusieurs fois l'expérience, elle amène toujours les mêmes résultats. Mais avant de percevoir l'image du bâton droit ou courbé, ou du moins, en même temps que je la perçois, j'ai les idées de bâton, d'eau, de ligne droite et de ligne courbe. Elles viennent, nous l'avons vu, d'un double principe :

des objets qui frappent mes sens et, en second lieu, de la puissance de former l'idée générale de bâton, d'eau et de ligne. En n'admettant que le premier principe, je suis acculé à l'une ou à l'autre de ces deux impossibilités, signalées plus haut: ou bien nier l'idée générale, ou bien en chercher l'explication dans la sensation seule. Je ne puis pas nier l'idée générale, car elle est un fait qui s'impose forcément; je ne puis pas l'expliquer par la sensation seule, car nous l'avons répété et prouvé, la sensation ne nous donne que les éléments de l'idée particulière. Nous devons donc admettre, outre *les illusions,* un troisième procédé sans lequel la connaissance proprement dite est et demeure un problème insoluble.

M. Taine entend par *illusions* toutes les images dont notre esprit est peuplé. Ces images correspondent ordinairement à un objet réel ; dans certains cas l'objet est chimérique. Il part de là pour définir la perception extérieure : *une hallucination vraie*[1]. Ne disputons pas sur les mots, précisons seulement un point de psychologie sur lequel cette définition semble jeter un peu d'obscurité. Les images ne naissent pas de la spontanéité du sujet, elles sont provoquées et fournies par l'objet. Si je n'ai jamais vu un cheval, un

---

1. Page 10.

arbre, un chien, une pierre, je n'aurais jamais les images de ces objets, car il faut que l'objet vienne frapper mes sens pour que son image se reflète en moi. L'image n'est donc pas le produit de l'activité subjective, elle est la copie d'un objet extérieur, elle est provoquée, par conséquent, par la présence de l'objet. Quand l'objet n'est plus présent je puis en conserver l'image et, dans l'état normal, l'évoquer comme il me plaît. Je distingue fort nettement ces deux aspects de l'image et je saisis parfaitement la différence qu'il y a entre l'image du papier sur lequel j'écris maintenant, et l'image des objets que je ressuscite dans mon souvenir. En dehors de l'état normal, il est deux cas où cette différence n'est pas perçue et où l'on ne distingue plus la différence entre l'image d'un objet présent et celle d'un objet disparu ; ces cas sont le sommeil et l'hallucination. Pendant le sommeil, je crois que je gravis des montagnes ou que je me promène sur les bords de la mer. L'illusion est parfois complète, mais elle se dissipe au réveil et j'ai conscience d'avoir rêvé. Les rêves s'expliquent par la persistance des images. La vivacité avec laquelle elles se présentent, vient de ce que l'âme, n'étant plus sollicitée par les innombrables sensations qui nous assaillent pendant

la veille, l'image évoquée attire l'attention tout entière et elle l'absorbe au point de prendre les caractères d'une réalité extérieure[1]. Nous pouvons expérimenter la puissance de l'imagination dans le silence des autres facultés. Quand nous sommes saisis par un souvenir irrésistible et que nous nous laissons aller au courant qui nous porte vers une scène passée, peu à peu les bruits se taisent, les objets qui nous entourent s'effacent, notre attention est fascinée par l'image évoquée et, durant le temps de notre *rêverie*, nous vivons dans un milieu autre que celui où nous sommes réellement. Si le sommeil nous surprend en cet état *la rêverie devient un rêve*. Tout à l'heure nous avions conscience que la scène était imaginaire, maintenant elle s'empare de nous au point que nous perdons tout sentiment de ce qui n'est pas elle et nous croyons à sa réalité. M. Taine dépeint cet état dans un charmant petit tableau que nous nous empressons de citer : « Représentez-vous tel objet
« que vous connaissez bien, par exemple telle
« petite rivière entre des peupliers et des
« saules. Si vous avez l'imagination nette et

---

1. Saint Thomas d'Aquin : *de Divinatione per somnium*, l. I. — L'assoupissement des sens qui a lieu dans le sommeil empêche la rectitude du jugement (*Somme théologique*, I 1., q. 84, a. 8).

« si, tranquille au coin de votre feu, vous
« vous laissez absorber par cette rêverie, vous
« verrez bientôt les moires luisantes de la
« surface, les feuilles jaunâtres ou cendrées
» qui descendent le courant, les faibles
« remous qui font trembler les cressons, la
« grande ombre froide des deux files d'arbres ;
« vous entendrez presque le chuchotement
« éternel des hautes cimes et le vague bruis-
« sement de l'eau froissée contre ses bords [1]. »
Voilà la rêverie, j'ai conscience de la vision
imaginaire ; mais le rêve est plus absolu, il
me fait croire à la réalité de la vision imaginaire, c'est le premier cas où, en dehors de
l'état normal, je ne distingue pas la réalité, de
l'image.

Le second est *l'hallucination*. L'halluciné
est un homme qui, étant éveillé, croit voir des
objets qui ne sont pas devant lui, mais dont
les images persistent dans son esprit troublé.
Un homme me montre un chapeau et me
dit : « Voyez-vous cette tête de mort ; comme
elle me regarde fixement, elle me poursuit
partout, » j'enlève le chapeau et la tête de
mort vient se placer sur la cheminée à côté
de la pendule. J'ai affaire à un fou : l'hallucination est en effet une des nombreuses
formes de la folie. Définir la perception exté-

[1]. Page 16.

rieure une *hallucination vraie*, c'est donc détourner un mot de son acception ordinaire et donner à entendre que, dans le phénomène de la perception, la présence de l'objet, soit en lui-même, soit par son souvenir, est accessoire, car l'halluciné tire de son propre fonds la présence de l'objet vraie pour lui, chimérique en réalité. Or la présence de l'objet soit *hic et nunc*, soit par le souvenir, n'est pas accessoire, elle est nécessaire, car, nous ne pouvons avoir les images que des objets qui sont ou qui ont été présents. Quand nous formons les images des objets que nous ne connaissons pas, nous en prenons les éléments dans les objets déjà connus.

La perception s'opère par la présence de l'image de l'objet dans le sujet. Les philosophes soulèvent ici une discussion célèbre que nous allons résumer en peu de mots. Les uns disent que nous percevons d'abord l'image et l'objet ensuite, les autres soutiennent que l'objet est le premier connu. Avec saint Thomas d'Aquin nous acceptons la seconde opinion [1].

D'après les partisans du premier système, l'intelligence perçoit d'abord et avant tout ses modifications subjectives, d'où il suit que l'image est connue avant l'objet qu'elle repré-

---

1. *Somme théologique*, I p., q. 85, a. 2.

sente. Cette opinion est inacceptable, dit saint Thomas. Si, en effet, l'âme connaît d'abord l'image dont elle est affectée, son jugement se portera immédiatement sur elle et il sera toujours vrai. Par exemple : un homme dont le palais est sain goûte du miel et il juge que le miel est doux ; un malade portera sur le même objet un jugement contraire, il dira que le miel est amer. Ils auront raison tous les deux, car, de fait, le miel est doux pour l'un et amer pour l'autre. Faut-il conclure que le miel est à la fois doux et amer ? Oui, si la sensation est le premier connu, et si l'objet lui-même ne vient qu'au second plan ; il devra se conformer à la sensation, et le miel bon gré mal gré devra être doux et amer. Mais alors en étendant le cercle, il suit de là que tout est également vrai et également faux, car si je juge d'après la perception et non d'après l'objet, un jugement affirmatif a, sur la même question, la même valeur qu'un jugement négatif. J'ai raison quand je dis : le miel est doux, un autre n'a pas tort en disant tout le contraire. Si la thèse est vraie dans l'ordre de la sensation, pourquoi serait-elle fausse dans l'ordre de la spéculation ? Il n'y a donc nulle part aucun point d'appui à la certitude sensible et spéculative. Cette hypothèse doit donc être rejetée, et il faut dire que l'objet est le premier connu.

D'abord c'est la pente instinctive de la nature. Quand un objet frappe ma vue, je conclus à sa présence et à sa connaissance directe et immédiate ; ce n'est que par un retour sur moi-même et, par l'étude d'un fait psychologique, que je constate la présence de l'image. Je puis complètement ignorer le rôle de l'image dans la perception sans que ma certitude à la présence de l'objet soit affaiblie.

L'étude donne une nouvelle force à ce mouvement instinctif. Je sais, par la réflexion, que l'image est le *moyen* de la connaissance, donc elle n'en est pas le *terme*. Qu'on nous permette un exemple : je veux regarder un objet situé à une certaine distance. A l'œil nu, je ne vois rien, je prends une lunette d'approche et je distingue parfaitement. De la lunette ou de l'objet, quel est le premier connu et quel est le terme de ma connaissance? C'est évidemment l'objet, car, d'une part, je n'ai pris la lunette que comme moyen; d'autre part, si les lentilles sont parfaitement transparentes, je ne les *verrais* même pas, je ne percevrais que l'objet. Demandez à un astronome s'il s'occupe de son télescope en regardant les étoiles doubles ou les taches du soleil. Il est absorbé par l'objet et il ne s'inquiète guère du moyen qu'il a dû prendre pour le voir.

Or, l'image remplit précisément les fonctions du télescope, elle n'est donc pas le terme de la connaissance, puisqu'elle en est le moyen, et saint Thomas a raison de conclure : *Id quod intelligitur primo est res.*

On va voir, par l'analyse suivante, que M. Taine incline vers la première opinion, à savoir que l'image est connue avant l'objet :

« Pour établir que la perception extérieure, « même véridique, est une hallucination, il « suffit de remarquer que son premier temps « est une sensation. — En effet, par sa seule « présence, une sensation, notamment une « sensation tactile ou visuelle, engendre un « fantôme intérieur qui paraît objet extérieur. « Les rêves, l'hypnotisme, les hallucinations « proprement dites, toutes les sensations sub- « jectives sont là pour en témoigner. Peu im- « porte que la sensation soit purement céré- « brale et naisse spontanément, sans l'excitation « préalable du bout extérieur du nerf, en l'ab- « sence des objets qui, d'ordinaire, provoquent « cette excitation. Dès que la sensation est « présente, le reste suit, le prologue entraîne « le drame [1]. »

Le premier temps de la perception est une sensation, dit-on. Je distingue; matérielle-

---

[1]. L. II, ch. I, p. 71-72.

ment, je l'accorde; formellement, je le nie et j'explique la distinction.

Le premier temps de la perception est une sensation, dans ce sens que la sensation est la condition requise pour la perception, car si la sensation n'est pas excitée, la perception ne se produira pas, dans ce sens, dis-je, il est vrai que, matériellement parlant, le premier temps de la perception est une sensation, Mais au point de vue formel, c'est-à-dire en considérant la perception comme acte en vertu duquel je saisis son objet, la sensation n'est pas son premier temps, car, nous venons de le prouver, la perception se porte d'abord sur l'objet et non sur l'image.

La sensation, dit-on encore, engendre, par sa seule présence, un fantôme intérieur qui *paraît* objet extérieur. A notre avis, cette proposition n'est pas exacte. Le fantôme intérieur ne paraît pas objet extérieur, il est l'image de l'objet et, la pente irrésistible de la nature, me pousse invinciblement à affirmer la réalité extérieure de l'objet dont la présence provoque le fantôme. Quand je vois un arbre à dix pas devant moi; que je le veuille ou non, je sais fort bien que l'arbre est une réalité en dehors de moi. On m'objectera les rêves, l'hypnotisme et les hallucinations proprement dites. Je réponds que nous traitons ici de la perception qui s'opère dans les conditions ordinaires et normales, et que des faits peu expliqués (car ils se présentent dans des moments où nous n'avons pas une conscience bien nette de ce qui se passe en nous) ne doivent pas nous arrêter et nous faire révoquer en doute les lois de la perception normale. Si, par exemple, j'ai rêvé la nuit dernière que je me promenais dans une forêt, puis-je, maintenant que j'ai conscience de mon rêve, douter de la réalité de l'arbre que j'ai devant moi et aller me heurter contre lui en disant : Il n'est pas plus réel que ceux de cette forêt où je me promenais cette nuit ? Si un halluciné me dit en me montrant un homme qui passe dans la rue : « Voilà Napoléon Ier, vous voyez bien son petit chapeau et la redingote grise, » prendrai-je la peine de tourner la tête et en serai-je réduit à me dire : « Il a peut-être raison »? Si nous en sommes là, c'en est fait de la perception extérieure. Les rêves, l'hypnotisme et l'hallucination ne sont donc pas à invoquer contre l'objectivité de la perception extérieure qui n'est, à aucun titre, une hallucination[1].

1. Nous avons assisté, à Nancy, aux curieuses expériences d'hypnotisme du Dr Bernheim. Nous lui demandions la cause de ces faits étranges. — « La cause, nous répondit-il, nous la cherchons, nous ne la connaissons

« Peu importe, dit M. Taine, que la sensation soit purement cérébrale et naisse spontanément! » Il importe beaucoup, au contraire. D'abord, à parler rigoureusement, aucune sensation ne naît spontanément. Elle est, en effet, toujours excitée par un objet présent soit par lui-même, soit par son souvenir. Dans ce dernier cas, elle réapparaît spontanément et cette apparition n'est pas une naissance. Nous ne pouvons avoir de sensations qu'autant que les objets viennent nous affecter. Qu'est-ce que la sensation de saveur ? l'effet produit par un mets; la sensation d'odeur? l'effet produit par un parfum; la sensation de vision? l'impression de l'image dans l'œil, et l'image représente nécessairement quelque chose. Une impression spontanée est donc impossible. Il faut, en outre, distinguer entre les sensations purement cérébrales et les sensations normales. Aux premières, évoquées pendant le sommeil et l'hallucination, ne correspondent que des objets chimériques; les secondes sont provoquées par la présence des objets réels, lorsque nous sommes en pleine possession de nous-mêmes. On nous

pas; nous constatons les faits, c'est tout. » On ne peut donc pas s'appuyer sur des faits encore inexpliqués pour infirmer la valeur des témoignages de la perception extérieure.

objecte que l'halluciné est convaincu de la présence d'une tête de mort, par exemple, aussi fortement que nous le sommes de la présence des objets véritablement réels. Je réponds que si son affirmation mérite qu'on s'y arrête, il n'y a pas de raison pour nier qu'un fou qui se croit le Père Éternel ne soit, en effet, le Père Éternel. On ne peut donc pas, nous le répétons, infirmer la valeur objective de la perception extérieure en alléguant les faits du rêve et de l'hallucination.

Toute la théorie de M. Taine sur la perception extérieure repose sur cette définition : la perception est une hallucination vraie, dès lors, pour être logique, il doit donner, et il donne, en effet, une influence prépondérante à la sensation ; il n'attribue qu'un rôle secondaire à l'objet. D'après nous, au contraire, la sensation et l'objet sont deux facteurs d'une importance égale : sans l'objet, point de sensation ; sans la sensation, point de perception.

Cette tendance vers le subjectivisme entraîne l'auteur jusqu'à la limite du système de Berkeley ; il ne la franchit pas, mais il en approche de bien près. Pour lui, en effet, les propriétés et la substance des corps se réduisent « à des possibilités et à des nécessités de sensa- « tions[1]. » Il pense que ces possibilités et né-

---

1. Page 92.

cessités ont tous les caractères de la substance, parce qu'elles sont permanentes et indépendantes du moi. Cela ne suffit pas, car la permanence et l'indépendance ne sont pas les seuls caractères de la substance. M. Taine néglige le plus important qui est *esse in se*. La substance, en effet, est avant tout ce qui *est en soi* ; or, par sa définition, l'auteur l'envisage surtout au point de vue relatif, c'est-à-dire dans les effets qu'elle produit sur le sujet qui la perçoit. Si la substance corporelle n'est que possibilité et nécessité de sensation, nous sommes autorisés à conclure qu'elle n'est rien en dehors et que son existence objective est absorbée dans le sujet. M. Taine recule devant cette conséquence : « N'y a-t-il dans « la nature que les séries de sensations passa- « gères qui constituent les sujets sentants et « les possibilités durables de ces mêmes sen- « sations? N'y a-t-il rien d'intrinsèque dans « cette pierre? Ne découvrirons-nous en elle « que des propriétés relatives, par exemple, la « possibilité de telles sensations tactiles pour « un sujet sentant, la nécessité des mêmes « sensations tactiles pour le sujet sentant qui « se donnera telle série de sensations muscu- « laires, à savoir la série des sensations mus- « culaires à la suite desquelles sa main arrive « à toucher la pierre[1] ? »

1. Pages 111-112.

L'auteur se met donc à la recherche d'un élément qui lui permettra d'établir la réalité de la substance corporelle, il pense que c'est le mouvement. « Nous découvrons dans le
« corps, dit-il[1], un caractère réel et propre,
« le mouvement, et nous le concevons comme
« analogue de loin à notre sensation muscu-
« laire de locomotion, comme un extrait pro-
« digieusement réduit de cette sensation. A
« ce titre, les corps sont des mobiles moteurs,
« voilà leur essence; voilà pourquoi, si tous
« les êtres sentants étaient supprimés, notre
« pierre subsisterait encore; et cela ne signifie
« pas seulement que la possibilité de cer-
« taines sensations visuelles, tactiles, etc.,
« subsisterait encore; cela signifie aussi que les
« inconnues que nous nommons molécules et
« qui composent la pierre subsisteraient en-
« core, en d'autres termes que les mobiles
« moteurs dont la pierre est l'ensemble, con-
« tinueraient à peser sur le sol, proportion-
« nellement à leur masse, et exécuteraient les
« oscillations internes qu'ils décrivent aujour-
« d'hui. »

Pour échapper au subjectivisme radical où le conduisait sa première proposition : « la
« substance des corps se réduit à des possi-
« bilités et à des nécessités de sensation, »

---

1. Page 114.

M. Taine la modifie, ou plutôt il la change tout à fait. Maintenant, l'essence des corps est le mouvement, et c'est ce qui nous permet de leur assigner une existence indépendante. Non, le mouvement n'est pas l'essence des corps, il n'en est qu'une qualité. Si le mouvement est leur essence, on ne pourra pas les concevoir sans lui et cette proposition : un corps est immobile, sera une contradiction dans les termes. C'est faux. Que tous les corps soient mobiles, soit, que les corps, même les plus inertes en apparence, soient le théâtre d'un mouvement moléculaire incessant, passe encore : mais le mouvement entre-t-il dans la notion des corps au point que, s'il s'arrête, le corps disparaît ? On ne prouvera jamais cette proposition. Le mouvement suppose, en effet, une chose qui se meut, il n'est pas et ne peut pas être isolé ; sans la molécule qui se meut, le mouvement n'est qu'une abstraction, il ne peut donc pas constituer l'essence des choses corporelles [1].

L'effort que fait M. Taine pour s'arrêter sur la pente du subjectivisme absolu est donc impuissant : son bon sens le retient, mais sa théorie le pousse. Le plus sûr moyen d'éviter l'écueil, c'est de reconnaître « *à ces inconnues* » une existence réelle, indépendante, séparée ;

1. Voir notre étude sur M. Vacherot.

d'avouer simplement qu'elles s'enveloppent sous d'impénétrables voiles, et que, si l'esprit humain n'a pas encore éclairé les profondeurs où se cache la substance corporelle, on ne doit pas cependant nier une existence qui donne, d'elle-même, d'irrécusables témoignages.

On se souvient peut-être que nous avons combattu plus haut les idées de M. Taine sur la personnalité, il y revient au chapitre premier, livre troisième. Nous croyons inutile d'entamer une discussion nouvelle, et nous nous contenterons de quelques observations de détail.

D'après la précédente thèse de l'auteur, la personnalité n'était que la série des événements qui se succèdent en nous avec la rapidité et l'agitation des eaux d'un torrent. Or M. Taine reconnaît ici la nécessité d'un élément fixe dans la notion du moi. « Ce que « nous affirmons en second lieu, dit-il [1], c'est « qu'il (le moi) est un être permanent, il y a « en lui quelque chose qui dure et qui « demeure le même. Je suis aujourd'hui, mais « j'étais déjà hier et avant-hier ; de même

---

1. Page 203.

« pour Pierre et pour Paul. Si à certains
« égards, eux et moi, nous avons changé, à
« d'autres égards, eux et moi, nous n'avons
« pas changé, et je conçois en eux comme en
« moi quelque chose qui est resté fixe. »

M. Taine ne demeure pas longtemps fidèle
à cette idée féconde et vraie de la fixité et de
la permanence, éléments premiers de la
notion du moi ; il l'abandonne au contraire
pour retomber dans la thèse d'un moi inconstant et mobile. « En fait d'éléments réels et
« de matériaux positifs, dit-il[1], je ne trouve
« donc pour constituer mon être, que mes
« événements et mes états, futurs, présents,
« passés, ce qu'il y a d'effectif en moi, c'est
« leur série ou leur trame. Je suis donc une
« série d'événements et d'états successifs,
« sensations, images, idées, perceptions, souvenirs, prévisions, émotions, désirs, volitions, liés entre eux, provoqués par certains
« changements de mon corps et des autres
« corps, et provoquant certains changements
« de mon corps et des autres corps. » Ce sont
donc les événements qui constituent le moi,
et dès lors celui-ci doit suivre toutes les fluctuations de ceux-là. Nous avons signalé le
vice de cette conception qui est le principal
objet de ce chapitre premier du livre troisème.

1. Page 207.

Mais en outre, M. Taine y glisse en passant quelques inexactitudes ; qu'on nous permette d'en relever une entre autres.

Il identifie les deux facultés fondamentales : l'intelligence et la volonté : « Toute idée, « conception, représentation, dit-il[1], a une « double face. D'un côté, elle est une con-« naissance ; de l'autre côté, elle est une émo-« tion... Il n'y a là qu'un seul et même fait à « deux faces, l'une intellectuelle, l'autre effec-« tive et impulsive. » Nous pensons que M. Taine n'a pas considéré d'assez près le phénomène qu'il décrit. L'idée et l'émotion qui en est la conséquence, sont deux faits distincts se rattachant à des principes séparés.

Pour s'en convaincre, il suffit d'étudier le caractère propre de l'idée et de l'émotion. L'idée attire l'objet dans le sujet d'après le mode d'être du sujet, tandis que l'émotion entraîne le sujet vers l'objet, ou elle l'en éloigne, selon qu'elle est agréable ou pénible. Pour que j'aie une idée, il faut que non seulement l'objet vienne à moi, mais il est nécessaire qu'il soit en moi par son image ; l'émotion, au contraire, me fait, en quelque sorte, sortir de moi pour aller vers un objet qui m'attire, ou elle me fait fuir si elle est douloureuse. Ce

---

1. Page 209.

sont donc deux mouvements opposés, et par conséquent on ne doit pas les ramener au même principe.

Jusqu'à présent, M. Taine s'est renfermé dans l'étude des connaissances particulières et individuelles, il n'a pas encore abordé l'analyse des idées générales et universelles. Il ne pouvait pas éviter ce problème de psychologie, aussi il lui consacre tout le livre quatrième.

L'importance de la question est évidente. La grande majorité des mots qui composent une langue sont des noms communs, c'est-à-dire généraux. Prenez un dictionnaire [1] et vous verrez qu'ils en remplissent toutes les pages. Nous les prononçons à chaque instant ; les mots : arbre, homme, maison, peuple, fleuve, table, feu, etc., etc., sont le fond de nos conversations, de nos lectures et de nos méditations. Or, les mots expriment les idées, si donc les mots universels sont si nombreux, c'est parce que les idées générales sont la forme la plus ordinaire de nos pensées. Il importe donc beaucoup de connaître l'origine de ces idées qui sont le principal élément de

---

[1]. C'est la remarque de M. Taine (page 252).

notre vie intellectuelle. Cette origine, nous l'avons déjà constaté, est double: la sensation et l'abstraction, et, pour rester dans le vrai, il faut assigner, à ces deux principes, la part légitime qui leur revient. Or, dans son étude, M. Taine analyse la sensation avec une sagacité et une pénétration merveilleuses, mais il diminue beaucoup trop le rôle de l'abstraction. Il ne le nie pas, il lui accorde seulement le moins de place possible. « A tous les degrés, « dit-il[1], le caractère général est un carac- « tère abstrait, d'autant plus abstrait qu'il est « plus général et d'autant plus général qu'il « est abstrait. » Cette concession est passagère et le but principal de la thèse est de mettre en lumière le côté sensible de l'idée générale : M. Taine, en cela comme en bien d'autres points, est fidèle aux leçons de Condillac. Mais l'élément sensible n'est que le point de départ de l'idée générale, il ne nous livre que le particulier, et l'idée ne deviendra jamais générale avec la sensation seule. Voilà pourquoi, sans l'abstraction, l'origine des idées générales est inexplicable, c'est ce que nous avons longuement démontré plus haut. La thèse de M. Taine est donc incomplète et fausse, car elle met de côté, ou à peu près, l'élément sans lequel l'idée générale est impossible.

1. Page 258.

Le chapitre suivant est consacré aux jugements généraux que M. Taine paraît confondre avec les axiomes. Il y a cependant une distinction essentielle qu'on ne peut pas négliger. Un axiome est une proposition dont la vérité nous frappe aussitôt qu'elle est énoncée et dont l'évidence s'impose. Ainsi : le tout est plus grand que la partie; une chose ne peut pas, sous le même rapport, être et n'être pas, voilà des axiomes. Une proposition générale est celle dont la vérité est démontrée par des expériences multipliées amenant toujours le même résultat. Ainsi, les corps s'attirent en raison directe des masses et en raison inverse du carré des distances, voilà une proposition générale. A côté de cette différence intrinsèque, il y en a une autre extrinsèque. Les axiomes sont la base de toutes les sciences, dans ce sens qu'une science dont les principes sont en contradiction avec un axiome, est nécessairement fausse, et les propositions générales sont le point de départ de chaque science particulière. Chaque science a les siennes. M. Taine appelle axiome ces deux propositions générales inscrites en tête de l'arithmétique, de l'algèbre et de la géométrie : « Si, à deux grandeurs égales entre elles,
« on ajoute deux grandeurs égales entre elles,
« les sommes sont encore égales; si, de deux

« grandeurs égales entre elles, on ôte deux
« grandeurs égales entre elles, les restes sont
« encore égaux [1]. » Ces deux propositions ont-
elles le caractère attribué communément aux
axiomes, c'est-à-dire sont-elles d'une évidence
immédiate? Non, car l'auteur en donne une
démonstration : « Voici deux troupeaux de
« moutons, chacun de vingt dans son enclos;
« ils peuvent être accrus ou diminués; ce sont
« donc des grandeurs. Je fais entrer quinze
« moutons dans le premier enclos et quinze
« autres dans le second; je compte ensuite les
« deux troupeaux ainsi accrus, et je trouve
« que, dans chaque parc, il y en a trente-
« cinq. Je fais sortir alors dix-sept moutons
« du premier enclos et dix-sept autres mou-
« tons du second; puis je compte les deux
« troupeaux ainsi diminués, et je trouve que
« dans chaque parc il y en a dix-huit. » —
« Après beaucoup d'expériences semblables,
« nous pouvons induire, par la méthode des
« concordances, que des grandeurs égales
« ajoutées à des grandeurs égales donnent
« des sommes égales, et que des grandeurs
« égales diminuées de grandeurs égales don-
« nent des restes égaux [2]. »

1. Page 339.
2. Pages 340-341.

S'il s'agissait d'un axiome, la preuve serait inutile, car aussitôt qu'on m'énonce cette proposition : le tout est plus grand que sa partie, je n'ai besoin ni de preuves, ni d'expériences pour en accepter la vérité et la certitude immédiate. Tous les axiomes sont des vérités générales, mais toutes les vérités générales ne sont pas des axiomes.

Sauf cette importante réserve, nous admirons la manière avec laquelle M. Taine a développé sa thèse des propositions générales et, dans la question de leur origine subjective, il tient, avec raison, le milieu entre le système de Kant et celui de Stuart Mill. Le premier dit que l'origine des propositions générales est toute entière dans « notre structure mentale[1] » et Stuart Mill pense qu'elles ne viennent que d'une force externe et qu'elles ne sont, au fond, « que l'impression résumée des choses sur notre esprit[2]. » La vérité est entre ces deux extrêmes : la structure mentale veut que nous acceptions une proposition dont la vérité nous est démontrée, et, d'autre part, rien ne vient à notre esprit que par l'intermédiaire des choses du dehors.

1. Page 376.
2. Page 377.

C'est un douloureux spectacle que celui d'une âme élevée, d'un esprit net et pénétrant qui, dans la recherche des causes, va se heurter à la cause suprême et qui réprime ses élans pour n'avoir pas à s'incliner devant elle et à lui donner son vrai nom : Dieu. Telle est la réflexion que nous suggère la lecture des dernières pages du livre de M. Taine. Il constate que tout fait a sa raison explicative, que cette raison existe même quand nous ne la voyons pas[1] et que, « sur ces indices, notre « pensée s'emporte jusqu'à étendre cette « structure des choses au delà de notre monde « et de notre histoire, à travers les deux abî- « mes du temps et de l'espace, par delà tous « les lointains que l'imagination peut attein- « dre, par delà tous les confins que les nom- « bres ou les quantités, vainement enflées et « entassées les unes sur les autres, peuvent « désigner à l'esprit pur[2]. » Oui, notre raison s'emporte à travers les deux abîmes du temps et de l'espace, par delà les lointains que l'imagination peut atteindre, et elle ne trouve son repos que lorsqu'elle a entrevu et proclamé la gloire de la cause première. « Nulle « analogie, dit encore M. Taine[3], ne nous

1. Page 438.
2. Page 439.
3. Page 459.

« autorise à supposer, dans aucun cas, l'ab-
« sence de la raison explicative, tandis que
« beaucoup d'analogies nous portent à sup-
« poser sa présence dans tous les cas. » Elle
est partout, en effet; son action est universelle, pas un seul être n'échappe à son empire.
Que notre regard se repose sur une goutte de
rosée ou qu'il s'égare dans l'immensité des
cieux, il contemple partout les admirables
vestiges de celui qui a fait les cieux et qui
répand la rosée sur les pas de la nuit. Ne vous
arrêtez donc pas aux raisons explicatives particulières, montez jusqu'à la cause universelle
sans laquelle les causes particulières sont une
énigme inexplicable et un édifice tronqué.
« Ici, nous répond M. Taine[1], nous sommes
« au seuil de la métaphysique. Nous n'y en-
« trons pas; nous avons voulu seulement in-
« diquer du doigt, là-haut, bien au-dessus de
« nos têtes et au delà de nos prises actuelles,
« le point probable où se trouve la clef de
« voûte de l'édifice. » Ne vous contentez pas
d'indiquer du doigt, regardez attentivement
là-haut; vous verrez où réside la clef de voûte
de l'édifice; votre regard est assez perçant
pour aller jusque-là, et votre âme est assez
élevée pour s'unir au chœur des grands es-

1. Page 458.

prits qui, sur ces sommets, ont acclamé l'inénarrable majesté de Dieu[1].

---

[1]. L'ouvrage de M. Taine est consacré principalement à des questions de psychologie, nous n'avons donc pas à traiter ici des problèmes de théodicée que nous avons discutés, du reste, dans notre étude sur M. Vacherot.

III[1]

Vous êtes invité à une réunion où doivent se trouver des hommes graves, sévères, un peu ennuyeux, peut-être; vous cherchez des prétextes pour vous en dispenser, mais vous vous débattez en vain; le maître de la maison ne vous le pardonnerait jamais, il faut s'exécuter. Vous vous acheminez, maussade, avec une pointe de mauvaise humeur, prête à éclater à la moindre occasion, et vous voilà en face de messieurs graves et solennels. Vous vous tenez dans un coin et vous regardez l'aiguille de la pendule qui marche avec une lenteur désespérante. Un convive moins empesé que les autres a pitié de vous, il s'approche, il cause, entame la conversation sur les personnages illustres de la compagnie, dessine

[1]. *Les Philosophes classiques du XIXe siècle en France*, 5e édition.

leur silhouette avec une verve et une finesse charmantes, il lance parfois quelques petites méchancetés, mais c'est si bien dit que vous en riez avec lui, il hasarde des opinions qui ne sont pas les vôtres, mais il y met tant de verve et d'esprit que le temps s'écoule vite et, qu'en somme, bien loin de vous être ennuyé, comme vous en avez eu peur, vous avez passé une soirée délicieuse.

Nous ne trouvons pas d'image plus exacte pour rendre l'impression que nous éprouvons en lisant l'ouvrage de M. Taine : *les Philosophes classiques du XIX° siècle en France.* L'esprit, et le meilleur, y court à toutes les pages, les traits les plus imprévus, les plus heureux se croisent avec une telle rapidité, que l'œil en est presque ébloui, et les allures de ce livre sont si vives, qu'on arrive au bout sans se douter de la longueur du chemin. Qu'on en juge : pour réfuter Maine de Biran, n'admettant que des forces et supprimant la matière, M. Taine lui dit : « Monsieur de « Biran, vous avez été sous-préfet ; voici des « factieux, dispersez-les ; je vous donne des « forces, trois cents soldats et un capitaine. « Pour ne pas vous embarrasser, je retiens la « partie inutile, le pur phénomène, l'étendue, « c'est-à-dire les habits, les gibernes, les fusils « et les corps. Il vous reste les forces. Mar-

« chez avec elles, et faites triompher la loi[1]. » Écrivain de grande race, M. Taine se laisse facilement agacer par le style alambiqué ; aussi, comme il raille agréablement, à propos des études de M. Cousin sur le xvii⁰ siècle, un petit billet précieux de la marquise de Sablé :
« Emprisonnée dans ces *phrases à queue*, dit-
« il[2], les idées semblent raides ; on croit voir
« des femmes serrées dans des corsages car-
« rés, bardées de collerettes immenses, appe-
« santies par la multitude des plis de leurs
« robes massives, et faisant la révérence avec
« la majesté mathématique d'un poteau. »
Ailleurs, il rit de la passion de M. Cousin pour les menus détails de l'histoire : « De
« sa fenêtre à la Sorbonne, M. Cousin nous
« verse sur la tête toute une bibliothèque[3]. »
Il a même l'air de lui reprocher l'enthousiasme que le célèbre professeur suscitait chez ses auditeurs. « Un vieux magistrat de pro-
« vince, sceptique, positif, et qui donnerait,
« pour une poularde, l'infini, le fini et leur
« rapport, m'a répété que tout le monde était
« sous le charme[4]. »

1. Page 71.
2. Page 108.
3. Page 122. — Dans cette partie de son étude, M. Taine est injuste, selon nous, à l'égard de M. Cousin.
4. Page 204.

La partie la plus importante du livre de M. Taine est consacrée à M. Cousin et à Jouffroy ; elle occupe plus des deux tiers du volume. L'auteur étudie en M. Cousin : l'écrivain, l'historien, le philosophe et l'érudit. Il est admirateur sincère de l'écrivain : « Il fau-
« drait remonter jusqu'à nos classiques pour
« lui trouver des égaux. Voici une page écrite
« sans légèreté et sans emphase, noble,
« mesurée, et pourtant pressante, d'un style
« ample et grave, sans rien de monotone ou
« d'académique, qui semble du xviie siècle et
« qui n'est point une copie, qu'on peut relire
« dix fois et qu'on trouvera toujours plus
« belle, et qui, certainement, donne une idée
« de la perfection[1]. » M. Taine cite cette page, magnifique en effet, et il l'analyse ensuite avec le goût d'un artiste consommé. Mais, d'après l'éminent critique, le don d'écrire de M. Cousin ne se déploie avec ses brillantes facultés que dans l'exposition *des Vérités moyennes* qui composent cette philosophie que M. Taine appelle malicieusement « la
« philosophie à l'usage des pères de famille ». Mais quand M. Cousin veut entrer dans le champ du raisonnement, de l'analyse, de la démonstration, ses qualités littéraires s'évanouissent et l'on dirait qu'on trébuche dans

1. Page 86.

un brouillard[1]. « Tous ces grands mots, rela-
« tivité, subjectivité, reflexivité, spontanéité,
« font un cliquetis qui berce agréablement
« l'oreille, étourdit la pensée, et fait supposer
« au lecteur qu'il écoute un concert chi-
« nois[2]. »

Ce jugement nous paraît beaucoup trop sévère. Que M. Cousin se tienne, comme écrivain, à une hauteur toujours égale et que toutes ses pages soient aussi parfaites que celle que M. Taine admire sans réserve, nous ne le prétendons pas, et il n'est pas difficile de trouver dans ses livres des passages où le style n'est pas à l'abri de la critique. Mais ce que nous contestons, c'est que M. Cousin ne soit grand écrivain que dans l'exposition de *La philosophie à l'usage des pères de famille*. Sauf des défaillances passagères, il reste toujours écrivain de premier ordre. Son livre *du Vrai, du Beau et du Bien*, son étude *sur la Philosophie de Locke* sont, entre autres, admirablement écrits.

M. Taine est aussi trop sévère, croyons-nous, pour les livres historiques de M. Cousin. L'illustre professeur s'est peut-être un peu naïvement épris de personnages dont il a

---

1. Page 93.
2. Page 95.

raconté la vie, mais on le lui pardonne volontiers, car son admiration est contagieuse.

Du reste, ces divers points de vue n'ont pour nous ici qu'une importance relative et nous nous attachons principalement à l'étude de M. Taine sur M. Cousin, philosophe.

Sur ce terrain, M. Taine est dans le vrai et nous nous associons à ses justes critiques. Il multiplie les citations pour prouver avec la dernière évidence que M. Cousin a été panthéiste et il réfute fort bien la *célèbre théorie de la vérité impersonnelle*[1].

D'après M. Cousin et toute l'école ontologiste, la conception des vérités nécessaires et éternelles entraîne une certaine vue directe de Dieu. Ces vérités, disent-ils, résident en Dieu et ne peuvent résider qu'en lui, par conséquent l'intelligence qui les conçoit s'élance vers Dieu d'un seul bond, elle va puiser la lumière à sa source première et ses illuminations sont un reflet direct de l'intelligence incréée.

Sans entrer dans les détails de cette discussion interminable entre les deux écoles qui depuis Platon et Aristote divise les philo-

---

1. *Du Vrai, du Beau et du Bien*, 4ᵉ leçon.

sophes, nous nous contentons de poser des principes incontestables selon nous [1].

Les vérités éternelles et nécessaires résident dans l'intelligence divine, cela est très vrai, mais toute la question est de savoir si, lorsque la raison les conçoit, elle entre en communication immédiate avec la lumière de Dieu. Nous sommes intimement convaincu qu'il n'en est pas ainsi.

La raison humaine saisit une vérité nécessaire et éternelle, par exemple ; le tout est plus grand que sa partie ; les trois angles d'un triangle sont égaux à deux droits. Y a-t-il là la plus petite trace d'une communication immédiate avec l'intelligence de Dieu ? Pas le moins du monde. Je cueille une fleur sur un arbre, je vois, sans chercher bien longtemps, que la fleur est plus petite que l'arbre tout entier, je remarque que, ce qui est vrai pour la fleur, est vrai aussi pour la main comparée au corps, pour la roue comparée à la voiture, etc., etc. C'est une vérité nécessaire, car il est impossible que la fleur soit aussi grande que l'arbre, éternelle, car il en a toujours été et il en sera toujours ainsi. Je puis formuler ces propositions élémentaires sans même me

---

1. Voir dans notre ouvrage : *Saint Thomas d'Aquin et la philosophie cartésienne*, tome I, chapitres 2 et 3, — tome II, livre IV, chapitre VI.

douter qu'il y a un Dieu. Si je vais plus loin; et si je me demande : quel est donc le siège de cette vérité qui était avant et qui sera après moi ? je suis amené à conclure à l'existence d'une intelligence éternelle, j'arrive à cette conclusion par une voie détournée, mais quand j'ai conçu la vérité : le tout est plus grand que sa partie, j'ai compris que l'arbre est plus grand que la fleur et je n'ai surpris dans cette proposition aucun reflet *direct* de l'intelligence divine.

Les ontologistes objectent en vain qu'on ne peut pas tirer d'une chose ce qu'il n'y a pas, que le nécessaire ne peut pas sortir du contingent, l'absolu du relatif, l'infini du fini ; cette instance ne prouve rien.

Quand, de la comparaison entre l'arbre et la fleur, je conclus que le tout est plus grand que sa partie, et que je vois la nécessité de la proposition, je ne tire cette nécessité ni de l'arbre ni de la fleur, je la puise en moi-même par abstraction de tel ou tel objet en particulier, et je conçois que toujours et partout la partie est plus petite que le tout. Les objets cités m'ont fourni les éléments de la proposition, mais je ne l'en ai pas tirée comme on tire un sou d'un porte-monnaie. Dans ce dernier sens, l'objection des ontologistes serait irréfutable, mais on l'a vu, elle s'applique à faux le principe ; on ne tire pas d'une chose ce qu'il n'y a pas.

Comme toujours, M. Taine donne à sa thèse une forme piquante et originale : « Par « quelle opération, dit-il[1], formons-nous ces « jugements nécessaires et ces idées d'objets « infinis ? Au lieu de faire des raisonnements, « regardons les faits. Formons un de ces « jugements et une de ces idées sous les yeux « du lecteur ; il saura comment les uns et les « autres se forment en les voyant se former. « Nous allons chez le gros mathématicien qui « fume ; nous le saluons et l'abordons ainsi : « Monsieur, nous sommes philosophes, c'est-« à-dire fort embarrassés et à court. Il s'agit « des propositions nécessaires. Si vous en con-« naissez, comment les découvrez-vous ? — « Messieurs, c'est mon métier, je n'en découvre « pas d'autre ; prenez des chaises ; je vais en « trouver devant vous. Avec de la craie, je « trace sur le tableau un triangle A B C, « etc. » — Suit la démonstration du théorème : la somme des angles d'un triangle égale deux droits ; vérité éternelle et nécessaire.

— Les philosophes s'adressant au mathématicien : « Ainsi vous n'avez pas contemplé la « pensée de Dieu ? — Pas que je sache. —

---

[1]. Page 162.

« En effet il était plus court de contempler le
« triangle abstrait. »

C'est le plus court et le plus vrai. L'intelligence perçoit un objet contingent, particulier, éphémère, elle s'empare des données qu'il lui fournit et, à l'aide de l'abstraction, elle s'élève à des conceptions absolues, universelles, éternelles. Elle peut ensuite monter plus haut, mais, dans le résultat *premier* de l'abstration, elle ne saisit aucun rayon direct de la lumière divine.

M. Taine termine son étude sur M. Cousin philosophe par un plaidoyer en faveur de l'analyse « que le dix-huitième siècle ensei-
« gnait, et que, grâce à M. Cousin nous
« avons désapprise[1]. » M. Taine voudra bien ici nous permettre une question. N'est-ce donc que le xviiie siècle qui a enseigné cette méthode indispensable, féconde, et sans laquelle la raison marche à l'aventure? Avant le siècle dernier, quelques philosophes n'avaient-ils pas étudié de près les faits psychologiques, démonté pièce à pièce, si l'on peut s'exprimer ainsi, les facultés de l'âme, décrit leurs opérations, et découvert les lois de la pensée? M. Taine est un travailleur trop opiniâtre pour ne pas être tenté d'ouvrir un jour les livres de ces hommes (de saint Thomas

---

1. Page 176.

par exemple) qui, malgré Descartes, occupent encore une grande place dans l'histoire de la philosophie. Si pour lui, le talent de ces docteurs consiste « à discuter sans rien prouver, « à raisonner sans rien découvrir [1], » c'est qu'il ne les entrevoit qu'à travers les préjugés contemporains. Qu'il s'en rende compte par lui-même, et il se convaincra que, bien avant Condillac, l'analyse était pratiquée par les scolastiques et que, dans leurs puissantes mains, cette méthode a produit autre chose que « les fruits avortés et moisis du moyen « âge, tous aigris par l'hiver féodal ou rancis « par l'air étouffé du cloître [2]. »

Dans la première partie de son étude sur M. Jouffroy, M. Taine est visiblement ému en abordant un homme aux « yeux d'un bleu « pâle, profondément enfouis dans l'orbite « flétri, à l'air pensif et mélancolique, portant « dans toute sa personne une expression de « fatigue, de noblesse et de résignation. Il « était fier, hautain même, réservé, volontiers « silencieux, ni accueillant, ni familier avec

1. Page 199.
2. Voir : *Voyage en Italie*, tome II.

« ses élèves. Tandis que M. Cousin, emporté
« par l'assaut intérieur de la verve et par la
« surabondance de la vie animale, causait,
« s'ouvrait, s'épanchait, dissertait, plaidait
« avec les gestes et l'appareil oratoire, dans un
« jardin public, dans son cabinet, n'importe
« où, devant n'importe qui, jusque devant ce
« pauvre petit personnage qu'on appelait son
« secrétaire, M. Jouffroy, même en chaire, pa-
« raissait froid et contenu. Il n'avait point
« l'air de se douter qu'on fût là. Son geste
« était rare, son corps immobile; on eût dit
« qu'il lisait un livre intérieur, uniquement
« attentif à le comprendre et à se convaincre;
« il réfléchissait tout haut..... Cependant, dès
« le premier jour, tout esprit attentif fléchis-
« sait sous son esprit. Dès l'abord, on dé-
« couvrait en lui un foyer secret d'ardeur
« inextinguible, plus violente et plus puis-
« sante que l'éblouissante illumination de
« M. Cousin. Moins il s'épanchait, plus on le
« sentait brûler[1]. »

C'est bien là le portrait de cet homme, qui
a raconté, dans une page immortelle : « *Je*
« *n'oublierai jamais la soirée de décembre...* »
les angoisses et les terreurs de son âme quand
il vit s'écrouler l'édifice de ses anciennes
croyances. Le vide qu'elles laissèrent dans son

---

1. Page 205.

esprit ne se combla jamais ; ce fut la torture de toute sa vie, et la plaie était toujours saignante. Quand, du fond de l'abîme où le doute l'avait précipité, M. Jouffroy voyait passer sur son front quelques lueurs fugitives de la foi antique, il laissait échapper ces plaintes mélancoliques dont ses écrits ont gardé les échos, notamment l'admirable péroraison du discours au lycée Charlemagne. « Ayant « quitté la religion parce qu'elle manque de « preuves, dit M. Taine, son premier besoin « en philosophie fut la certitude [1]. »

A propos d'une assertion semblable de M. Vacherot, nous avons combattu ce déplorable préjugé de quelques philosophes contemporains. D'après eux, la foi est la nuit et la raison est le jour, la foi est l'esclavage et la raison est la liberté, la foi est la complète abdication de la dignité humaine et les croyants sont des hommes qui, par habitude, par étroitesse d'esprit ou par peur, se résignent à vivre dans un obscur cachot et s'y trouvent à l'aise. Nous ne voulons pas renouveler la discussion, — mais qu'on nous permette de le répéter ici : peut-on supposer sérieusement que des hommes, aussi intelligents que d'autres, après tout, acceptent sans preuves une doctrine à laquelle ils ne comprennent rien?

1. Page 217.

On ne manque jamais de nous objecter nos mystères, mais M. Taine nous pardonnera de lui répondre par ses propres paroles : « Il y « a, dit-il[1], des philosophes qui croiraient se « discréditer en avouant que leur science a « des obscurités et que leur vue a des bornes; « ils auraient honte de fléchir sous un doute « ou de rester court devant une objection, ils « goûtent l'admiration aussi vivement que les « coquettes; pour la garder entière, ils simu- « lent des explications, comme elles achètent « de fausses dents. » Nous n'achetons pas de fausses dents et, plutôt que de simuler des explications, nous avouons, comme tous les gens sincères, que notre science a des obscurités et que notre vue a des bornes. Si, comme le dit M. Taine à la même page, si cet aveu est, de la part des philosophes, une preuve de l'amour du vrai et de la sincérité, pourquoi serait-il chez le chrétien un signe de la faiblesse de son intelligence et de la fausseté de sa foi?

Avec plus de raison que lorsqu'il s'agissait de M. Cousin, M. Taine reproche à Jouffroy les obscurités et les embarras de son style. « Comment voulez-vous qu'on aperçoive « l'être vivant et ses actions sous cette cara-

---

1. Page 219.

« pace de barbarismes hérissés et soudés ¹. »
Il cite un passage hérissé en effet d'expressions rébarbatives, et un peu plus loin (p. 239) il nous montre « un fagot tout germanique « de métaphores et d'abstractions . »

M. Jouffroy a été surtout moraliste et, dans la morale, le point qui l'attire davantage est le grand problème de la destinée humaine. Tout être a une fin, dit-il ; pour la connaître, il faut étudier sa nature, car la nature d'un être doit s'harmoniser avec sa fin. Or l'homme a des aspirations infinies qu'il ne peut assouvir ici-bas, par conséquent il doit y renoncer et se contenter de ce qui est à sa portée, la vertu.

M. Taine conteste le principe : tout être a une fin : « Cela signifie maintenant : en « créant un être, Dieu a eu quelque but en « vue. Je n'en sais rien, ni vous non plus, « Nous ne sommes point ses confidents ². » Nous ne sommes pas les confidents de Dieu et cependant il n'est pas difficile de répondre : si Dieu existe, il est intelligent, car on ne peut pas le supposer autrement. Si Dieu est intelligent, il sait ce qu'il fait quand il agit, or savoir ce qu'on fait n'est pas autre

---

1. Page 223.
2. Page 277.

chose que de proposer un but à son acte. Quand je prends ma plume, c'est parce que je veux écrire, quand je sors, c'est que je veux aller me promener; en un mot toute cause intelligente se propose un but. Donc sans commettre « une témérité de théologien », la raison nous suffit pour conclure que Dieu a eu un but. Le principe *tout être a une fin* est donc parfaitement logique. Quel est la fin de l'homme ? Elle est insaisissable dans la vie présente, répond M. Jouffroy, car, d'un côté, nos aspirations sont infinies, les jouissances limitées, il faut se contenter de ce que nous pouvons atteindre et nous renfermer dans la pratique de la vertu. C'est assurément très bon, mais, dans l'état présent, la vertu suppose l'effort, car elle est difficile, et l'effort, qui est une des conditions de la vertu, est un mouvement qui tend vers la fin, mais il n'est pas la fin elle-même. La solution de Jouffroy n'est donc pas satisfaisante. M. Taine en prend plus facilement son parti : « Il y a en nous, dit-il[1], « un besoin infini de science, de sympathie « et de puissance ; la supériorité des forces « voisines, l'infinité de l'univers, l'imperfec- « tion de notre société nous condamnent à « des misères sans nombre, et à des conten- « tements médiocres; nous avons la tendance,

---

1. Page 273.

« nous n'avons pas la puissance. Quoi
« de plus simple ? Quoi de plus naturel
« même ? » Ce n'est pas aussi simple que
M. Taine veut bien le dire, car d'où vient la
tendance vers des biens infinis, si nous
n'avons pas la puissance de les atteindre ?
De deux choses l'une : ou bien l'homme se
constitue son propre bourreau et se forge, en
pure perte, des aspirations qui le tourmentent,
ou bien il est dominé par une fatalité inexorable qui se joue de lui et se rit des larmes.
Voilà l'alternative et elle n'est pas très simple.
Ce n'est pas non plus très naturel. Il est en
effet contraire à la nature de se résigner à des
misères sans nombre et à des contentements
médiocres, car la nature, et ici rien ne peut
étouffer sa voix, ne se résigne pas à des
misères et n'en a pas assez des contentements
médiocres. « Quatre-vingt dix-neuf hommes
sur cent se résignent, » dit M. Taine *(ibid)*. Il
met du nombre, sans doute, ce magistrat de
province qui, pour une poularde, donnait
l'infini, le fini et leur rapport, mais n'y eut-il
qu'un homme non résigné, il serait un problème inexplicable. M. Taine avoue qu'il y
en a quatre-vingt-dix-neuf sur cent. Que
deviendront tous ces révoltés ? « Si belles
« qu'on les fasse, les vies futures, notre cœur
« serait insatiable, puisque c'est la perfection

« qu'il réclame, et qu'à moins d'être Dieu, il
« ne serait pas satisfait[1]. »

Au risque d'étonner M. Taine par l'audace de nos affirmations, nous lui dirons qu'une certaine doctrine a une si haute idée de la dignité de la nature humaine, qu'elle lui assigne une destinée que la raison éblouie entrevoit au-dessus de nos aspirations vers une science, un amour, une puissance infinis et qui laisse tomber un rayon du ciel sur les misères sans nombre auxquelles nous sommes maintenant condamnés. Cette doctrine ne dort pas « dans les in-folios du moyen âge[2] », elle est vivante aujourd'hui comme au temps de saint Thomas d'Aquin, elle console bien des âmes accablées et elle leur donne une goutte de joie pure au fond du calice amer où flottent les tristesses et les désenchantements de la vie. Cette doctrine nous enseigne que la vie future est si belle et que la destinée humaine est si radieuse, que nous deviendrons, non pas des dieux, mais en quelque sorte semblables à Dieu par la contemplation de son essence infinie, que Dieu éclairera notre intelligence d'une lumière nouvelle pour lui donner la force de regarder face à face un

1. Page 274.
2. Page 278.

spectacle d'une telle beauté que cette vue jettera notre âme dans une éternelle extase et que toutes nos puissances, élevées et agrandies suffiront à peine à contenir les torrents d'une béatitude illimitée.

Cette doctrine ne s'harmonise-t-elle pas merveilleusement avec les tendances de la nature humaine ? Quel objet plus noble que Dieu peut-on offrir aux contemplations de la raison toujours inquiète, toujours avide et tourmentée du désir de promener ses regards sur des horizons dont les perspectives reculent à l'infini. Le cœur tressaille à l'espérance d'une félicité sans bornes, et les brises du ciel, en lui apportant les parfums de la patrie, lui font oublier, pour un moment, les larmes et les douleurs de l'exil. N'arrachons pas à l'homme une doctrine qui le fait si grand et qui lui promet de le rendre si heureux. Quand même elle ne serait qu'un beau rêve il faudrait la respecter. Mais non, elle n'est pas un rêve, les secrets pressentiments de notre âme ne nous trompent pas et, appuyé sur une force dont les philosophes ne soupçonnent pas l'énergie, notre esprit se repose dans cette espérance avec une inébranlable certitude.

Voilà la destinée de la vie humaine ; elle ne consiste ni dans la pratique de la vertu ni dans des contentements médiocres ; nous sommes faits pour être heureux et pour goûter, dans la contemplation de Dieu, un bonheur qui apaisera enfin notre soif de jouissances infinies.

Les deux derniers chapitres du livre de M. Taine sont consacrés à la méthode. L'auteur tient la méthode analytique en grande estime et il a mille fois raison. L'analyse, c'est-à-dire l'étude minutieuse, attentive, aussi exacte que possible des faits, est la condition *sine quâ non* d'une science vraie. Nous ne pouvons pas construire *à priori* l'édifice scientifique, il est tel qu'il est en lui-même et non tel que nous l'imaginons. Quand, par exemple, je veux savoir comment s'engendrent les idées, au lieu de partir d'un principe *à priori*, j'ai recours à l'expérience et je cherche à surprendre le fait. Je le regarde d'aussi près que possible et je m'efforce de démêler les éléments qui ont concouru à le produire, les circonstances dans lesquelles il se présente, les caractères dont il est revêtu, en un mot, je l'analyse. Cette méthode est indispensable, et, bien conduite, elle amène à d'excellents résultats. Mais arrivé à ce point, la raison ne s'en tient pas là, elle éprouve l'irrésistible désir de généraliser, de rattacher autour d'un

centre commun plusieurs faits du même genre
et d'élargir le cercle d'une connaissance trop
restreinte. Si j'apporte dans ce second travail
l'attention que j'ai déployée dans le premier,
j'acquiers une vue d'ensemble et je puis espérer de ne pas me tromper : ce second travail
s'appelle la synthèse. Mais, soit par l'analyse,
soit par la synthèse, je constate, dans tous les
objets que j'étudie, « un artifice infini », —
« un plan savant[1] » dont je trouve partout les
traces. Si l'artifice est infini, c'est qu'il y a
évidemment quelque part un grand artiste; si
le plan est savant, c'est qu'il a été conçu par
un architecte. Ce grand artiste, que M. Taine
place « au suprême sommet des choses, au
« plus haut de l'éther lumineux et accessible »,
il lui donne un nom étrange, il l'appelle
« l'axiome éternel[2]. » Pour nous, ce nom est
froid et décoloré comme ces sommets d'où la
vie s'est retirée, où le cœur de l'homme cesse
de battre; et cependant ces sommets nous
plaisent, leur lumière nous éblouit et nous
attire, mais, pour y respirer à l'aise et pour
que la hauteur ne nous donne pas le vertige,
nous aimons à prononcer un nom qui nous
rassure et qui nous console : Notre Père, qui
êtes dans les cieux !

1. Page 355.
2. Page 370.

M. PAUL JANET

M. PAUL JANET[1]

Si l'on veut un modèle de discussion philosophique admirablement conduite, s'avançant pas à pas vers les conclusions, en poussant devant elle toutes les objections qui se rencontrent, pour les écarter ensuite, si l'on veut assister au spectacle d'un penseur sérieux qui se met en face d'un grave problème, le retourne dans tous les sens et le creuse avec un soin et des scrupules qui font le plus grand honneur à sa droiture et à son impartialité, on n'a qu'à lire le livre de M. Paul Janet : *les Causes finales*.

Sauf quelques réserves particielles et peu importantes, nous adhérons complètement aux

1. *Les Causes finales.*

idées développées dans la première partie; la seconde présente des difficultés que nous discuterons en leur temps.

En logicien expert, M. Paul Janet expose d'abord nettement le problème et les principes, il les appuie sur des faits et, en particulier, sur ces faits que Bacon appelle *éclatants*. Il invoque en leur faveur les données scientifiques les plus rigoureuses, il discute les faits qui paraissent contraires à sa thèse, et, enfin, il résout les objections. Cette marche est irréprochable.

I

M. Paul Janet définit les causes finales : le but pour lequel « on agit, ou vers lequel on « tend, et qui peut être considéré comme une « cause d'action ou de mouvement [1]. » — « Ce serait affirmer beaucoup, ajoute-t-il [2], et « dépasser peut-être les limites de l'expé- « rience que d'exiger, pour toute espèce de « but, une prévision expresse dans l'agent « qui poursuit ce but. On signalera, par exem- « ple, le phénomène de l'instinct, où il est « de toute évidence que l'animal poursuit un « but, mais sans savoir qu'il en poursuit un, « et sans se l'être représenté préalablement « dans son imagination, non plus que les « moyens, infaillibles cependant, par lesquels « il peut l'atteindre. Généralisant cette diffi-

1. Page 1.
2. Page 2.

« culté, on dira peut-être, que même en s'éle-
« vant à la cause première de l'univers, on
« n'a pas plus de raison de l'imaginer comme
« une intelligence qui prévoit un effet que
« comme un instinct qui y tend sûrement,
« mais aveuglément, par une nécessité intrin-
« sèque. Nous n'avons pas à nous engager
« encore dans ces difficultés prématurées. »

L'auteur abordera sans doute plus tard ces difficultés, mais il nous semble qu'il ne serait pas prématuré de les résoudre ici, ce serait faire un grand pas vers la conclusion. M. Janet veut marcher avec la plus complète circonspection, soit; mais nous croyons que le rôle de l'intelligence, dans l'obtention du but, est assez important pour qu'on ne la fasse pas entrer en scène trop tard.

Le procédé de saint Thomas d'Aquin est plus rationnel, à notre avis. Ayant à traiter, lui aussi, le même problème, il se demande immédiatement, après une question préliminaire, quel est le rôle de l'intelligence dans les causes finales.

« Tout agent, dit-il [1], agit en vue d'une fin,
« sans cela, en effet, il ne produirait pas un
« acte plutôt qu'un autre. » Or, quelle est la cause première d'un acte? C'est la fin que l'on se propose, et si cette fin s'évanouit, l'acte ne

1. *Somme théologique*, 1ᵉ, 2ᵉ, q. I, n. 2.

se produira pas. Je me dispose à aller voir un ami, on m'apprend que mon ami est parti; il est clair que la série des actes que j'allais émettre dans le but d'aller le voir disparaît en même temps que le but. Avec la cause finale, s'évanouissent donc tous les actes qu'elle aurait provoqués.

Remarquons maintenant que les êtres, dans leur acte ou leur mouvement, tendent vers un but de deux manières : premièrement, en tant qu'ils se meuvent eux-mêmes comme l'homme, par exemple; secondement, en tant qu'ils sont mus par un autre, comme la flèche qui se dirige vers un but en vertu d'une impulsion qu'elle a reçue d'ailleurs. Quelle différence y a-t-il entre l'homme et la flèche? C'est que l'homme connaît la fin et que la flèche l'ignore. Il y a donc des êtres qui se meuvent eux-mêmes, ce sont ceux qui voient la fin, c'est-à-dire les êtres intelligents, et il y a des êtres qui, ne la connaissant pas, ont besoin, pour y tendre, d'être poussés par un autre, ce sont les êtres privés de raison. Parmi ces derniers, les uns n'ont aucune vue de la fin, la flèche, par exemple; les autres ont une vue confuse, ce sont les animaux.

M. Janet pourra nous objecter que les conclusions de saint Thomas supposent prouvées des vérités qu'il n'a pas démontrées encore;

cela est possible, mais toujours valait-il mieux, selon nous, aborder tout de suite ces questions qui jettent une vive lumière sur le problème des causes finales. L'auteur n'eût pas dit alors que l'instinct ne suppose pas une vue, même imaginative du but. Il faut au contraire que l'animal ait une compréhension imaginative de la fin qu'il se propose, sans cela il n'agira pas. Si, quand un cheval a soif, il ne sait pas, qu'à peu de distance de son écurie, il y a de l'eau et s'il n'en a aucune représentation, il est évident qu'il n'ira jamais à l'abreuvoir. M. Janet n'eût pas dit, non plus, qu'on peut supposer, même un instant, une cause première inintelligente.

L'auteur pense « que l'affirmation de l'intelligence n'est qu'un corollaire du principe des causes finales[1]. » Nous croyons, au contraire, que l'affirmation de l'intelligence est l'âme du principe, de telle sorte que, supprimez l'intelligence, le principe n'est plus qu'une proposition inanimée. Quand on dit, en effet, qu'un être a une fin, qu'il tend vers un but, on suppose nécessairement ou qu'il voit le but, ou que la fin est vue par un autre. Car, s'il ne la voyait d'*aucune façon*, comment pourrait-il y tendre ?

M. Janet combat, avec raison, l'opinion de

---

1. Page 15.

Jouffroy disant que le principe « tout être a une fin » a l'évidence, l'universalité et la nécessité d'une vérité première. En entendant, en effet, ce principe dans le sens où le prend la thèse des causes finales, il a besoin de démonstration, et il n'a pas, par conséquent, les caractères d'un axiome : je rencontre une pierre sur ma route, a-t-elle une fin ? a-t-elle été créée pour quelque chose ? Je ne puis le savoir qu'en m'élevant à la notion d'un Dieu qui n'a rien créé en vain.

Après ces questions préliminaires, l'auteur divise son livre en deux parties : 1° la finalité est-elle une loi de la nature ? 2° quelle est la cause première de cette loi ?

Il établit d'abord le principe de causalité, dont il fait, avec raison, une loi invincible de l'esprit humain[1]. Toutes les fois que nous sommes témoins d'un phénomène, nous sommes irrésistiblement poussés à conclure à l'existence d'une cause : c'est la cause efficiente ; quand la cause est fortuite et l'effet imprévu, on attribue le phénomène à ce qu'on appelle le hasard. Au détour d'une rue, je suis renversé par un cheval lancé au galop : *c'est un effet du hasard.* M. Janet ne nie nullement l'intervention de la Providence dans les événements qui, pour nous, sont un effet du ha-

---

1. L. I, ch. 1, page 22.

sard, il écarte cette question comme étrangère au principal objet de ses recherches.

Quand deux faits n'ayant entre eux aucune liaison nécessaire coïncident souvent, la notion vague et peu philosophique du hasard ne suffit plus, il faut recourir à une autre, c'està-dire à la cause efficiente. Si tous les jours, pendant plusieurs mois de suite et au même endroit, une pierre tombe sur moi, il est évident que je ne puis pas voir un effet du hasard dans un phénomène si souvent répété. C'est même l'impossibilité où se trouve l'esprit humain d'expliquer, par le hasard, des faits se représentant souvent, qui amène quelques-unes des plus belles découvertes scientifiques. Lorsque les faits arrivent invariablement, nous concluons à *l'existence d'une loi.*

Constater le principe de causalité n'est pas résoudre le problème des causes finales. Tout phénomène a une cause, fort bien; mais à son tour, le phénomène, pourquoi s'est-il produit? La cause a-t-elle un but ou agit-elle aveuglément? Telle est la question. Lorsque la cause entre en activité pour réaliser des effets *futurs*, le principe de causalité ne suffit plus pour expliquer les combinaisons dont le résultat doit être un effet futur. Prenons un exemple. L'estomac digère les aliments, mais comment se fait-il que l'estomac qui digère la viande ne se digère pas lui-même, car il est de même nature que les autres aliments? La nature a prévu la difficulté en enduisant les parois de l'estomac d'un vernis particulier qui le met à l'abri de l'action des sucs gastriques[1]. Est-il possible de ne pas voir là un but en rapport avec les fonctions que l'estomac est appelé à remplir?

N'y reconnaître qu'une coïncidence fortuite, c'est dire que deux personnes parlant, l'une anglais et l'autre russe, « peuvent cependant « causer ensemble, en vertu des circonstances « heureuses qui font que le discours de l'un « se trouve être précisément la réponse à la « question de l'autre *(ibid)*[2]. »

Or, dans les effets produits par la nature, on constate, comme pour l'estomac, des précautions analogues; on doit donc lui attribuer un but d'où il résulte que « le *criterium* cher- « ché de la cause finale, c'est la coïncidence « du présent avec le futur[3]. » Remarquez que nous ne considérons l'effet comme *but* que lorsqu'il nous a été impossible d'admettre la

---

1. Page 43.
2. M. Janet suppose naturellement ou plutôt il dit que le russe ne connaît pas la langue anglaise et que l'anglais ne comprend pas le russe.
3. Page 51.

prodigieuse quantité des circonstances heureuses qu'une force aveugle aurait dû avoir à sa disposition pour amener un résultat constant et déterminé. Cette dernière hypothèse est insoutenable : « Imaginez un ouvrier
« aveugle, caché dans une cave et destitué de
« toute intelligence, qui, n'obéissant qu'au
« simple besoin de mouvoir ses membres et
« ses mains, se trouverait avoir forgé, sans
« le savoir, une clef adaptée à la serrure la
« plus compliquée qu'il soit possible d'ima-
« giner[1]. » Choisissez entre cette hypothèse qui répugne ou entre ces deux principes, bases du problème des causes finales :

« 1° L'accord des phénomènes suppose une
« cause précise avec une probabilité qui est en
« raison du nombre et de la diversité des
« phénomènes concordants;

« 2° L'accord de plusieurs phénomènes liés
« ensemble avec un phénomène futur déter-
« miné suppose une cause où ce phénomène
« futur est idéalement représenté; et la pro-
« babilité de cette présomption croît avec la
« complexité des phénomènes concordants et
« le nombre des rapports qui les unissent au
« phénomène final[2]. »

1. Page 57.
2. Page 74.

Ces principes étant posés, M. Janet les fortifie par les faits qu'il range sous ces deux chefs : les *fonctions* et les *instincts*.

Dans les fonctions, ce qui le frappe le plus, c'est la manière dont l'organe est admirablement approprié à la fonction qu'il doit remplir. Il décrit en détail les merveilles de l'œil :
« C'est, on peut le dire, l'argument classique
« sur cette matière. Ce serait un vrai scrupule
« que de nous priver d'un exemple si saisis-
« sant et si merveilleux par la raison qu'il se-
« rait trop connu et devenu banal par l'usage.
« Ce qui vient à sa place n'est jamais banal.
« Cherchons donc à nous rendre compte des
« difficultés du problème et des innombra-
« bles conditions qu'en exigeait la solu-
« tion[1]. »

M. Janet a mille fois raison de ne pas hésiter à donner une preuve classique et qui paraît banale. Tout ce qu'on doit demander à un argument, c'est d'être concluant. Souvent même, les preuves les plus communes sont les plus fortes, parce que, si elles ont été développées par le grand nombre, c'est que leur force probante saute aux yeux de tous. Que dirait-on d'un littérateur qui, dans une étude sur la tragédie, passerait sous silence *Andromaque* et *Athalie* sous le prétexte qu'elles

---

1. Page 76.

sont trop connues. Si elles sont connues, c'est parce qu'elles sont belles.

Après l'œil, M. Janet décrit l'oreille, la forme des dents harmonisées, selon la remarque de Cuvier, avec le genre de vie et l'organisme de l'animal, la circulation du sang, l'appareil respiratoire, les organes du mouvement et de la voix.

L'auteur étudie ensuite les instincts qu'il divise en instincts individuels, domestiques et sociaux. Il cite les témoignages des représentants les plus compétents de la science, et, dans un livre austère comme le sien, c'était cette autorité qu'il devait naturellement invoquer.

M. de Chateaubriand a développé la même thèse avec un charme qui n'a pas vieilli. Tout le monde sait avec quel enthousiasme il a suivi, dans la nature, la trace des causes finales et avec quelle poésie il l'a décrite dans cette page qu'on ne lit jamais sans émotion et qu'admireront toujours ceux que ne laisse pas insensible le spectacle d'une imagination grandiose au service d'une grande idée [1].

Un critique philosophique très minutieux peut y reprendre quelques propositions dont l'exactitude laisse à désirer. L'hirondelle, par exemple, suspend son nid à la fenêtre d'une

---

1. *Génie du Christianisme*, livre V.

masure aussi volontiers qu'à celle d'un palais, mais, ne l'oublions pas, M. de Chataubriand a parlé en poète. Le fond de la thèse est incontestable, il a été permis au poète de l'embellir, et d'ailleurs :

Pictoribus atque poetis
Quidlibet audendi semper æqua potestas[1].

De tout ce qui précède, M. P. Janet croit pouvoir affirmer, au commencement du chapitre III, que l'existence de la cause finale se révèle par la combinaison complexe de phénomènes hétérogènes concordant avec la possibilité d'un acte futur, car cet accord est incompréhensible sans la préexistence idéale de l'acte futur, c'est-à-dire sans la prévision du but.

Il craint cependant d'accepter une conclusion prématurée, il ne croit pas encore avoir le droit de dire que la cause de la concordance soit, « précisément l'effet futur lui-« même, sous forme d'anticipation idéale[2] ». Respectons ces scrupules et suivons la démonstration du philosophe.

Où trouverons-nous la preuve de cette proposition : l'accord des phénomènes avec un effet futur suppose un but, c'est-à-dire une

1. Horace : *Art poétique*.
2. Page 117.

cause finale. Nous la trouverons dans l'industrie de l'homme. En nous-mêmes et dans nos semblables, nous constatons l'intelligence et la finalité ; nous appuyant sur le principe d'analogie, nous conclurons à la finalité dans les œuvres de la nature. Mais le principe d'analogie est-il solide et légitime ? Il faut résoudre d'abord cette difficulté.

M. P. Janet pense, que le passage de l'homme à la nature, par voie d'analogie, est légitime, parce que 1° l'homme n'est pas en dehors de la nature ; 2° parce que ses actes et ses œuvres sont dans la nature. Cela est vrai, mais ne pourrait-on pas alléguer une troisième preuve ; à des effets semblables il est logique d'assigner des causes semblables, et si les œuvres de l'homme, comme celles de la nature, manifestent un but, ne doit-on pas les attribuer à des causes semblables ? Le passage par voie d'analogie, entre les œuvres de l'homme et celles de la nature nous semble plus solide appuyé sur ce troisième principe. Cependant les deux considérations de M. P. Janet sont suffisantes.

Les œuvres de l'homme supposent-elles un but prévu ? Évidemment ; si je n'avais pas la représentation d'une maison, je ne la bâtirais jamais. Il en est de même de tous nos actes, et, par voie d'analogie encore, des actes de tous

les hommes. Suis-je autorisé à conclure de l'homme à l'animal ? Pourquoi pas. « Non
« seulement l'animal marche, vole, chante,
« s'approche ou s'enfuit, prend ou apporte ;
« mais de plus, comme un véritable ouvrier,
« il fait servir les forces et les éléments de
« la nature à ses besoins : comme l'homme il
« bâtit, comme l'homme il tend et construit
« des pièges, comme l'homme il accumule et
« se fait des magasins, comme l'homme il
« prépare une habitation à ses enfants ;
« comme l'homme il se crée des habitations
« de plaisance, il se fait des vêtements, en un
« mot il exerce toutes les industries. Ainsi
« ces actions instinctives sont à la fois très
« différentes des actions de l'homme quant à
« l'origine, très semblables quant à la matière.
« Or, ce qui caractérise les actions de
« l'homme, c'est d'agir sciemment pour un
« but. Pour les actions dont nous parlons,
« tout porte à croire qu'elles ne sont pas
« faites sciemment ; mais cette différence
« mise à part, la similitude est absolue, reste
« donc que nous disions que ces animaux,
« sans le savoir, agissent pour un but[1]. »

Si l'on objecte que les actions de l'animal se déroulent d'après une loi de causalité fatale et absolument aveugle et que, par conséquent,

---

1. Page 131.

la finalité lui est inconnue, M. P. Janet répond, avec raison, que même dans l'hypothèse cartésienne, la finalité, révélée par les actes de l'animal, est frappante. Supposons un automate qui marche, remue les yeux, les bras et prononce quelques paroles, n'est-il pas évident que l'artiste a eu pour but de lui faire produire ces actes ; de même pour l'animal : l'intelligence qui prévoit le but n'est pas en lui, elle est ailleurs.

La constitution intime de l'animal nous conduit à la même conclusion que ses œuvres externes. Envisagé au point de vue de l'organisme, l'animal est une machine admirablement construite que l'industrie de l'homme n'égalera jamais. Or, comment admettre qu'une locomotive, par exemple, soit un ensemble de moyen et de but, et que la structure d'un animal ne soit qu'une simple rencontre de causes et d'effets ? Si un jour on découvre un appareil propre au vol, cette invention sera regardée comme une œuvre de génie, et il n'y aurait aucune trace d'intelligence dans l'aile de l'oiseau ? Il y a sans doute de profondes différences entre les œuvres de l'homme et celles de la nature, mais M. Janet dit très bien que, dans le problème qui nous occupe maintenant « elles n'importent pas [1]. »

---

1. Page 140.

Pour donner à ses conclusions tous les caractères d'une démonstration rigoureuse, l'auteur étudie la valeur logique de l'analogie. Elle est absolue. Nous savons certainement que nous sommes des êtres intelligents et cette conviction égale en certitude toutes nos autres affirmations. Mais sur quoi repose notre croyance à l'intelligence des autres ? Sur l'analogie. Quand nous passons, de la conscience de l'intelligence personnelle, à la croyance à l'intelligence de nos semblables, ce n'est et ce ne peut être que par une induction analogique. Quand donc nous avons établi la finalité de la nature sur l'analogie, nous lui avons donné un fondement inébranlable.

Les traits dirigés contre la philosophie spiritualiste contemporaine sont puisés dans l'arsenal de la science positive ; les coups partent, mais ne portent pas. Le philosophe ne doit pas cependant les dédaigner, quand ce ne serait que pour montrer la faiblesse de ses adversaires : c'est ce que fait M. Janet dans son chapitre IV. Il prend à partie M. Cl. Bernard et M. Ch. Robin, ce dernier surtout. Le premier, en effet, laisse subsister, à titre d'hypothèse, l'explication métaphysique, le second l'écarte sans pitié. Pour M. Ch. Robin il n'y a que des causes et des effets, rien au delà.

Avant d'entamer la discussion, M. Janet juge la méthode qui tend plus en plus à diriger exclusivement les recherches scientifiques. Cette méthode est l'expérimentation. Elle est bonne incontestablement, mais on est en train de la fausser et M. Janet a tort, selon nous, de dire à la science qu'elle a raison de se dégager de plus en plus de la pensée philosophique[1]. La question est délicate, nous allons essayer de la préciser.

La science expérimentale n'a pour but que l'étude des faits positifs, palpables ; jusque-là elle est dans son droit et dans son devoir. Mais en vertu de sa méthode même doit-elle (sous peine de n'être plus une science) s'interdire l'accès d'une région plus élevée ? Tout ce qui n'est pas du domaine de l'expérimentation sensible n'est-il pas scientifique ? En quoi la science positive perdrait-elle de sa valeur et de sa dignité en suivant la pente naturelle de l'esprit humain qui ne veut pas et qui ne peut pas se renfermer dans le cercle un peu étroit de l'expérimentation matérielle ? La science expérimentale, au contraire, ne se

1. Page 163. — Nous reviendrons sur cette question dans l'étude suivante.

prive-t-elle pas volontairement d'une lumière qui lui serait d'un grand secours, en s'arrêtant brusquement lorsque l'esprit humain voudrait aller plus loin ? Ce n'est pas notre affaire, disent les partisans de la méthode exclusive que nous combattons, notre domaine, ce sont les faits, toujours les faits et encore les faits. C'est fort bien, mais : *premièrement*, pourquoi assignez-vous à l'esprit humain une limite arbitraire et contre laquelle il proteste, car l'intelligence est naturellement curieuse. Quand elle a étudié un fait, elle veut en connaître la cause et remonter le plus loin possible ; cette curiosité légitime de la raison est un fait d'expérience aussi, et vous en méconnaissez les exigences. *Secondement*, quand bien même vous seriez personnellement satisfaits, tous les esprits ne sont pas aussi faciles à contenter, et il en est un grand nombre que vous ne pouvez pas arrêter. Pourquoi, dès lors, leur interdire, *au nom de la science*, des recherches vers lesquelles ils se sentent poussés. Ne soyez pas si intolérants et ne chassez pas du sanctuaire de la science des hommes qui ont le malheur d'être plus chercheurs que vous. Ce n'est pas de la science, dites-vous; de la science expérimentale, soit, mais la question est précisément de savoir si l'homme scientifique est borné à l'expérimentation :

« La question est de savoir si, parce que la
« science s'est interdite toute recherche autre
« que celles qui ramènent les effets à leurs
« causes prochaines, la philosophie et, en
« général, l'esprit humain doivent se borner
« à cette recherche; si la pensée doit s'inter-
« dire à elle-même de rechercher la signifi-
« cation du spectacle qu'elle a devant les
« yeux, et, en particulier, quelle est la pensée
« qui a présidé à la composition des êtres
« animés, ou du moins si une pensée y a
« réellement présidé[1]. »

La méthode qui méconnaît ainsi une des lois primordiales de l'esprit humain, est-elle vraiment scientifique ? Non, M. P. Janet nous permettra donc de ne pas avouer avec lui que la science expérimentale *a raison* de se dégager de plus en plus de la pensée philosophique.

Mais la science, en écartant les solutions dont elle ne veut pas entendre parler, pense-t-elle les avoir réfutées ou anéanties ? Que les machines, unique objet de ses études, se réduisent à des éléments doués de telles et telles propriétés, s'ensuit-il qu'elles ne soient pas l'œuvre d'une industrie qui tend à un but[2] ?

1. Page 162.
2. Page 165.

La nature, dites-vous, s'est servie, dans la construction des organes, d'éléments ayant telle propriété, et par conséquent, la combinaison des éléments devait produire tel résultat. C'est évident, et elle devait agir ainsi. Quand je veux bâtir une maison, je ne prends pas du papier, je choisis des pierres, du bois et du fer. Parce que la maison résulte de la combinaison des pierres, du bois et du fer, direz-vous qu'elle s'est édifiée toute seule, et qu'il a suffi de la juxtaposition des éléments pour amener ce résultat ? C'est précisément la juxtaposition qu'il faut expliquer. Quand la nature a voulu produire un estomac, il est clair qu'elle a dû choisir les éléments requis pour son œuvre, et il est déraisonnable de dire que le choix des matériaux prouve l'absence d'un but prévu.

« On n'a donc rien prouvé contre les « causes finales quand on a ramené les effets « organiques à leurs causes prochaines et à « leurs conditions déterminantes [1]. »

M. Ch. Robin va plus loin. Il ne se contente pas de nier toute idée de plan et de but dans l'appropriation des organes aux fonctions, il la supprime dans la formation de l'organe lui-même. Soit un germe : la nature le met dans des conditions où il pourra se développer,

1. Page 168.

c'est-à-dire se forger les organes nécessaires à son accroissement et à sa conservation. Pendant quelque temps le germe « oscille entre la vie et la mort », mais il finit par trouver le milieu propre à son développement. Donnez-nous le germe et le milieu, et tout est expliqué.

Fort bien, mais d'où vient le germe et qui le met dans son milieu ? S'il oscille entre la vie et la mort, comment se fait-il que, la plupart du temps, il tombe dans le milieu qui lui permet de se développer ; car enfin les espèces se perpétuent depuis des siècles ? Comment se fait-il que, dans ce milieu, il choisira précisément ce qu'il lui faut pour se développer ? Si une force aveugle préside seule à cette formation sourde et mystérieuse du germe, il est bien étonnant qu'elle produise des résultats aussi compliqués, aussi parfaits que l'organisme de la plante ou de l'animal. Si, voulant faire une locomotive, vous jetez le minerai dans la fournaise, pensez-vous que la machine en sortira ? Vous avez tout ce qui vous est nécessaire, le feu et le fer. Il ne vous manque qu'une seule chose, mais sans laquelle la locomotive ne se fera jamais : l'idée qui groupe les éléments d'après un plan préconçu. C'est cette idée que M. Robin élimine, aussi toutes ses explications se réduisent, au fond, à cette proposition : Jetez du minerai dans un haut fourneau, il en sortira une locomotive ou tout autre machine.

M. P. Janet fait au chapitre v la contre-épreuve de sa thèse. Jusqu'à présent, il a expliqué tous les faits par l'intervention de la cause finale ; il prend maintenant la doctrine diamétralement opposée : le mécanisme. Il met les deux thèses dans la balance et il cherche de quel côté le bon sens et la logique font pencher le plateau. L'auteur du beau livre : *les Causes finales*, fait preuve ici d'une grande force de démonstration et la clarté de son exposition est remarquable. Il est généreux envers ses adversaires qui ne pourront pas lui reprocher d'avoir affaibli leur système pour se donner ensuite la joie d'un triomphe facile.

Les défenseurs des causes finales croient pouvoir accepter cette proposition : la concordance merveilleuse des phénomènes indique un but prévu par une intelligence qui fait converger les phénomènes vers une fin. Or, voici des exemples frappants de concordances qui s'expliquent par des causes purement physiques.

D'abord, l'hypothèse cosmogonique de Laplace[1].

1. Page 192.

Il semble qu'il soit impossible d'expliquer tant de coïncidences avec des causes physiques seules : 1° coïncidence de quarante-trois mouvements dirigés dans le même sens; 2° disposition semblable de tous les astres dans un même plan; 3° position centrale du soleil. Cependant, toutes ces coïncidences s'expliquent par des lois mécaniques parfaitement démontrées.

A l'autre extrémité de l'échelle, les cristaux s'organisent suivant des lois géométriques, et il est évident que les molécules n'ont pas pour but personnel de former des cônes ou des prismes. Elles obéissent tout simplement à des lois. Pourquoi n'en dirait-on pas autant des molécules vivantes? De même que les premières forment tantôt des cônes et tantôt des prismes, de même celles-ci, sous l'impulsion de lois analogues, forment ici une pompe (le cœur) et là une lentille (le cristallin).

Prenons donc l'hypothèse du mécanisme dans toute sa rigueur et admettons qu'une cause physique inconnue ait amené, sans aucun but prédéterminé, toutes les heureuses combinaisons que nous constatons.

Voici les difficultés qui se présentent[1]. Comment, dans une nature ne poursuivant aucun but, expliquer la présence de faits et

1. Pages 208-209.

d'êtres conduits vers un but? Si la nature n'a pas eu pour but le vol de l'oiseau, pourquoi lui a-t-elle donné des ailes? Comment une force mécanique aveugle a-t-elle pu disposer les molécules de matière qui constituent le cerveau et qui l'harmonisent avec les exigences de la pensée? Supposons une force aveugle agitant dans tous les sens les vingt-quatre lettres de l'alphabet, cette agitation produira-t-elle l'*Iliade?* Or, dans l'hypothèse du mécanisme, la force aveugle devrait produire, non seulement le phénomène de la combinaison matérielle de tous les vers de l'*Iliade,* mais encore, ce qui est bien plus inexplicable, l'instrument (le cerveau) qui a concouru à la création du poème. Des millions de combinaisons possibles entre les vingt-quatre lettres de l'alphabet, la force aveugle trouvera juste celle qui constitue l'œuvre d'Homère! Il faut avouer que cette force n'est pas aussi aveugle qu'on le dit.

M. P. Janet distingue très sagement la finalité *externe* et la finalité *interne,* et il fait remarquer que l'une est la réciproque de l'autre[1]. L'être organisé, en effet, ne se suffit pas à lui-même, il a besoin, pour vivre et se conserver, que d'autres êtres aient été faits pour lui. Si la nature a voulu les herbivores, elle a

---

1. Page 221.

dû vouloir aussi l'herbe qui leur est nécessaire. Le cheval a été fait pour manger de l'herbe et, réciproquement, l'herbe a été faite pour être mangée par le cheval. La fin individuelle d'un être est la finalité interne, la fin relative d'un être fait pour un autre est la finalité externe.

Tout à l'heure nous avons supposé l'absence de finalité dans les êtres soumis aux lois de la géométrie et de la mécanique. Revenons-y, maintenant, car cette concession n'était pas même passagère.

On se tromperait étrangement si on s'imaginait que la formation des métaux en figures géométriques est explicable par la seule régularité inflexible de la géométrie. Les molécules s'agglomèrent pour former un tétraède, par exemple : on constate que chaque molécule présente la même forme que le tout, c'est très bien, mais quelle raison ont eu les molécules d'adopter cette forme plutôt qu'une infinité d'autres combinaisons produisant une figure irrégulière ?

La molécule, en effet, est, en elle-même, indifférente à telle ou telle disposition ; si donc elle s'arrange de façon à réaliser une figure géométrique, c'est qu'évidemment cette régularité a une cause. Ne dites pas que les lois de la géométrie sont fatales, elles ne le sont que,

les figures étant données, mais il n'est nullement nécessaire que telle ou telle figure soit donnée. « Il faut donc admettre
« une nature géomètre, comme une nature
« artiste, comme une nature industrieuse ;
« et ainsi nous retrouvons dans la nature
« tous les modes de l'activité intellec-
« tuelle de l'homme. De même que M. Cl.
« Bernard admet, dans l'être organisé, *un*
« *dessin vital*, de même il y a, en quelque
« sorte, *un dessin cristallique*, une architec-
« ture minérale, *une idée directrice* de l'évo-
« lution chimique. L'élément physique,
« comme tel, ne contient absolument rien
« qui explique cette faculté d'obéir à un
« plan[1]. »

La mécanique céleste nous conduit à la même conclusion. D'après l'hypothèse de Laplace, les astres, aujourd'hui séparés, ne seraient que des débris d'une nébuleuse primitive. Comment ces débris se sont-ils agencés de manière à former le système actuel ? Comment les forces qui dirigent les mondes les tiennent-ils dans cette proportion, dans cette harmonie merveilleuse, si ce ne sont que des forces aveugles ? Si vous n'admettez pas une main qui guide les étoiles, comment expliquerez-vous que le chaos ne soit pas la seule

1. Page 232.

loi universelle, inflexible et éternelle? Vous invoquez les lois et les forces de la nature, mais qui a imposé ces lois? Si c'est la nature elle-même, vous accordez à ces molécules matérielles, qui forment les mondes, une science mathématique transcendentale et nous n'avons qu'à nous incliner humblement devant elles, car elles ont trouvé, toutes seules, et du premier coup, des combinaisons que l'homme a mis bien des siècles à découvrir. La nature n'a pas trouvé ces lois, dites-vous, elles sont nées avec elles. Ceci peut s'entendre de plusieurs manières. Ou bien ces lois sont tellement intrinsèques à la nature, que la matière est incompréhensible sans elles, ou bien elle les a dictées elle-même, quoiqu'elle puisse s'en passer, ou bien elles lui ont été dictées par quelqu'un. La première hypothèse est inadmissible. Les astres gravitent avec telle vitesse, ils pourraient avoir une vitesse moindre ou plus accélérée sans changer intrinsèquement de nature. Les êtres et les lois qui les gouvernent sont deux choses distinctes et l'on peut, sans contradiction logique, les considérer les uns sans les autres. Si vous admettez la seconde hypothèse, vous reconnaissez alors à la matière une mathématique surprenante, car elle a inventé des lois merveilleuses auxquelles elle n'était pas naturellement assujettie. Pourquoi inventer ces lois, puisqu'elles ne sont pas inhérentes et qu'elles ne sont pas nécessaires, dans le sens logique du mot? Pourquoi surtout leur obéir avec une fidélité scrupuleuse? Si la matière les a faites, elle peut les changer ou les supprimer; c'est en effet un principe incontestable que celui qui fait la loi a le droit de la modifier ou de la rapporter. Reste la troisième supposition, ainsi formulée: les astres obéissent à des lois qui lui ont été données par quelqu'un. Puisque les deux premières hypothèses sont inadmissibles, la troisième est donc la seule vraie. Un de nos plus grands poètes lui a consacré des accents sublimes:

Ces chœurs étincelants que ton doigt seul conduit,
Ces fanaux allumés de distance en distance,
Cet océan d'azur où leur foule s'élance,
Je les comprends, Seigneur; tout chante, tout
[m'instruit
Que l'abîme est comblé par ta magnificence,
Que les cieux sont vivants et que ta Providence
Remplit de sa vertu tout ce qu'elle a produit [1].

En exposant sa thèse, M. P. Janet a rencontré sur son chemin la plupart des objections suscitées contre la doctrine des causes

---

1. Lamartine.

finales, il y a répondu, et pourtant il n'est pas satisfait. Il veut les traiter plus à fond ; il leur consacre les deux derniers chapitres de la première partie de son ouvrage.

Il commence par l'objection de Bacon[1]. Elle peut se résumer ainsi : la préoccupation des savants, dans la recherche des causes finales, a presque chassé de la science l'étude des causes physiques, ce n'est cependant qu'en dirigeant leur attention vers les causes physiques, qu'ils feront avancer la science. Il faut donc, si l'on veut désormais faire progresser la science, ne s'occuper que des causes physiques.

C'est, de cette objection de Bacon, que sont partis les savants pour déclarer la guerre aux causes finales. M. P. Janet répond : « Si, pour
« s'être abstenu des causes finales, les savants
« croient avoir réellement exclu et supprimé
« cette notion de l'esprit humain, ils déplacent
« la question : d'une question de logique et
« de méthode, ils passent, sans s'en douter, à
« une question de métaphysique et de fond :
« ce sont là deux points de vue profondément
« différents. De ce que la première est réso-
« lue dans un sens, il ne s'ensuit nullement
« que la seconde le soit également dans le
« même sens. De ce que vous écartez les

---

1. Page 251.

« causes finales de vos méthodes, s'ensuit-il
« qu'il n'y en ait pas[1] ?

On ne peut pas mieux dire. Les savants, en effet, ont beau ne pas s'inquiéter des causes finales, leur dédain ne les supprime pas et ne change pas la nature de l'esprit humain qui ne se contente pas de la recherche des causes physiques. Ils croient battre en brèche la doctrine des causes finales en s'attachant exclusivement aux causes efficientes : « Il ne faut
« pas dire, selon eux, que l'oiseau a des ailes
« pour voler, mais qu'il vole parce qu'il a
« des ailes. » Mais en quoi, je vous le de-
« mande, ces deux propositions sont-elles
« contradictoires? En supposant que l'oiseau
« ait des ailes pour voler, ne faut-il pas que
« son vol résulte de la structure de ses ailes?
« Par conséquent, de ce que le vol est un ré-
« sultat, a-t-on le droit de conclure qu'il
« n'est pas en même temps un but... Si l'au-
« teur de la nature a voulu que les oiseaux
« volassent, que pouvait-il faire de mieux
« que de leur donner des ailes[2] ? »

Objection de Descartes. — Descartes ne nie pas l'existence des causes finales, il croit seulement que la raison est trop faible pour s'é-

1. Page 253.
2. Page 255.

lever jusqu'à elles et que leur recherche est une témérité. Mettons-nous « toujours devant « les yeux, dit Descartes[1] que la capacité de « notre esprit est fort médiocre et que nous « ne devons pas trop présumer de nous-mê- « mes, comme il semble que nous ferions si « nous supposions que l'univers eût quelques « limites, sans que cela nous fût assuré par « la révélation divine, ou du moins par des « raisons naturelles fort évidentes, parce que « ce serait vouloir que notre pensée pût s'ima- « giner quelque chose au delà de ce à quoi la « puissance de Dieu s'est étendue en créant « le monde; mais aussi encore plus si nous « nous persuadions que ce n'est que pour « notre usage que Dieu a créé toutes les choses, « ou bien seulement si nous prétendions de « pouvoir connaître par la force de notre es- « prit quelles sont les fins pour lesquelles il « les a créées. »

M. Janet fait remarquer la confusion qui règne dans ce passage de Descartes. Il y a une grande différence, en effet, entre savoir si tout a été créé pour l'homme, si les êtres ont une fin et quelle est leur fin dernière. Or, quoi qu'en dise Descartes, l'homme peut, sans témérité et malgré la faiblesse de son esprit, rechercher si les êtres ont été créés pour un but.

---

1. *Principes de philosophie*, IIIe partie, § 2.

Quand même j'ignorerais quel but Dieu a voulu atteindre en créant cet être, je vois fort bien qu'il en a un, car le but se manifeste avec évidence par la structure et l'organisation des êtres. Quelle a été la pensée dernière de Dieu en créant les oiseaux? Je n'en sais rien; mais ce qu'il y a de bien certain, c'est qu'il les a organisés pour le vol.

On se sert, contre la théorie des causes finales, des abus qu'on a pu faire d'un principe excellent en lui-même. De quoi n'a-t-on pas abusé? Nous ne voulons légitimer aucune des fausses applications qui ont été faites et nous les condamnons, mais il n'est pas permis d'invoquer, contre une doctrine, des exagérations qui ne lui sont pas imputables.

Les Épicuriens reprochent à la doctrine des causes finales d'intervertir l'ordre des faits et de prendre l'effet pour la cause[1]. Nous disons: l'homme a reçu les yeux pour voir, ils répliquent: c'est le contraire qui est vrai; l'homme voit, parce qu'il a des yeux. Les yeux n'ont pas été faits pour cet usage seulement, mais comme c'est très commode, l'homme s'en sert pour voir.

L'objection ne pose pas le problème là où il est véritablement. Il ne s'agit pas, en effet,

---

1. Page 280.

de dire : telle cause étant posée, tel effet doit suivre, étant donné l'œil, la vision suit naturellement, il s'agit de savoir d'où vient l'œil? Là est la question. Si vous supposez l'existence de l'organe, il est clair qu'il fontionnera, mais, encore une fois, d'où vient l'organe? Est-il le résultat fortuit d'une force aveugle et inconsciente? Nous avons déjà prouvé l'absurdité de cette conclusion. Si vous la présentez sous une forme nouvelle en lui donnant le nom de thèse des conditions de l'existence[1], et si vous dites que le hasard, après avoir essayé un nombre incalculable de combinaisons, a fini par trouver les conditions de l'existence des êtres et qu'il s'en est tenu là, nous répondons tout simplement que votre hypothèse est absurde. C'est le hasard qui a fait l'œil? Soit; cependant, permettez-nous d'en être étonné. Qu'il en ait réussi un, passe; deux, c'est plus fort; trois, des milliers, ceci ne se discute pas. Si l'œil a été trouvé une fois par le *hasard*, il y a un millier de chances pour qu'il ne la trouve pas une seconde fois. Vous objectez les monstres? Je réponds : ce qui est inexplicable dans votre théorie, c'est que les monstres ne soient pas la règle et que, même dans les plus difformes, il y a un

---

1. Page 288.

ordre, une proportion que le hasard ne peut pas produire [1].

Les objections réfutées dans ce chapitre soulèvent à peu près toujours les mêmes difficultés. Nous croyons donc inutile de les examiner toutes.

Les positivistes s'imaginent que la doctrine des causes finales a recours au surnaturel et aux miracles : il n'y a rien de commun entre les deux thèses.

Les naturalistes objectent : les organes inutiles, les organes rudimentaires, les adaptations apparentes et nuisibles.

Parmi les organes inutiles on signale en particulier la *rate* : elle est inutile ? qu'en savez-vous ? Elle n'est pas nécessaire, c'est vrai, mais parce que la fonction cherchée par les physiologistes n'est pas encore trouvée, vous n'êtes pas autorisé à dire qu'elle est inutile.

Les organes rudimentaires sont entre autres : les mamelons chez l'homme : des ailes atro-

---

[1]. « Personne ne s'étonne qu'un homme, en tombant, se casse la jambe; et que cette jambe, mal remise, devenant plus courte que l'autre, cet homme soit boiteux. Pourquoi n'en serait-il pas de même dans le sein maternel (p. 335)? » Les monstres sont le résultat de la faiblesse ou des dispositions défectueuses des causes secondes; les causes secondes sont créées, par conséquent faillibles.

phiées incapables d'agir chez certains insectes, des rudiments de dents dans les embryons de certains oiseaux[1]. Les explications des naturalistes touchant les organes rudimentaires sont-elles contraires aux causes finales ? Non, car les deux seules explications connues, celle de Geoffroy et celle de Lamarck, ne prouvent rien contre la finalité. La première, en effet, est la théorie de l'unité du type en vertu de laquelle, le type restant le même, la nature le varie de telle sorte que des organes devenus inutiles restent comme un vestige du plan primitif. La seconde est la thèse de l'atrophie des organes par défaut d'habitude. Rien de plus simple que la nature tende à faire disparaître des organes devenus inutiles. En dehors des deux seules explications des naturalistes, M. Janet eût pu aussi exposer une considération qui a son importance. Dans la formation des organes, la nature a eu pour but premier l'utilité de l'animal, mais si l'utilité est le but principal, n'y a-t-il pas des buts secondaires, tel que, par exemple, la beauté plastique de l'individu ? A ce point de vue nouveau, un organe inutile pour le service de l'animal n'est pas indifférent à sa beauté : si notre mémoire est fidèle, c'est là une pensée

---

1. M. Janet emprunte ces exemples à Darwin.

de saint Augustin étudiant les proportions harmonieuses du corps de l'homme.

Les adaptations apparentes et nuisibles présentent plus de difficultés que les organes rudimentaires. Pourquoi le merle d'eau, qui ne se nourrit qu'en plongeant, n'a-t-il pas les pattes palmées comme les canards? Pourquoi l'aiguillon de l'abeille est-il armé de petites dentelures qui le retiennent dans la plaie, de sorte que l'insecte ne peut fuir qu'en s'arrachant les entrailles? Pourquoi les végétaux les plus utiles, le riz, le maïs, la vigne ont-ils des fleurs exposées aux intempéries?

Pour un grand nombre de cas cités par M. Janet, d'après Darwin, la réponse est aisée. Le dard de l'abeille, par exemple, tient les ennemis en respect, et, si elle ne fuit pas trop précipitamment, elle ne le laisse pas dans la plaie. Mais l'auteur répond d'une manière générale et péremptoire. La page est assez belle pour que nous la citions tout entière :

« Les êtres organisés ne sont pas les seuls
« qui existent, et ils n'existent qu'à la con-
« dition de se coordonner à certains milieux,
« de se soumettre à certaines forces, qui, consi-
« dérées d'une manière générale, sont en har-
« monie avec la destination de ces êtres, mais
« qui quelquefois peuvent leur être moins
« favorables, et jusqu'à un certain point

« contraires. Non seulement la nature en elle-
« même n'est pas tenue de s'accommoder en
« toutes choses et pour toutes les circons-
« tances à la commodité particulière ou à
« l'utilité des êtres vivants, mais la structure
« même des êtres vivants n'est pas unique-
« ment et exclusivement fondée sur l'idée de
« la finalité. Là aussi, il y a des causes effi-
« cientes, qui agissent conformément à leur
« nature, quand il n'en résulterait rien d'utile
« pour l'être vivant, ou même quand il en
« résulterait quelque inconvénient particulier;
« là aussi, il y a des lois générales qui peu-
« vent accidentellement contrarier ce que
« semblerait exiger la loi de la finalité en-
« tendue comme règle exclusive et absolue.
« On peut considérer l'organisation comme
« une moyenne prise entre l'intérêt de l'être
« organisé qui voudrait telle structure, et les
« lois générales des causes et effets qui ren-
« dent cette structure possible ; c'est une
« résultante du mécanisme et de la finalité.
« Or il est impossible au spectateur, qui n'a
« pas pu assister à l'élaboration intime de
« l'univers, il lui est impossible, dis-je, de
« déterminer d'une manière absolue en quoi
« devront consister cette résultante et cette
« moyenne dans chaque cas particulier. Pour
« suivre ainsi le détail des fins dans leur

« rapport avec les causes, il faudrait être
« dans le secret de la création : il est des cas
« où on le peut, mais on ne le peut pas
« toujours [1]. »

Ces paroles sont sages et dignes d'un philosophe. Les lois générales qui président au gouvernement du monde semblent parfois porter un certain trouble dans la sphère où se meut l'activité individuelle d'un être en particulier, mais l'harmonie de l'ensemble n'exige-t-elle pas des sacrifices personnels qui concourent à l'ordre et à la beauté du tout? Pour pouvoir affirmer que tel fait est un désordre absolu, il faudrait comme le dit si bien M. Janet, il faudrait être dans le secret de la création. Nous pourrions alors juger l'œuvre en connaissance de cause et nos reproches seraient fondés. Que savons-nous de l'univers ? « Presque rien, dit Leibnitz, et
« nous voudrions mesurer la sagesse et la
« bonté de Dieu par notre connaissance :
« quelle témérité ou plutôt quelle absurdité !
« Les objections supposent faux ; il est ridi-
« cule de juger du droit quand on ne connaît
« point le fait [2]. » Avant de pouvoir conclure, contre les causes finales, de certans faits

---

1. Page 329.
2. *Théodicée*, II° partie, § 134.

partiels dont nous ne voyons qu'un côté, il faudrait connaître l'ensemble, la proportion des parties, et l'harmonie du tout. « S'il y en « a qui en jugent autrement, tant pis pour « eux, dit encore Leibnitz *(ibid).* »

L'erreur se venge de la stérilité du fond par la prodigieuse variété des formes : vous lui arrachez un masque, elle se présente sous un autre pour recommencer la lutte. Depuis Démocrite, la thèse antifinaliste est, au fond, toujours la même. Elle apparaît tantôt avec un habit à grelots et une marotte à la main, tantôt elle endosse la toge solennelle de la science, c'est toujours le même personnage, répétant la même formule sur des tons différents. De nos jours, la défroque de Démocrite s'appelle « l'évolution. »

La doctrine de l'évolution nous apprend :
« Qu'aucune chose de la nature ne se pro-
« duit tout d'abord d'une manière complète
« et achevée; rien ne commence par l'état
« adulte; tout, au contraire, commence par
« l'état naissant ou rudimentaire et passe par
« une succession de degrés, par une infinité
« de phénomènes infiniment petits, jusqu'à
« ce qu'il apparaisse enfin sous sa forme pré-

« cise et déterminée, qu'elle-même, à son
« tour, se dissout de la même manière par
« une régression de phénomènes analogues
« au progrès qui l'a amené, c'est ce qu'on ap-
« pelle la loi d'*intégration* et de *dissolution*[1]. »
L'univers entier; géologie, physiologie, astronomie, zoologie, histoire, politique, tout leur
est soumis, rien ne leur échappe.

Les adversaires des causes finales qui cherchent partout des armes pour attaquer la thèse
qui les gêne, se sont saisis avec empressement
de la théorie de l'évolution et ils l'ont regardée comme irrésistible. Ils l'interprètent dans
un sens hostile, mais recherchons si, en elle-
même et dans ses données premières, elle
rend les causes finales *impossibles* ou *inutiles*.
L'argumentation de M. P. Janet est sans réplique. Oui, l'évolution est une loi : tout commence, se développe, grandit et atteint peu à
peu l'état adulte. Pas plus qu'une machine, un
chêne ne se fait du premier coup. Nous ne
voyons dans ce fait rien qui contredise la doctrine des causes finales. Qu'un peintre commence par tracer sur la toile quelques lignes
informes, que le dessin avance lentement, très
lentement, que l'artiste mette trente ans pour
peindre son tableau; il ne suit pas de là que
le tableau se soit fait tout seul, que la disposition

[1] Page 349.

des couleurs soit fortuite et que le peintre n'ait eu aucun but. En elle-même, la doctrine de l'évolution n'est donc pas contraire à la thèse des causes finales [1]. Reste à savoir comment on l'entend! Entend-on le développement de l'être par l'action des forces purement mécaniques? On tombe alors dans l'hypothèse du mécanisme déjà réfutée. Si on l'entend dans le sens du développement intrinsèque opéré en vertu de l'essence de l'être, on revient à la finalité, car chaque instant du développement est un pas vers le but qui est la formation de l'être complet.

Pour adopter le premier sens, les adversaires des causes finales ont modifié la doctrine de l'*évolution* et ils en ont fait le *transformisme* que Darwin a mis en vogue, mais dont le véritable fondateur est Lamarck.

Lamarck invoque trois principes : le *milieu*, l'*habitude*, le *besoin*. Avec ces trois conditions, il explique l'appropriation des organes et le développement de l'animal.

C'est un fait incontestable que tout être, pour se développer, doit se trouver placé dans son milieu. Si, par exemple, je laisse un grain de blé sur ma table, il est évident qu'il ne germera pas. Mais si le milieu est la condition du

---

[1]. Quelques partisans de l'évolution admettent, en effet, sans difficulté, la thèse des causes finales.

développement, en est-il la *cause*? est-il surtout la cause de l'appropriation des organes ? Est-ce l'air qui a disposé les poumons des mammifères, l'eau a-t-elle arrangé les branchies des poissons? Si c'est l'air qui a fait les poumons, par quoi respiraient les mammifères avant que le milieu eût approprié l'organe?

Si vous dites que l'appropriation a été instantanée, cela revient à dire, au fond, que l'animal a reçu tout ce qui lui était nécessaire pour vivre et se développer dans son milieu. Le principe du *milieu* est d'une insuffisance telle que Lamarck le reconnaît lui-même et qu'il appelle à son secours le pouvoir de la vie[1]. *Ce pouvoir de la vie* n'est pas autre chose que l'ensemble des conditions requises pour que l'animal vive et se développe. Mais alors revient toujours la même question : Comment une force aveugle a-t-elle trouvé les conditions si compliquées qui permettent à l'animal de vivre et de se développer?

Lamarck n'est pas plus heureux avec ses hypothèses du *besoin* et de l'*habitude*. D'après lui, le besoin produit les organes, l'habitude les fortifie.

Un animal éprouve le besoin de voler pour échapper à des ennemis, il fera des efforts, et

---

1. Page 375.

les efforts combinés avec le besoin produiront des ailes ! Il est étonnant que, jusqu'à présent, les oiseaux seuls aient éprouvé le besoin de voler. Nous ne voyons pas que les lapins, par exemple, jouissent d'une paix bien profonde « parmi *le thym et la rosée* », et, pourtant, ils n'ont que des pattes. Le besoin de manger a dû se faire sentir très vite, et si l'animal a été obligé d'attendre que ce besoin ait créé la bouche et l'estomac, il a couru grand risque de mourir de faim dans son berceau.

Lamarck reconnaît que son système est difficile à prouver par l'observation[1] ; « mais, « ajoute-t-il, puisque l'expérience atteste que « l'habitude développe et fortifie les organes, « on doit en conclure logiquement que le be- « soin les crée. »

L'habitude développe et fortifie les organes, elle suppose donc qu'ils existent. Mais arguer de là à la formation de l'organe par le besoin, c'est dire que la partie égale le tout et que l'accessoire vaut le principal. Parce que l'habitude a développé et fortifié les bras d'un boulanger, faut-il en conclure que c'est le besoin de gagner sa vie qui lui a donné les bras pour pétrir la farine ?

L'insuffisance du système de Lamarck est

---

1. Page 380.

telle, que Darwin lui en a substitué un autre. Son point de départ est celui-ci : L'industrie de l'homme modifie les races, crée des espèces nouvelles; pourquoi la nature n'en ferait-elle pas autant[1]? Deux lois président à la formation des espèces : *la sélection* et *la lutte pour la vie.* A la base des quatre grands embranchements zoologiques, la nature fournit un type qui, de sélections en sélections, se transforme et produit les diverses espèces; une fois l'espèce formée, elle persiste en vertu de la seconde loi « la lutte pour l'existence » qui veut que les plus grands mangent les plus petits, que les plus forts se nourrissent aux dépens des plus faibles, voilà les points fondamentaux de la théorie darwinienne.

Examinons-les.

Darwin passe de la sélection artificielle pratiquée par l'industrie, à la sélection naturelle; mais alors il devrait admettre, pour la seconde, la finalité évidente de la première. Quand l'homme veut créer une variété, il a certainement un but, pourquoi donc ne reconnaîtriez-vous qu'une sélection aveugle dans les œuvres de la nature?

En outre, étant donné un individu doué d'un caractère distinctif, qui lui suggérera l'idée de le reproduire, pour le transformer,

[1]. Page 387.

afin de devenir le père d'une famille nouvelle? Si c'est une force aveugle, l'individu n'aura aucun souci de ce caractère spécial; s'il n'est pas guidé par la poursuite d'un but, il ne prendra aucune des précautions nécessaires pour amener un résultat. Si, au contraire, il prévoit une fin, vous retombez dans la thèse de la finalité que votre doctrine a la prétention de combattre. Donc, de deux choses l'une : ou bien la sélection naturelle a un but comme la sélection artificielle, ou bien elle n'en a pas. La première hypothèse admet la finalité, la seconde la repousse. Celle-ci doit donc expliquer comment une force aveugle, guidée par le hasard, réalise des phénomènes qui demandent à l'homme tant de soins et de précautions. Il faut à la sélection naturelle, partie de si bas, une série presque infinie de générations pour créer des espèces nouvelles, chaque couple devra prendre ses mesures pour perpétuer le caractère qui le distingue, et, sans intention préconçue, il n'y faillira jamais! « On dit : Que ne peut faire la nature « qui a les siècles à sa disposition ! Il me « semble qu'ici le temps ne fait rien à l'affaire. « Tout le nœud est dans la multiplication de « l'avantage cherché, multiplication qu'exige « une pensée qui choisit[1]. »

[1]. Page 392.

Le principe de « la lutte pour l'existence » n'est pas plus solide que celui de la « sélection naturelle ». La sélection est puissamment aidée, dit-on, par la lutte pour l'existence. La terre est un champ de bataille et le carnage ne s'arrête jamais; les êtres ont besoin de s'entre-dévorer pour vivre, et c'est cette nécessité qui pousse les animaux bien armés et bien défendus à perpétuer leurs avantages afin de maintenir leurs espèces. — Au point de vue de la thèse, la part de vérité est bien petite dans ces propositions. Les grands mangent les petits ; on savait cela avant Darwin. Mais comment les grands sont-ils maintenant en état de manger les petits? telle est la question, et voici la réponse, d'après Darwin : Au commencement, les requins n'étaient ni plus grands, ni plus forts que les harengs; ils vivaient comme ils pouvaient, et leur sort n'était pas brillant. La situation devenait même intolérable. Or, il arriva qu'un jour un requin se trouva l'heureux propriétaire d'une bouche plus grande et de dents plus fortes que celles de ses congénères. Il jeta un œil d'envie sur un hareng sans défiance et il l'avala. Le repas fut excellent et ce requin privilégié rêva la transformation de sa race. Lui et ses descendants pratiquèrent une sélection habile et ils sont maintenant récompensés de leur persévérance; car lorsque les requins d'aujourd'hui tombent sur un banc de harengs, ils en font un carnage affreux. Mais voyez à quoi tiennent les succès en ce monde! Si, du temps que les requins et les harengs luttaient à armes égales, un hareng fût venu au monde avec une bouche et des dents exceptionnelles, en vertu de la loi « de la lutte pour l'existence », il eût été aussi bien inspiré que le requin, de sorte que, maintenant, grâce à une sélection intelligente, les harengs mangeraient les requins.

Le tigre mange la gazelle, il est le plus fort, il faut qu'il vive, il la mange donc sans scrupule. Mais pourquoi l'éléphant ne mange-t-il pas le tigre? Vous répondez que l'éléphant, animal paisible et débonnaire, se contente des feuilles du bananier. Fort bien; mais pourquoi ces mœurs pacifiques? Ici, votre thèse est une fois de plus en défaut, car elle va se heurter contre les principes de la fixité des espèces. La nature a fait des herbivores et des carnivores et la lutte pour l'existence ne décidera jamais l'éléphant à manger le tigre.

Qu'on nous pardonne la forme que nous avons donnée à notre réfutation de la thèse de Darwin. Si quelques faits insignifiants semblent déroger parfois aux grandes lois de la nature dont le spectacle frappe tous les yeux ; au lieu d'entasser absurdités sur absurdités, « on ferait beaucoup mieux, ce me semble, de « dire que l'on n'y comprend rien[1]. »

---

1. Page 409. — Voir : *Charles Darwin et ses précurseurs français*, par M. A. de Quatrefages. — *Unité de l'espèce humaine*, par le même.

II

Nous avons suivi les déductions que M. P. Janet expose dans la première partie de son ouvrage, et, à part quelques points d'une importance secondaire, nous n'avons eu qu'à souscrire à une thèse si bien conduite. Les restrictions seront plus nombreuses dans l'étude de la seconde partie, où l'auteur se demande quelle est la cause première de la finalité.

« Si l'on admet, dit-il [1], la série des induc-
« tions que nous avons développées dans le
« livre précédent, on sera amené à cette con-
« clusion : qu'il y a des buts dans la nature.
« Mais entre cette proposition et cette autre
« qu'on en déduit généralement, à savoir :
« qu'un entendement divin a tout coordonné
« vers ces buts; — entre ces deux proposi-

[1]. L. II, p. 421.

« tions, dis-je, il y a encore un assez large in-
« tervalle. »

L'intervalle ne nous paraît pas aussi large qu'à M. Janet. Il ressort, en effet, des discussions précédentes, non seulement qu'il y a des buts dans la nature, mais encore que cette finalité, dûment constatée, n'est explicable que par l'intervention *d'une* intelligence. La réfutation des objections a démontré la fausseté de toutes les hypothèses qui nient cette intervention, par conséquent on peut conclure, dès à présent, à l'existence de cette cause intelligente. Cette cause ne peut être qu'un entendement divin, car si la finalité de la nature n'est l'œuvre ni de l'homme, ni de toutes les autres causes alléguées par les doctrines contraires, pourquoi ne dirions-nous pas qu'elle est le fait d'un entendement supérieur à l'entendement humain et aux causes présentées par les objections ?

M. Janet creuse encore davantage l'intervalle qui, d'après lui, sépare les déductions du premier livre de la conclusion du second :
« Si nous disions : Il y a dans la nature tel
« être (lui-même membre et partie du tout),
« qui agit d'une certaine manière : donc, la
« cause première de ce tout a dû agir de la
« même manière: si, dis-je, nous raisonnons
« ainsi, et c'est là ce qu'on appelle générale-

« ment la preuve de Dieu par les causes fina-
« les, il n'est pas douteux que nous ne fas-
« sions là un raisonnement bien hardi et bien
« téméraire, qui, en tout cas, n'est nullement
« contenu dans le précédent[1]. »

Un raisonnement n'est ni hardi, ni téméraire quand il fait découler une conclusion des prémisses qui la contiennent. Or, les prémisses du premier livre contiennent évidemment la conclusion que M. Janet ne veut pas tirer encore. Quand on a écarté, du problème de la finalité, toutes les causes qui sont dans la nature, l'homme, le mécanisme, le hasard, la fatalité, etc., il ne reste qu'à affirmer une cause en dehors et au-dessus de la nature. Cette cause est évidemment très intelligente, très sage, très puissante, elle est donc ce que les hommes appellent : Dieu. C'est ici, mais ici seulement, qu'on pourrait avoir un scrupule et nous dire : « Vous concluez : c'est
« Dieu ; vous vous hâtez trop, car qui sait si
« cette cause très intelligente, très sage et très
« puissante ne serait pas un esprit supérieur
« à l'homme et à la nature, sans cependant
« être Dieu. » — Nous comprenons tout au plus cette hésitation. Mais alors il faudrait circonscrire la discussion entre Dieu et cette cause qui ne serait pas Dieu ; on chercherait

1. Page 422.

ensuite si une autre cause que la toute puissance satisfait aux exigences demandées.

Nous ne partageons pas les hésitations de M. P. Janet devant ce qu'il appelle « la légi-« time et naturelle impatience des âmes « croyantes *(ibid).* » Nous ne pouvons pas non plus accepter cette proposition : « Dans « cet ordre d'idées, il semble que la démons-« tration affaiblisse plus qu'elle ne prouve, « jette plus de doute que de lumière, et nous « apprenne à disputer plus qu'à décider[1]. » Hé quoi ! la démonstration de l'existence de Dieu affaiblira la croyance instinctive et naturelle de l'âme? Elle n'est donc pas concluante, car, si elle est solide, au lieu d'affaiblir la croyance naturelle, elle la fortifiera. Les expressions dont se sert M. Janet sont allées évidemment plus loin que sa pensée, car il ne doute pas de la valeur des arguments en faveur de l'existence de Dieu.

Il n'a pas du reste une idée exacte du rôle de la démonstration dans les problèmes de théodicée ou de théologie : « La démonstra-« tion, dit-il[2], même fût-elle aussi affirmative « que possible, est déjà un manque de respect : « car elle met en question ce qu'on veut

---

1. Page 423.
2. Page 424.

« démontrer. *An Deus sit ??* dit saint Thomas
« d'Aquin au commencement de la *Somme* ;
« et, fidèle au procédé scolastique, il répond
« d'abord : *Dico quod non*. Mais qui lui
« garantit à ce saint théologien qu'il retrou-
« vera à la fin de son argument ce qu'il a nié
« au commencement ? S'il en est sûr d'avance,
« pourquoi fait-il semblant de le chercher ?
« N'est-ce donc que pour la forme qu'il rai-
« sonne ? qu'il se taise alors, qu'il prie, qu'il
« prêche : mais qu'il laisse cet instrument
« à double tranchant avec lequel il ne faut
« pas jouer. »

Voilà une exécution en règle de la méthode
et du procédé de la philosophie scolastique ;
nous ne pouvons pas la laisser passer sans
protester.

La démonstration d'un théologien ou d'un
philosophe croyant n'est pas irrespectueuse
envers la vérité qu'il s'efforce de prouver, car
elle ne suppose pas le doute de la solution
cherchée, elle manifeste simplement le désir
bien légitime de voir la raison s'accorder avec
la foi et la certitude fondée de pouvoir résoudre
les objections opposées à la thèse. Si c'est, au
contraire, un philosophe incroyant, obsédé
par des doutes sérieux, qui cherche et qui
étudie la vérité, le doute est un malheur, mais
l'étude des preuves n'est nullement une

injure faite au problème en question. Bien loin de s'offenser des tentatives d'une intelligence à la recherche de la vérité, Dieu bénit ses efforts en les récompensant par le succès. Mais, dans le cas du théologien et du philosophe croyant, la démonstration ne met pas en question le problème cherché.

Au commencement de la *Somme*, saint Thomas d'Aquin ne dit pas : *Dico quod non*, il dit : *Videtur quod Deus non sit :* ce qui est bien différent. Il n'affirme pas la non existence de Dieu, il propose l'objection. S'il connaît la réponse, pourquoi, demande M. Janet, pourquoi fait-il semblant de la chercher ? Il sera donc interdit à saint Thomas de proposer, pour les réfuter, les objections de l'athéisme ? Il ne pourra donc pas exposer une thèse complète ? Le complément nécessaire de la thèse en effet est la solution des objections : toute thèse étant attaquée, la réplique est inévitable. Pour notre compte, nous ne regrettons pas que saint Thomas d'Aquin n'ait *pas laissé cet instrument à double tranchant avec lequel il ne faut pas jouer*, il s'en est assez bien servi, et il l'a manié avec une dextérité qui n'a pas été égalée.

M. P. Janet dit encore « qu'une démons-
« tration adéquate de la divinité, de son exis-
« tence et de son essence, supposerait une

« raison qui lui serait adéquate. La raison
« absolue peut seule connaître tel qu'il est
« l'être absolu[1]. »

Les questions soulevées par ces courtes phrases sont fort graves. D'abord l'auteur ne distingue pas la démonstration de l'existence de la divinité avec la démonstration de son essence. On ne démontre pas l'essence de la divinité, on la comprend ou on ne la comprend pas, on dit ce qu'elle doit être, ce qu'elle ne peut pas être, mais on ne la démontre pas. Les preuves ne portent que sur l'existence. Qu'entend-on par une preuve adéquate ? Si on entend par là une preuve rigoureusement concluante, il est faux de dire qu'une raison absolue peut seule la donner, car alors ce serait nier la valeur des preuves de l'existence de Dieu, et ce n'est pas la pensée de M. Janet. Si on entend une preuve qui nous dévoilerait tout ce qu'est Dieu, dans ce cas, il est vrai de dire qu'une telle démonstration ne peut être l'œuvre que d'une raison absolue. Mais les arguments dont se servent les philosophes pour prouver l'existence de Dieu ne se rapportent qu'à son existence. Ils démontrent que *Dieu est*, mais ils ne disent pas *ce qu'il est*. Ce sont deux questions bien distinctes. On arrive à la première par voie

---

1. Page 425.

d'affirmation (affirmation démontrée, bien entendu) et à la seconde par voie de négation. En d'autres termes : on démontre *qu'il y a un Dieu* et puis on cherche ce *qu'est ce Dieu*, en excluant de son essence la limite et l'imperfection de la créature. La première méthode est affirmative, la seconde est plutôt négative. Il y a donc une distinction profonde entre la connaissance de l'existence de Dieu et la connaissance de son essence. *Quid est,* dit saint Thomas, *sequitur quæstionem an est*[1].

Après ces préliminaires l'auteur reprend sa thèse : « La finalité étant une loi de la « nature, quelle est la cause première de cette « loi ? Cette cause, dit la voix traditionnelle « des écoles depuis Socrate jusqu'à Kant, « c'est l'intelligence, donc il y a une cause « suprême intelligente, cette conclusion est- « elle légitime ? Tel sera l'objet de la seconde « partie de ce traité[2]. »

Dès les premières pages du chapitre premier de la seconde partie, M. P. Janet rappelle les preuves les plus populaires de l'existence de Dieu, preuves tirées du spectacle de l'ordre et de l'harmonie qui règnent dans l'univers. Le fond de tous ces arguments, « c'est

---

1. I. P., q. II, a. 2, ad. 2.
2. Page 426.

que le hasard ne produira jamais une œuvre ordonnée[1]. » Il discute de nouveau la théorie épicurienne du mouvement des atomes, et il la réfute en termes clairs et péremptoires : « Le fort de cet argument, dit-il[2],
« consiste à supposer que la combinaison
« actuelle fait partie de la série des combi-
« naisons possibles des atomes. Elle est
« possible, dit-on, car elle est. Je dis que c'est
« poser ce qui est en question. La question,
« en effet, est de savoir si le monde est possible
« sans une cause intelligente : ceux qui le
« nient soutiennent que l'un des éléments
« de la combinaison est précisément l'intelli-
« gence, de telle sorte que, si l'on supprime
« cet élément intellectuel, le monde cesse
« d'être possible. N'est-ce pas comme si l'on
« disait : ce tableau est possible car il est,
« donc il n'y a pas eu de peintre, je le nie; car,
« sans le peintre, le tableau n'est pas possible.
« On confond ici la possibilité logique avec la
« possibilité réelle. » Cette dernière remarque est d'une justesse parfaite. Une chose logiquement possible est celle qui n'implique pas contradiction ; il est évident que, dans ces termes, la combinaison actuelle des atomes

---

1. Page 432.
1. Page 439.

n'implique pas contradiction, puisqu'elle existe. Mais la question est de savoir si, pour faire, de cette possibilité logique, une possibilité réelle, on peut se passer d'une cause intelligente. Nous disons que non et nous le prouvons par un exemple d'une évidence palpable. La combinaison des couleurs sur le tableau n'implique pas contradiction puisqu'elle est, mais la question est de savoir si cette combinaison peut s'effectuer sans l'action du peintre.

En outre, pour que la combinaison actuelle ait pu être réalisée, il faut que les éléments aient été préparés en conséquence. « Des « grains d'or se mouvant dans l'infini pen- « dant un temps infini ne produiront jamais « un brin d'herbe. » Si donc les atomes ont pu produire les combinaisons actuelles, par qui ont-ils été préparés ?

M. P. Janet a raison de ne pas vouloir insister sur une discussion surannée[1], et il abandonne cette objection que personne ne soutient sérieusement, pour diriger une savante attaque contre les philosophes allemands.

L'éminent auteur du livre *les Causes finales* nous permettra d'exprimer ici une réflexion qui nous est venue pendant que nous lisions sa réfutation des philosophes d'outre-Rhin.

1. Page 441.

Cette discussion est-elle bien nécessaire ? Après avoir accumulé une telle abondance de preuves autour d'une thèse, ne peut-on pas, dès maintenant, en déduire une conclusion qui s'impose et qui transpire à toutes les pages ? M. Paul Janet n'a-t-il pas cédé à la tentation bien naturelle, il est vrai, de dire leur fait aux Allemands ? Ils ont conquis une telle réputation, qu'un philosophe aujourd'hui ne croit pas avoir solidement établi sa thèse s'il n'a engagé la lutte avec Kant, Hégel et les autres. S'il n'en parle pas, il craint qu'on ne vienne lui dire : « Vous avez eu peur de vous mesurer avec de tels adversaires. »

Au récit des victoires de Napoléon Ier les émigrés se disaient : « Nous l'attendons quand il sera aux prises avec les soldats formés par le grand Frédéric. » Napoléon répondit par la victoire d'Iéna. Tout philosophe veut remporter aujourd'hui sa victoire d'Iéna. Il lui semble que les discussions avec Aristote, Leibnitz ou Descartes ne sont que des escarmouches et que son triomphe ne sera assuré que lorsqu'il aura fait mordre la poussière *aux géants d'Allemagne.*

Nous ne blâmerons pas M. Janet d'avoir eu cette ambition, nous disons seulement que sa thèse n'a pas besoin de cette nouvelle épreuve.

Dans notre étude sur M. Vacherot, nous avons déjà rencontré Kant et nous avons signalé ses efforts impuissants pour ramener la preuve *cosmologique* à la preuve *ontologique*. Nous n'y reviendrons pas ici. M. Janet du reste réfute fort bien le solitaire de Kœnigsberg. Mais, en discutant une conséquence de la théorie kantienne, M. Janet accorde beaucoup trop, infiniment trop au polythéisme et au manichéisme. Est-on en droit aujourd'hui « de conclure au manichéisme et au
« polythéisme ? Je demanderai alors pour-
« quoi l'humanité a cessé d'être polythéiste
« et manichéiste à mesure qu'elle s'est plus
« éclairée. Sans doute le polythéisme a pu être
« historiquement une hypothèse plausible et
« relativement légitime ; cette hypothèse est
« infiniment supérieure au fétichisme, au
« mécanisme brutal. Sans doute c'est un
« premier regard sur la nature, une première
« interprétation des phénomènes, interpréta-
« tion suffisamment acceptable, eu égard aux
« connaissances de l'époque. Mais à mesure
« qu'on a étudié la nature[1]... »

Nous sommes étonnés de rencontrer de semblables paroles chez un philosophe comme M. Paul Janet. Le polythéisme a-t-il été, à aucune époque, une hypothèse relativement

1. Page 450.

légitime et une interprétation suffisamment acceptable des phénomènes ? Non, car 1° une hypothèse qui aujourd'hui n'est plus légitime ne peut pas l'avoir été autrefois. Dans les questions spéculatives, le temps ne fait rien à l'affaire, et il importe peu qu'une hypothèse se soit produite à une époque ou à une autre. 2° En soi, le polythéisme n'est, comme hypothèse, légitime à aucun titre.

Les créatures, en effet, ont toujours été sous les yeux de l'homme, or, par leur intermédiaire, l'homme peut connaître Dieu de trois manières, dit saint Thomas d'Aquin[1]. *Premièrement* par voie de causalité. Les créatures sont défectibles et changeantes, il faut donc les ramener à un principe immobile et parfait. Ces déductions ne sont pas hors de la portée de l'esprit humain. *Secondement*, par voie d'excellence, ce principe immobile et parfait ne peut être cause ni partielle ni semblable, il est universel et suréminent. — Par ce principe, dont les conséquences sont encore faciles à déduire, saint Thomas réfute la thèse des *causes proportionnées* de Kant. *Troisièmement*, par voie de négation. Si, en effet, la cause est suréminente, les perfections limitées des créatures ne peuvent lui convenir.

Les sectateurs du polythéisme n'avaient

---

1. *In epistola ad Romanos*, c. I, lect. VI.

donc qu'à user des lumières naturelles de la raison pour arriver à la connaissance du vrai Dieu. De fait, ils l'ont connu, mais ils n'ont pas voulu l'adorer, c'est ce qui les rend inexcusables, dit saint Paul.

Le polythéisme n'est donc, ni en soi ni relativement, une hypothèse légitime.

Il en est de même du manichéisme. « Il « reste, dit M. Janet[1], une certaine latitude « permise à l'hypothèse de quelque chose de « mauvais ou d'impuissant dans le principe « premier, si toutefois on se place au point de « la seule expérience. » Ce qui revient à dire que le manichéisme est une doctrine soutenable en elle-même et qu'elle ne diminue d'importance qu'en raison inverse des découvertes expérimentales. Nous croyons, qu'au point de vue d'une philosophie saine, ces propositions sont absolument fausses. Pour expliquer la présence du mal moral ou physique, est-on obligé d'admettre quelque chose de mauvais ou d'impuissant dans le principe premier? D'abord, les termes sont contradictoires. Qui dit principe premier, dit puissance et perfection. Si, en effet, il est premier, il ne tient son être de personne, il est à lui-même son principe, sans cela il ne serait pas premier. S'il tient son être de lui-même, il est donc

1. Page 451.

tout puissant, car un être capable de se donner l'être, ne peut le faire qu'en vertu d'une puissance sans limites. En effet, créer un seul atome suppose la toute puissance, car, pour faire que là où il n'y a rien, il y ait quelque chose, il faut une puissance irrésistible. C'est ce que démontre fort bien saint Thomas[1].
« C'est, dit-il, un principe incontestable que
« plus une chose en puissance est éloignée
« de l'actualisation, et plus grande est la force
« requise dans l'agent; or, le néant est à une
« distance incommensurable de l'être, car il
« n'y a entre eux aucune proportion, aucun
« point de contact, ils sont séparés par un
« abîme; pour tirer un être du néant, il faut
« donc une puissance infinie. Une telle puis-
« sance est requise pour la création d'un seul
« atome et, à plus forte raison, pour que le
« principe premier se donne l'être à lui-même.
« (L'expression, « se donner l'être, » n'est
« pas absolument exacte, mais il faut se rési-
« gner à l'imperfection du langage quand on
« parle des perfections de *Celui qui est*.) Le
« principe premier est donc nécessairement
« doué d'une puissance infinie. Ce qui est

---

1. *Somme théologique*, première partie, question 45, article 5, ad. 3. — Tous ceux qui sont familiarisés avec la terminologie scolastique comprendront l'argumentation du saint docteur.

« vrai de la puissance, est vrai aussi de la per-
« fection. Si, en effet, il opère des œuvres qui
« supposent une puissance infinie, il ne les
« produit et il ne peut les produire qu'en tant
« qu'il est en acte; son acte, c'est-à-dire sa
« perfection (car les deux mots sont synony-
« mes), est donc en proportion avec ses œu-
« vres. Si, d'ailleurs, ses œuvres supposent
« une puissance infinie, il s'ensuit que sa per
« fection est en rapport avec sa puissance :
« en d'autres termes, que sa perfection est in-
« finie comme sa puissance [1]. » Il n'est donc
pas permis de supposer quelque chose de
mauvais et d'impuissant dans le principe premier. Si le premier principe est tout puissant
et parfait, d'où vient donc le mal sous quelque forme qu'il se présente? Leibnitz a admirablement répondu dans sa *Théodicée* [2].
Nous ne reviendrons pas sur une question
que nous avons déjà rencontrée.

M. P. Janet doit penser que nous nous pressons trop de tirer les conclusions des prémisses
posées : « Autre chose, dit-il, est l'existence
« d'une cause intelligente, autre chose est la
« transcendance ou l'immanence de cette

---

1. *Somme théologique*, première partie, question 4, article I.

2. Première partie, ch. XX et suiv.

« cause..... Les métaphysiciens ont trop sou-
« vent le tort d'arborer la maxime funeste des
« radicaux politiques : tout ou rien. Ils
« n'admettent pas assez ce que l'on peut appe-
« ler la monnaie de la vérité. Une demie, un
« tiers, un quart de vérité n'ont aucune valeur
« à leurs yeux si on ne leur accorde pas tout
« ce qu'ils demandent, cependant il y a un
« milieu entre tout savoir et ne rien savoir;
« et, en toutes questions, entre les termes
« extrêmes, il y a bien des degrés. Entre
« l'hypothèse d'une nature produite par le ha-
« sard et celle d'une cause absolument parfaite,
« il peut y avoir bien des nuances d'opinion
« dont aucune n'est à dédaigner[1]. »

Le radicalisme a son bon côté en métaphysique, ou plutôt il n'est que la conséquence
des droits de la vérité sur l'esprit humain. Un
métaphysicien ne peut pas se contenter d'une
moitié, d'un quart de vérité, car une vérité
ainsi tronquée conduit nécessairement à une
erreur, si même ce retranchement n'en fait
pas une erreur. Il n'est pas permis de mutiler
ainsi la vérité; elle est ou elle n'est pas. Sans
doute, les vérités n'ont pas la même importance, on ne peut pas comparer, par exemple,
la vérité de l'existence du papier sur lequel je
trace ces lignes, avec la vérité d'un axiome,

---

1. Page 454.

mais toujours est-il qu'une vérité diminuée n'est pas autre chose qu'une erreur. La monnaie dont on voudrait nous payer est de mauvais aloi. Une proposition est vraie ou fausse et quand, dans une proposition, il y a une part de vérité, le rôle du métaphysicien est de la dégager de l'alliage et de la maintenir dans toute sa pureté. Nous disons qu'une proposition peut contenir quelquefois une partie de vérité. Mais cela n'est pas en contradiction avec ce que nous appelons l'absolu de la vérité. L'erreur, mêlée à la vérité dans une proposition, ne diminue pas celle-ci en elle-même, elle l'obscurcit. Le nuage ne tempère l'éclat du soleil que pour ceux qui sont en dessous, montez et vous contemplerez le soleil dans toute sa splendeur. De même, écartez, par une distinction, l'erreur qui cache la vérité, et la lumière jaillira. Quand donc, on dit qu'il y a des nuances d'opinions acceptables entre l'hypothèse du hasard et celle d'une cause absolument parfaite et transcendante, on prend trop facilement son parti des erreurs qui voilent l'éclat de la vérité. De deux choses l'une, en effet : ou bien l'hypothèse de la cause parfaite et transcendante est vraie, et alors les autres sont fausses; ou bien elle est fausse, il faut alors en chercher une autre; mais entre les deux alternatives, il n'y a pas de milieu où l'on puisse glisser les nuances d'opinions et la monnaie de la vérité.

Nous croyons donc que M. P. Janet fait ici des concessions regrettables et qu'il n'affirme pas assez hautement l'incontestable supériorité de sa thèse sur les théories contraires. Ces scrupules exagérés déparent, selon nous, la seconde partie du livre de l'éminent philosophe. Il s'exprime ainsi au commencement du chapitre second : « Le nœud de l'argu« ment dit des *causes finales* ou argument « physico-théologique est dans cette majeure « de Bossuet : Tout ordre, c'est-à-dire toute « proportion entre les moyens et les buts, « suppose une cause intelligente. Or c'est là « aussi que réside la difficulté radicale de l'ar« gument, que l'ordre de la nature, que la fi« nalité du monde suppose un principe spéci« fique, approprié, c'est ce qui peut être « accordé : mais ce principe est-il nécessai« rement un entendement, une volonté, une « réflexion libre et capable de choix? C'est là « une autre question et un nouvel objet de « contestation [1]. »

Ne semble-t-il pas que nous revenons en arrière et que nous perdons le terrain si péniblement conquis? Toute la première partie de

1. Page 460.

l'ouvrage a accumulé les preuves les plus fortes autour de cette majeure : *l'ordre suppose l'intelligence*, et on en fait maintenant l'objet d'une contestation nouvelle? Si M. Janet la maintenait au-dessus de toute discussion et se contentait de répondre à d'autres objections, très bien; mais n'a-t-il pas l'air de l'abandonner et de se contenter du principe spécifique approprié? Après tant d'efforts, ce serait un assez maigre résultat. La majeure de Bossuet ne prête pas d'ailleurs à de si longues discussions. Pour en montrer toute force, il suffit de compléter le syllogisme :

L'ordre suppose une cause intelligente;
Or il y a de l'ordre dans le monde;
Donc, l'ordre du monde suppose une cause intelligente.

La majeure est évidente. L'ordre, en effet, exige un but prévu et des moyens proportionnés, il porte donc en lui les traces visibles d'une cause intelligente; c'est ce qui a été abondamment prouvé dans la première partie.

La mineure n'est pas moins claire, par conséquent la conclusion est parfaitement légitime. Pour couper court à toute discussion ultérieure, on n'a qu'à s'emparer du principe de cause intelligente et à en déduire les conséquences qui en découlent logiquement. Mais M. P. Janet a vu, au delà du Rhin, les ombres menaçantes de Kant, de Schelling et de Hégel, il veut se mesurer avec elles; il en a parfaitement le droit, mais il ne devait pas, d'après nous, du moins, laisser sa thèse en suspens, car elle est déjà solidement établie. Assistons à ses nouveaux combats.

Il réfute la finalité *subjective* et *immanente* de Kant, et la finalité *inconsciente* de Schelling, Hégel et de tous les panthéistes allemands.

1° *Finalité subjective*. — Kant applique au problème des causes finales le principe fondamental de sa philosophie : la subjectivité des concepts. Le voici en substance. La finalité a-t-elle quelque part un objet existant *a parte rei* ou n'est-elle qu'une loi de l'intelligence ? Kant adopte cette dernière hypothèse. « On « ne peut pas, dit-il[1], attribuer à la nature « elle-même quelque chose de semblable à « un rapport de finalité, mais seulement se « servir de ce concept pour réfléchir sur la « nature. — Ce concept transcendental d'une « finalité de la nature n'est ni un concept de « la nature, ni un concept de la liberté, car « il n'attribue rien à l'objet; il ne fait que re- « présenter la seule manière dont nous devons

---

1. Page 466. — Nous citons d'après M. Janet.

« procéder dans notre réflexion sur les objets
« de la nature pour arriver à une expérience
« parfaitement liée. C'est donc un principe
« subjectif du jugement. »

Nous ne demanderons pas à Kant ce qu'il entend par un concept de la liberté; nous nous imaginions jusqu'à présent que la raison seule formait des concepts; il se peut que Kant ait changé tout cela, mais nous le remercions d'avoir, une fois par hasard, exprimé clairement sa pensée. C'est chez lui un cas assez rare pour qu'on lui en tienne compte. Reste à savoir si cette pensée est juste : ici la question change de face. D'après Kant, le concept de finalité est donc purement subjectif, il ne pose rien dans l'objet, il est seulement la représentation de la manière dont nous devons procéder dans notre réflexion sur les choses de la nature. Le concept est donc une loi à laquelle l'esprit doit se soumettre quand il veut réfléchir sur la nature, mais il ne suppose rien en dehors du sujet. En d'autres termes, il est concept inné. Nous croyons, au contraire, que ce concept est acquis comme tous les autres, soit qu'on le considère sous le rapport de cause, soit qu'on l'envisage au point de vue de la finalité. Comment, en effet, se forme le concept de cause? par l'expérience et l'abstraction. Je sais que le feu fond la cire, que l'eau désaltère, qu'une lampe éclaire, qu'en un mot, partout et toujours, les phénomènes sont précédés par l'action d'un agent. Je donne aux phénomènes le nom d'effets, à l'agent le nom de cause et je dis : tout phénomène suppose une cause. Cette proposition ne devient une loi de mon esprit que lorsqu'elle a surgi de l'expérience et qu'elle a été généralisée par l'abstraction. Le raisonnement que je fais à propos de la cire qui fond, je l'applique à son tour au feu lui-même, et je me demande : puisque le feu fait fondre la cire, qui a fait le feu? S'est-il fait tout seul? Non, il a été fait par un autre. Cet autre, pourquoi a-t-il fait le feu? Entre autres motifs, il a dû faire du feu pour fondre la cire, puisque, de fait, la cire fond sous l'action du feu. Mais peut-être que la liquéfaction de la cire est un acte isolé et un produit du hasard? Non, car la cire fond toujours quand elle est mise à portée du feu. Si c'était un effet du hasard, la cire fondrait quelquefois peut-être, mais pas toujours. Celui qui a fait le feu lui a donc donné la propriété de produire cet effet, il a voulu, par conséquent, que l'apparition du phénomène suivît toujours l'action de l'agent. En d'autres termes, l'auteur du feu a eu un but. Je généralise ces données et je dis : les opérations des causes secondes supposent, dans la cause première, un but déterminé.

Le principe de finalité n'est donc pas un concept subjectif, ne posant rien dans l'objet; il a pour point de départ la causalité des causes secondes, pour milieu l'intervention nécessaire de la cause première et, pour couronnement, les fins voulues par la cause suprême, il a l'expérience à sa base et l'abstraction à son sommet.

Notre argumentation suppose des propositions prouvées ailleurs; par exemple la nécessité de l'intervention de la cause première, mais on ne peut pas tout prouver à la fois, nous n'avons voulu démontrer ici qu'une chose : le principe de finalité n'est pas subjectif.

Dans le cours de sa discussion avec Kant, M. Paul Janet exprime une pensée que nous ne saisissons pas très bien. La finalité « n'est
« pas, dit-il [1], u principe inhérent à l'esprit
« humain et s'appliquant d'une manière né-
« cessaire et universelle comme le principe
« de causalité lui-même. C'est une induction
« résultant de l'analogie. Il n'a pas non plus
« la certitude que peut donner l'expérience et
« le calcul; c'est une hypothèse, une doctrine,
« une opinion. Ce n'est ni un théorème, ni un

[1]. Page 472.

« axiome, ni un fait. » La finalité n'est pas, il est vrai, un principe inhérent à l'esprit humain, mais n'est-elle qu'une hypothèse, qu'une opinion ? C'est l'amoindrir singulièrement. Une hypothèse, une doctrine et une opinion peuvent être vraies ou fausses, et, si la finalité n'est que cela, il est possible qu'elle soit vraie, mais il n'est pas impossible qu'elle soit fausse. Parce qu'on ne lui applique pas le procédé dont on se sert pour démontrer un théorème, ne sera-t-elle qu'une hypothèse probable? N'y a-t-il donc que les démonstrations de la géométrie qui soient rigoureuses ? Je ne puis pas prouver mon existence personnelle comme je prouve que les trois angles d'un triangle sont égaux à deux droits, est-ce une raison pour en douter, et le fait de mon existence ne sera-t-il pour moi qu'une hypothèse ? La finalité, M. P. Janet nous le rappelle, est une induction résultant de l'analogie. Il a fait ressortir, dans la première partie de son livre, la valeur logique du procédé inductif fondé sur l'analogie, il a démontré qu'on pouvait, par cette voie, arriver à des résultats aussi certains qu'en prenant un autre chemin, pourquoi maintenant les conclusions déduites de l'induction n'aboutiraient-elles qu'à une hypothèse? Ce n'est certainement pas la pensée de M. P. Janet, il s'en explique clairement à la page suivante, mais, pour combattre la doctrine de Kant voulant faire de la finalité un concept subjectif, M. P. Janet penche trop du côté opposé.

2° *Finalité immanente.* — On a vu, dans ce qui précède, qu'un des points d'appui donnés au principe de causalité, c'est la comparaison entre les œuvres d'art et celles de la nature. Nous disions : voilà une montre, elle suppose un ouvrier qui, en la faisant, a eu un but; il en est de même des œuvres de la nature. Kant nie la légitimité de cette comparaison. « Il y a, dit-il[1], entre les œuvres de l'in-
« dustrie humaine et celles de la nature, trois
« différences qui ne permettent pas de com-
« parer les unes aux autres. Les œuvres de la
« nature ont 1° une vertu formatrice;
« 2° une vertu séparatrice; 3° une vertu re-
« productive. On ne constate rien de sembla-
« ble dans les œuvres de l'industrie hu-
« maine, la comparaison doit donc être mise
« de côté. »

Il faut avoir une terrible envie de disputer, pour chercher une pareille chicane, et je comprends la vérité de notre proverbe : faire une querelle d'Allemand. Quand nous comparions le corps humain à une montre, par exemple, et que nous disions devant cette admirable

1. Page 484.

machine : si la montre suppose un ouvrier et un but, pourquoi n'en serait-il pas de même du corps humain ? Quand nous raisonnions ainsi, pouvions-nous nous imaginer qu'on viendrait nous dire : Pardon, vous vous trompez. La montre ne mange ni ne boit, elle ne se remonte pas toute seule, et elle ne se reproduit pas, donc votre comparaison n'a rien de vrai. C'est absolument comme si on nous reprochait de dire : Cette machine à vapeur est de la force de quarante chevaux, et qu'on nous fît charitablement remarquer, qu'il n'est pas permis de comparer une locomotive à un cheval, à plus forte raison à quarante chevaux. La comparaison (qui ne le voit?) ne porte que sur ceci. Voilà deux machines, une montre et un estomac[1], la montre ne s'est pas faite toute seule, l'estomac non plus, la montre a été faite pour marquer les heures, l'estomac pour digérer, celui qui a fait la montre l'a disposée en vue d'un but qu'il voulait atteindre, celui qui a fait l'estomac a agi de même. Les deux agents avaient donc un but ? Nous ne prétendons pas autre chose et notre comparaison s'arrête là.

---

1. On ne nous soupçonnera pas d'adopter l'hypothèse cartésienne.

Hégel a soutenu aussi la thèse de la finalité immanente absolue, M. P. Janet la ramène à ces trois points [1].

« 1° Il y a des causes finales dans la nature ;
« et même tout est cause finale. Le domaine des
« causes efficientes est celui de la nécessité
« brute. La cause finale est la seule cause
« véritable : car seule elle a en elle-même la
« raison de ses déterminations ;

« 2° Il ne faut pas se représenter la cause
« finale sous la forme qu'elle a dans la cons-
« cience, c'est-à-dire comme une représen-
« tation anticipée du but. Les fins qui sont
« dans la nature ne sont pas semblables aux
« fins que nous réalisons, lesquelles sont le
« résultat d'un choix, d'une prévoyance, d'une
« activité volontaire. Il y a deux manières
« d'atteindre la fin : l'une dont nous trouvons
« l'exemple dans l'industrie humaine, l'autre
« qui est rationnelle sans être consciente et
« réfléchie, et qui est l'activité de la nature ;

« 3° La finalité de la nature est une finalité
« immanente, interne ; ce n'est pas, comme
« dans les œuvres de l'industrie humaine,
« une cause extérieure qui produit certains
« moyens pour atteindre une fin qui leur est
« étrangère, les causes, les moyens et la fin
« constituant trois termes séparés les uns des

1. Page 489.

« autres. Dans la nature tout est réuni dans
« le même principe. La fin se réalise elle-même.
« La cause atteint sa fin en se développant.
« L'image de ce développement est dans la
« graine qui contient tout l'être qu'elle doit
« réaliser... La finalité interne devient donc
« finalité immanente. ».

Le premier point pèche par l'exclusion des causes efficientes. La seule véritable cause, dit-on, est la cause finale parce que seule elle a en elle-même la raison de ses déterminations. C'est comme si l'on disait : il n'y a de cause finale que la cause finale. Il est faux, en outre, de dire que le domaine des causes efficientes soit celui de la nécessité brute, car les actes libres de l'homme sont aussi causes efficientes.

Le second point attaque, comme la doctrine de Kant, la comparaison entre les œuvres de la nature et celles de l'industrie de l'homme, et on voudrait conclure que les premières ne supposent pas une représentation anticipée du but parce qu'elles sont le théâtre d'une activité rationnelle, inconsciente et irréfléchie. Mais si l'activité des œuvres de la nature est *rationnelle,* elle a donc pour principe une raison, une intelligence, seulement cette raison est en dehors du sujet, et voilà pourquoi le sujet agit d'une manière inconsciente et irréfléchie.

La troisième considération de Hégel n'est qu'un développement de la précédente, et Kant nous l'a déjà présentée. La finalité des œuvres de la nature est bien différente, dit-on, de la finalité des œuvres de l'industrie, parce que dans celles-ci la cause, le moyen et la fin sont séparés les uns des autres, tandis qu'ils sont unis dans celles-là. Oh ! nous savons très bien qu'il y a une grande différence entre un cheval et une pendule. Le cheval court tout seul dans la prairie, tandis que la pendule n'ira pas toute seule de France en Allemagne. Mais nous avons fait remarquer que la comparaison n'en subsiste pas moins pour ce que nous avons à lui demander.

On conclut en disant : la finalité interne devient donc immanente. Ici M. Janet fait judicieusement observer qu'il accepte la conclusion *à condition* que le second terme aura le même sens que le premier, et que le *mot immanent* sera synonyme d'interne[1]. Car si on conclut, de la cause interne particulière, à l'immanence de la cause générale, on dépasse évidemment la portée des prémisses.

La seconde objection de Hégel et de ses disciples peut se résumer ainsi[2]. Dans la

1. Page 491.
2. Page 500.

doctrine de la transcendance (c'est-à-dire d'une cause finale supérieure au monde et séparée de lui) « les choses forment une série « indéfinie de moyens et de fins dont on ne « voit pas le terme, » tandis que la vraie cause finale doit partir d'elle-même, être unie à elle-même. Par une suite de *processus* successifs, l'*idée* devient d'abord le *mécanisme*, puis le *chimisme*, puis l'*organisme*, la *conscience* ensuite et enfin l'*absolu*. Arrivée là elle s'arrête; le cercle est fermé, et l'*idée* a repris possession d'elle-même. La thèse de l'immanence a donc sur la thèse de la transcendance le grand avantage de tracer le tableau complet des diverses manifestations de l'idée et d'en clore la série.

Nous nous écarterions évidemment beaucoup trop de la question des causes finales, si nous demandions à Hégel de vouloir bien nous expliquer les merveilleuses métamorphoses de l'*idée*. Nous voulons lui démontrer seulement que, dans la doctrine de la transcendance, le cercle se ferme au moins aussi bien que dans l'hypothèse de l'immanence.

Tout vient de la cause finale et tout y retourne, non par voie d'identité de substance, mais par voie de tendance. C'est-à-dire que tous les êtres, partis de la cause qui a été leur principe, ont reçu d'elle une impulsion qui les dirige vers ce même principe envisagé comme terme de leur course. Voici dans quelles conditions s'opère ce mystérieux voyage. Chaque être a une fin secondaire et une fin principale. La fin secondaire est le centre vers lequel il gravite, dans une sphère particulière dont un poète a pu dire :

Toute aile vers son centre incessamment retombe [1].

L'eau coule entre les deux rives d'un fleuve, elle arrose les champs et elle désaltère ; le tigre bondit sur sa proie, l'hirondelle nous quitte avec les frimas et elle nous revient au printemps ; ce sont là des fins particulières. Elles sont comme englobées dans la fin générale qui pousse la création vers une fin ultérieure. Quelle est cette fin et en quoi consiste-t-elle ? Pour les créatures privées de raison, la fin suprême consiste dans l'imitation lointaine de la perfection de leur premier principe. Elles existent, elles vivent, elles sont ordonnées les unes aux autres de telle sorte que, de ces harmonies partielles, résultent l'harmonie universelle et l'ordre général, c'est ainsi qu'elles atteignent leur fin, autant que leur permettent les lacunes de leur nature [2].

1. V. H. : *la Prière pour tous.*
2. *Somme théologique*, 1e, 2e, question 1re, article 8.

Pour les êtres doués d'intelligence, la fin est matériellement la même, mais avec cette différence profonde, qu'ils la voient, qu'ils l'aiment, qu'ils sont appelés à en jouir et à entrer en pleine possession de cette fin, but suprême de leur destinée. C'est ainsi que, dans la doctrine de la transcendance, le cercle se ferme bien mieux que dans l'hypothèse de l'immanence.

M. P. Janet n'accepte pas ces données, sur la fin suprême de la nature. En répudiant la doctrine énoncée plus haut, il affaiblit beaucoup sa réponse à l'objection de Hégel :

« J'avoue, dit-il[1], que dans la concep-
« tion d'un monde distinct de Dieu, chaque
« être, étant toujours imparfait, ne peut
« être considéré comme une fin absolue :
« l'homme lui-même n'est pas la fin absolue
« de la nature. En supposant, au-dessus de
« l'homme, d'autres créatures supérieures à
« lui, nous ne concevons pas davantage
« qu'aucune d'elle puisse être une fin absolue.
« Le monde est donc une ligne indéfinie dont
« on ne voit pas le terme ; si, dans la doc-
« trine de la transcendance le monde est une
« ligne dont on ne voit pas le terme, l'hypo-
« thèse de l'immanence lui est donc supé-

---

1. Page 501.

« rieure à ce point de vue. » M. Janet la repousse, et il la réfute en en faisant ressortir les absurdités. Hégel pourrait lui répondre : absurde tant que vous voudrez, mais au moins elle ne laisse pas le monde en route. M. Janet, pour fermer la bouche à ses adversaires, doit renoncer à la conception d'une ligne indéfinie dont on ne voit pas le terme, et lui assigner une fin : Dieu.

Le sujet de la dernière discussion est celui-ci : la cause suprême de la finalité est-elle une cause intelligente ?

Selon Hégel [1], la finalité est non seulement immanente d'une manière absolue, elle est aussi inconsciente : comme l'instinct, par exemple. De même que l'animal poussé par une force dont il n'a pas conscience arrive pourtant à sa fin, de même le monde. Hégel conserve cependant encore, dans la finalité, quelques vestiges de concept ou de notion. Ses disciples, Schopenhauer en tête, les suppriment radicalement. C'est cette école que M. Janet appelle « la gauche hégélienne ».

« Il semble, dit Schopenhauer (cité par

---

1. Page 504 et suiv.

« M. Janet) que la nature ait voulu nous
« donner un commentaire éclatant de son
« activité productive dans l'instinct artistique
« des animaux : car ceux-ci nous montrent de
« la manière la plus évidente que les êtres
« peuvent travailler à un but avec la plus
« grande sûreté et précision, sans le connaî-
« tre et sans en avoir la moindre représen-
« tation... Les instincts artistiques des insectes
« jettent beaucoup de lumière sur l'action de
« la volonté sans connaissance qui se mani-
« feste dans les ressorts intérieurs de l'orga-
« nisme, et dans sa formation. Les insectes
« veulent le but, en général, sans le connaître,
« précisément comme la nature quand elle
« agit d'après les causes finales ; ils n'ont
« pas même le choix des moyens en général ;
« c'est seulement le détail qui, dans les cas
« particuliers, est abandonné à leur connais-
« sance[1]. »

Comment les insectes peuvent-ils vouloir le but sans le connaître ? La règle *ignoti nulla cupido* est absolue, et ne souffre aucune exception.

Il est de toute impossibilité de vouloir une chose si on ne la connaît pas directement ou indirectement, c'est-à-dire par soi ou par un autre. Si j'ignore l'existence d'une ville

---

1. Page 508.

appelée Londres, jamais il ne me viendra le désir d'aller la visiter; si je la rencontre, ce sera un pur hasard. Si tous les insectes ne connaissent le but ni par eux-mêmes ni par un autre, ils ne peuvent pas le vouloir. Or Schopenhauer suppose certainement qu'ils ne le connaissent pas par expérience puisqu'il nie toute prévision ; il est donc obligé d'avouer, ou que les insectes connaissent le but par un autre qui le leur indique, ou que l'obtention du but est un effet du hasard. S'il accepte la première alternative, il confesse les causes finales, s'il se tourne vers la seconde, qu'il nous explique la régularité et l'infaillibilité du travail des abeilles.

C'est d'ailleurs une singulière méthode, fait observer M. Janet, que de vouloir éclairer le problème des causes finales par une chose aussi obscure, aussi peu connue que l'instinct. N'est-ce pas expliquer *obscurum per obscurius?* Ce procédé est le refuge de ceux qui ont rompu avec la logique. Eh quoi ! nous avons sous la main, pour ainsi dire, l'explication lumineuse de l'intervention d'une cause intelligente, et vous la repoussez pour en demander la solution à une chose aussi inexpliquée que l'instinct ! Il faut que la peur de la lumière soit bien forte chez certains esprits.

Du reste, la théorie de Schopenhauer est si

visiblement insuffisante, que son disciple Hartmann rétablit la *représentation,* c'est-à-dire une vue directe ou indirecte du but; seulement cette vue est le fait d'une finalité inconsciente, mais intelligente[1]. Nous ne comprenons pas le phénomène d'une intelligence inconsciente; il y a là une contradiction dans les termes. La conscience, en effet, n'est pas, comme beaucoup de philosophes contemporains semblent le croire, une faculté distincte de l'intelligence, elle n'est que l'intelligence se repliant sur elle-même. D'ailleurs, une intelligence qui n'a pas conscience de son acte, ne comprend rien, puisqu'on ne peut comprendre sans savoir que l'on comprend. Dire qu'un homme voit sans avoir conscience de sa vision, c'est soutenir qu'il voit et ne voit pas. La théorie de Hartmann contient donc une contradiction.

Tous les arguments de la thèse antifinaliste ont été rangés en ordre de bataille par le hégélien Fortloge. M. P. Janet les discute avec une précision qui ne laisse rien à désirer[2].

1re objection. — Il y a des cas fort nombreux où la tendance vers un but n'en impli-

---

1. Page 514.
2. Page 523.

que aucunement la prévision, par exemple : la chute des corps, l'instinct des animaux, l'inspiration soudaine des artistes. Il faut donc admettre, dans ces cas, ou l'hypothèse de la finalité immanente et inconsciente, ou l'*occasionnalisme*.

Réponse. — Le dilemme est faux, car, entre les deux propositions extrêmes, il y a place pour une troisième qui sera celle-ci : Dieu a donné aux êtres une activité, une énergie qui se développent d'après certaines lois sans qu'on soit obligé de recourir à l'*occasionnalisme* ou à la finalité inconsciente et immanente : ces lois seront, pour les cas cités, l'attraction, l'instinct lui-même et l'inspiration. Tant qu'on n'aura pas prouvé que le principe premier ne peut pas donner aux êtres le principe des actions internes ou les soumettre à des lois, le dilemme qu'on nous oppose n'aura aucune valeur.

2ᵉ objection. — Les mathématiques nous fournissent de nouveaux exemples d'une finalité atteinte sans prévision de but. Les trois angles du triangle sont toujours égaux à deux droits, c'est un but que le triangle ne manque jamais et cependant personne ne peut soutenir que c'est un but prévu.

Réponse. — Les lois mathématiques ne sont pas un but, elles sont un fait nécessaire. Deux unités jointes à deux unités n'ont pas pour but d'égaler le nombre quatre; elles l'égalent forcément. Il ne faut donc pas parler de but là où il n'y en a pas, il faut chercher le lieu où résident les lois que l'on nous oppose. Cette question n'a rien de commun avec les thèses de la finalité transcendante ou immanente.

3ᵉ objection. — La nature est tellement pauvre au point de vue de la finalité que, lorsque nous voyons une finalité s'accomplir, nous hésitons à en attribuer le mérite à la nature, et nous aimons mieux recourir à un miracle.

Réponse. — Nous nions formellement la pauvreté de la nature au point de vue de la finalité, nous constatons, au contraire, une richesse inépuisable. Tous les estomacs digèrent; s'il y a des aveugles, les hommes qui voient sont la grande majorité, tous les ans la sève circule dans les plantes, etc., etc. Fortloge ne devrait pas se contenter de nous affirmer la misère de la nature, il devrait nous démontrer que l'accomplissement des finalités est la très petite exception.

4ᵉ objection. — Celle-ci est un chef-d'œuvre. Considérer la nature comme l'œuvre de Dieu, c'est heurter le sentiment exquis qu'elle fait naître dans l'âme du penseur qui se sent saintement inspiré quand, au « printemps, les mille créatures se précipitent joyeuses dans la vie. » Si ces créatures ne sont que l'œuvre de Dieu, au lieu d'être Dieu lui-même, l'enthousiasme se refroidit et la poésie s'en va.

Réponse. — J'entre dans une cathédrale gothique, je suis saisi d'admiration et je m'écrie : Qu'elle est belle avec ses voûtes hardies, ses ombres mystérieuses, ses vitraux dorés et ses piliers innombrables comme les arbres des forêts. Je me laisse aller doucement à l'émotion qui m'a saisi et voilà qu'un Suisse maladroit s'approche et me dit : Je vois que vous admirez ma cathédrale, permettez-moi de vous donner quelques détails : elle date du xiii° siècle, elle a été bâtie par..... — A ces mots, j'arrête le malheureux qui vient de faire évanouir mes illusions, et l'édifice splendide n'est plus pour moi qu'un amas de pierres, depuis que l'on m'a appris que la cathédrale ne s'est pas faite toute seule ou qu'elle n'est pas l'architecte lui-même.

M. P. Janet réfute toutes ces objections sérieusement et à fond : il leur fait trop d'honneur. Quand une objection a sa raison d'être, le devoir du philosophe est de la combattre ; quand elle n'est que ridicule, on se détourne en haussant les épaules.

Au terme de sa laborieuse carrière et sur le point d'atteindre à cette conclusion si longtemps désirée : la cause finale est une intelligence créatrice, M. Janet s'arrête encore; il se demande si « l'intelligence est la même « chose que la pensée[1]. » Ainsi présentée, la difficulté n'est pas grande et l'on pourrait se contenter de dire que la pensée étant l'acte de l'intelligence, elle s'en distingue comme l'acte se distingue de la puissance d'où il émane. Mais cette première question en soulève une autre qui ne sera pas aussi facile à résoudre. La pensée suppose évidemment un *objet* pensé. Or, nous demandons maintenant si l'objet pensé se confond avec l'intelligence. Admettons un moment que la cause finale soit une intelligence, admettons encore qu'elle ait conçu le monde, la difficulté qui se présente est celle-ci : le monde ne se confond-il pas avec l'intelligence comme tout objet pensé s'identifie avec la raison qui le conçoit ? Nous nous trouvons ici en face de Hégel, dont nous devons réfuter le système avant de poursuivre notre route.

Dégagée de tous les nuages dont il l'entoure, la doctrine de Hégel n'est, au fond, qu'un commentaire faux d'une loi psychologique vraie. La meilleure manière de réfuter le phi-

---

1. Page 564.

losophe allemand est de décrire avec netteté et précision le principe d'idéologie, dont il abuse, au point d'en faire un monstre. Que signifient ces propositions: *L'objet doit être identique au sujet, pour qu'un objet soit pensé, il faut qu'il soit dans le sujet?*

Grâce à l'admirable psychologie de saint Thomas d'Aquin, nous espérons montrer la vérité des principes énoncés et faire toucher du doigt les abus qu'en fait Hégel.

Comment s'opère le phénomène de la conception intellectuelle? Je conçois un objet; soit le livre que j'ai sous les yeux. Je sais que c'est un livre de telle dimension, de telle couleur, comprenant tant de pages, traitant de telles questions, composé par tel homme, etc., en un mot, j'ai sur cet objet toutes les notions possibles. Si les notions sont adéquates à l'objet, je suis dans le vrai. Il est clair que ces notions sont subjectives, c'est-à-dire qu'elles sont en moi. Comment y sont-elles venues? Elles n'ont pas germé toutes seules, elles ont *été provoquées par l'objet.* L'objet existe donc. Où est-il? Est-il *en moi?* Oui et non. Il n'est pas en moi de la même manière qu'il est sur ma table, parce que : 1° il est impossible que ce tas de papier soit, tel quel, dans mon intelligence : personne ne dira que l'objet est matériellement dans le sujet; 2° s'il était dans mon intelligence tel qu'il est *à parte rei*, il ne serait donc plus sur ma table, et cependant je l'y vois toujours. A moins qu'on ne lui attribue le privilège de la bilocation.

Mais on ne doit pas s'arrêter là, car des milliers d'hommes peuvent le concevoir aussi bien que moi, il faudrait donc lui accorder le don de l'ubiquité. La première hypothèse est donc absolument inadmissible.

Cependant il faut bien qu'il soit en moi puisque je *l'ai conçu*. Pour réaliser ce phénomène, mon intelligence n'est pas sortie de moi pour s'en aller dans l'objet. Il faut donc que l'objet soit venu à moi. Comment y est-il? Par son image, image adéquate à l'objet et qui a transformé mon intelligence en l'objet, mais en se conformant aux exigences de la nature de mon intelligence. Mon intelligence étant immatérielle, l'objet s'y trouve d'une manière immatérielle, c'est-à-dire idéale.

Or, des deux modes d'être de l'objet dans le sujet, Hégel choisit le premier, précisément celui qui est insoutenable. Si ce qu'il dit de *l'idée* est vrai, il faudra admettre que, dans toute conception intellectuelle, l'objet est matériellement identifié avec le sujet. Dans la page citée par M. Janet, les deux modes d'être de l'objet dans le sujet sont mélangés avec une confusion déplorable.

« Lorsque je sais comment une chose est,
« je possède la vérité. C'est ainsi qu'on se re-
« présente d'abord la vérité. Mais ce n'est là
« que la vérité dans son rapport avec la con-
« cience ou la vérité *formelle,* la simple jus-
« tesse de la pensée. La vérité, dans un sens
« plus profond, consiste, au contraire, dans
« l'identité de l'objet avec la notion. C'est de
« cette vérité qu'il s'agit, par exemple, lors-
« qu'il est question d'un état *véritable,* d'une
« *véritable* œuvre d'art. Ces objets sont vrais,
« lorsqu'ils sont ce qu'ils doivent être, c'est-
« à-dire lorsque leur réalité correspond à leur
« notion..... En général, rien ne peut subsis-
« ter où cet accord de la notion et de la réa-
« lité ne se rencontre pas. La notion seule
« est ce par quoi les choses subsistent, ce que
« la religion exprime en disant que les choses
« sont ce qu'elles sont par la pensée divine
« qui les a créées et qui les anime. Lorsqu'on
« parle de l'idée, il ne faut pas se la repré-
« senter comme quelque chose d'inaccessible
« et comme placée au delà des limites d'une
« région qu'on ne peut atteindre. Car elle est,
« au contraire, ce qu'il y a de plus présent, et
« elle se trouve dans toutes les consciences,
« bien qu'elle n'y soit pas dans sa pureté et
« dans sa clarté. Nous nous représentons le
« monde comme un tout immense que Dieu

« a créé et qu'il a créé parce qu'il y trouve sa
« satisfaction. Nous nous le représentons
« aussi comme régi par la Providence divine.
« Cela veut dire que les êtres et les événe-
« ments multiples qui composent le monde,
« sont éternellement ramenés à cette unité
« dont ils sont sortis et conservés dans un état
« conforme à cette unité. La philosophie n'a
« d'autre objet que la connaissance spécula-
« tive de l'idée, et toute recherche, qui mérite
« le nom de philosophie, ne s'est proposée
« que de mettre en lumière dans la con-
« science cette vérité absolue, que l'entende-
« ment ne saisit en quelque sorte que par
« fragments. »

Tout en reconnaissant le caractère pan-
théistique de cette doctrine, M. Paul Janet
n'en conteste pas la grandeur[1]. Pour nous,
nous la contestons formellement, car une
conception n'est grande qu'à la condition
d'être vraie.

Reprenons donc une à une les assertions de
Hégel.

D'après lui, il y a deux degrés dans la vérité : le premier consiste dans l'exactitude du
rapport entre l'objet et le sujet, et le second
est l'identité entre les deux termes. Ce second
degré est bien plus profond que l'autre.

---

[1]. Page 572.

Ainsi, pour qu'une chose soit vraie de cette vérité fondamentale, il faut que l'objet soit identique au sujet. Une œuvre d'art (c'est l'exemple de Hégel) ne sera véritable qu'à la condition d'être identique avec l'artiste. Le Moïse de Michel-Ange ne sera une *véritable* œuvre d'art que si le sculpteur est identifié avec le marbre. L'abus que fait Hégel d'un principe vrai est ici palpable. Une œuvre doit être *semblable* à la pensée de l'artiste et répondre en tout point à son concept, c'est évident, mais conclure à l'*identité*, c'est dire que je ne conçois la vérité sur le livre dont je parlais tout à l'heure qu'à la condition de devenir matériellement et substantiellement livre moi-même. Si Hégel disait que, dans ce qu'il appelle l'*idée*, la *pensée* de l'objet est identique à l'idée elle-même, on pourrait peut-être s'entendre.

En mettant Dieu à la place de l'idée, on affirmerait l'identité de la pensée avec l'intelligence et de l'intelligence avec l'essence, mais telle n'est pas la théorie du philosophe. Il lui faut l'identité de l'objet et de l'idée.

Il ajoute que la notion seule est ce par quoi les choses subsistent, ce que la religion exprime en disant que les choses sont ce qu'elles sont par la pensée divine qui les a créées et qui les anime. Il y a deux manières d'entendre cette proposition. Les choses existent par la pensée divine, dans ce sens qu'elles ne sont que parce que la pensée divine les a conçues et réalisées, mais elles ne sont pas, dans ce sens que la pensée divine entre comme élément constitutif de leur existence individuelle. La pensée divine les anime, dans ce sens qu'elle les maintient dans l'existence au point que la conservation n'est, en quelque sorte, que la continuation de l'acte créateur, mais elle ne les anime pas, dans ce sens qu'elle supprime, en le remplaçant, le principe fondamental de leur activité.

Le sens que Hégel attribue à ces propositions est (tout le monde le sait) le pur panthéisme, puisque, pour lui, les diverses existences ne sont que les différents moyens que prend l'*idée* pour rentrer en pleine possession d'elle-même : « Les êtres et les événements « multiples qui composent le monde sont « éternellement ramenés à cette unité dont « ils sont sortis. » Les êtres sont donc ramenés, non pas à l'union, mais à l'*unité*, ou plutôt ils n'en sont jamais sortis, car, s'ils ont été conservés, ça a été « dans un état conforme « à cette unité ».

« La conception essentielle de l'hégélia- « nisme, dit M. Janet[1], c'est de substituer les

---

1. Page 574.

« *idées* aux choses. » Non, Hégel ne se contente pas de cette substitution qui pourrait rappeler, de fort loin, le système de Platon, il substitue l'*idée* aux choses. M. Janet croit encore pouvoir rapprocher la théorie allemande de la doctrine des philosophes chrétiens et il cite ce passage de Bossuet qui contient, dit-il, « le suc de ce qu'il y a d'excellent dans l'hé-
« gélianisme » :

« — Si je cherche maintenant où et en quel
« sujet ces vérités subsistent éternelles et im-
« muables comme elles sont, je suis obligé
« d'avouer un être où la vérité est éternelle-
« ment subsistante et où elle est toujours en-
« tendue : et cet être doit être la vérité même,
« et doit être toute vérité ; et c'est de lui que
« la vérité dérive dans tout ce qui est et ce qui
« s'entend en dehors de lui *(ibid).* »

La doctrine de la présence des vérités éternelles dans la pensée divine et la dérivation des vérités particulières de la source intarissable de toute vérité n'ont rien de commun avec l'hégélianisme. Cette doctrine, en effet, reconnaît :

1° Que les vérités éternelles sont dans la pensée de Dieu, car l'intelligence humaine est un édifice trop fragile pour en supporter le poids;

2° Que toute vérité, comme tout ce qui est,

dérive de Dieu, non par identité de substance, mais comme l'effet dérive de la cause. Pour Hégel, au contraire, toute vérité et tout être résident dans l'idée, non comme une vérité réside dans une intelligence, mais comme une substance est identique à elle-même.

On le voit, les paroles de Bossuet ne contiennent rien du panthéisme de Hégel. M. P. Janet s'efforce en vain d'atténuer, pour le rendre acceptable, le système du philosophe allemand. Hégel définit l'idée : « L'identité du « sujet et de l'objet » et ailleurs il dit: « L'idée, « en tant qu'unité de l'idée objective et de « l'idée subjective, est la notion de l'idée qui « n'a d'autre objet que l'idée, ou, ce qui revient « au même, qui se prend elle-même pour « objet. C'est l'idée qui se pense elle-même[1]. » Si l'idée est l'identité du sujet et de l'objet, il faut, ou changer la signification des mots, ou reconnaître, dans cette proposition, la formule la plus claire du panthéisme. L'idée (Dieu) est identique à l'objet, et comme *tout* est l'objet de l'idée, il suit nécessairement que l'idée est identique à tout. Si encore Hégel disait que l'idée est identique à elle-même et distincte du reste! Mais l'identité complète et universelle est la pierre fondamentale de son système. Il réunit l'idée objective et l'idée

---

1. Page 575.

subjective dans l'unité de l'idée, il n'y a donc pour lui, au sommet des choses, qu'un *tout*, l'idée. Peut-on, en face de ce panthéisme brutal, rappeler, comme le fait M. Janet, le passage suivant de Fénelon?

« — Il est donc manifeste que Dieu se con-
« naît lui-même et qu'il se connaît parfaite-
« ment, c'est-à-dire qu'en se voyant, il égale,
« par son intelligence, son intelligibilité; en
« un mot, il se comprend. »

L'auteur du livre : *les Causes finales*, retranche, du système de Hégel, le panthéisme qui transpire à chaque page et il dit : « Que « la conception hégélienne, bien comprise, ne « se distingue pas essentiellement de celle[1] « qu'il propose. » Comprendre ainsi la doctrine de Hégel, c'est lui donner une interprétation contraire au fond même du système qui est l'identité de l'idée et de l'objet.

L'influence de Hégel sur M. P. Janet est surtout sensible quand il s'agit de franchir le pas difficile de « la transformation complète « de l'idée pure en activité créatrice[2]. » Il va falloir prouver deux choses : 1° que l'idée n'est pas une conception vide; 2° qu'elle est créatrice.

---

1. Page 576.
2. Page 577.

Voici comment l'auteur résout la première difficulté : « Non seulement sans force, sans « âme, sans activité, l'idée ne pourrait pas se « développer : elle ne pourrait pas même « être[1]. » M. Janet se trouve ici dans l'impasse où sont acculés tous les philosophes qui veulent prouver l'existence de Dieu par son idée. Nous avons l'idée de *l'idée*, soit; il s'agit de démontrer qu'elle n'est pas un pur concept, mais qu'elle existe réellement *à parte rei*. « L'existence, dit-il, n'est pas une pure rationalité, un simple concept. »

Je distingue : l'existence réelle, *concedo*; l'existence idéale, *nego*. Or, il s'agit de prouver l'existence réelle de l'idée, par conséquent vous ne pourrez dire que son existence n'est pas un simple concept, que lorsque vous aurez prouvé son existence réelle ; jusqu'alors votre proposition est une pétition de principes. « L'être, dit-il encore, est parce qu'il « est. Il se pose lui-même. » L'être est parce qu'il est : précisément; si ce qui le fait être est un concept, il sera idéalement; si ce qui le fait être est une réalité, il sera réellement.

Or, jusqu'à présent, nous n'avons que l'idée pure. L'être se pose lui-même, ajoutez-vous; « or cet acte de se poser soi-même, est d'autre

[1]. Page 578.

« nature (pris rigoureusement) que la ratio-
« nalité. » La pétition de principes reparaît
toujours. Outre que la formule « l'être se pose
lui-même » est discutable, nous proposons la
même difficulté. Il se pose tel qu'il est; idéalement, si c'est un concept, réellement, si c'est
une réalité. Vous concluez : or cet acte est
d'autre nature que la rationalité. C'est le nœud
de la question et c'est ce qu'il faudrait démontrer avant de passer à la conception d'idée
créatrice sur laquelle vous glissez trop rapidement.

Sauf ces réserves (et elles sont capitales),
nous admettons avec vous que « ce qui cons-
« titue essentiellement la finalité, c'est que le
« rapport des parties au tout est contingent, »
c'est-à-dire que la matière n'est pas soumise
à une loi nécessaire qui la détermine à devenir oiseau, mammifère, homme. Elle contient
sans doute ces formes en puissance, puisqu'en
fait elle les « réalise : mais cette puissance
« une ne suffit pas à produire ces combinaisons;
« elles ont beau être possibles logiquement,
« c'est-à-dire ne pas impliquer contradiction,
« elles sont impossibles réellement, parce
« que l'un des éléments de leur possibilité est
« précisément quelque chose qui n'est pas la
« pure matière[1]. »

1. Page 579.

L'élément nécessaire à l'explication de la finalité est donc l'intelligence. Comment la finalité existe-t-elle dans l'intelligence?

M. P. Janet repousse l'explication platonicienne d'après laquelle l'intelligence serait enchaînée à la réalisation de types qu'elle n'aurait pas été libre de choisir[1], et il dit que : « Si l'on veut maintenir la théorie des causes « finales, il est indispensable de la pousser plus « loin et de la transporter jusque dans le sein « de la nature divine, jusque dans la produc- « tion même des types divins. Il faut faire « commencer la création avant l'apparition « réalisée du monde, en découvrir les pre- « miers linéaments jusque dans la vie divine « elle-même[2]. » C'est jusque-là qu'il faut aller, en effet, pour trouver la raison dernière des causes finales. Dieu a conçu librement et de toute éternité le plan d'après lequel il a réalisé le monde.

La liberté de Dieu est-elle limitée par la nécessité de certaines vérités? M. Janet écarte l'hypothèse « cent fois réfutée » de Descartes, disant que Dieu aurait pu les changer, mais il ne voit pas de contradiction à admettre que Dieu, « par un acte libre, produise l'idée du

---

[1]. Page 583.

[2]. Page 587.

« triangle, laquelle étant une fois donnée,
« emporte avec elle tout ce qui est contenu
« dans son essence[1]. » Nous ne pensons pas
que cette assertion soit exacte. Dieu n'était
pas libre de produire ou de ne pas produire
l'idée du triangle dans ce qu'elle a de nécessaire. Les vérités qui constituent la notion du
triangle et qui découlent de son essence, sont
de toute éternité dans le sein de Dieu. Elles
sont dans l'intelligence divine elle-même et
inséparables de l'essence.

Donc il est nécessaire qu'un triangle soit
donné, non pas tel triangle, mais *le triangle*.
Dieu est la vérité, dans sa plus haute expression, et toute vérité trouve en Lui sa réalisation suprême. Mais il y a cette différence entre
les vérités nécessaires, comme l'égalité des
trois angles du triangle à deux droits et les
vérités contingentes, comme la création de
l'homme, que Dieu ne peut changer les premières ni ne pas les produire[2], tandis qu'à
l'égard des secondes, il reste libre de les
réaliser ou de les laisser simplement possibles.

M. Paul Janet pense que les idées des êtres

1. Page 587.

2. Le mot produire est impropre. Nous nous en servons
pour suivre l'hypothèse de M. Janet.

contingents n'existeraient pas en Dieu si Dieu ne s'était proposé de les réaliser *ad extra* : « Si l'activité créatrice n'existait pas, de tels « types n'existeraient pas davantage [1]. » D'abord, on ne peut pas supposer que l'activité créatrice n'existe pas en Dieu en prenant l'activité comme possibilité de créer. Si Dieu est, il doit pouvoir créer. Mais quand même il n'aurait pas créé, les types de toutes les choses possibles existeraient cependant en lui, car son intelligence étant infinie, doit promener son regard sur tout ce qui peut être.

La conclusion du livre de M. Janet est donc que le problème des causes finales ne se résout que par l'intervention de l'intelligence suprême. Il a examiné tous les systèmes, il les a discutés, pesés, jugés, il a maintenant le droit d'affirmer l'existence d'un Dieu qui donne, par ses œuvres, la manifestation éclatante d'une sagesse infinie. Il fait, en terminant, une réflexion profondément vraie : « Ce « qu'il y a de vulgaire dans l'idée de la fina« lité, est précisément ce qui en fait la haute « valeur métaphysique. Car plus la métaphy« sique se rattachera à la raison commune, « plus elle a de chances d'être une science so« lide et nécessaire. Plus elle raréfiera ses « conceptions, plus elle donnera lieu de croire

[1]. Page 590.

« qu'elles ne sont que les créations artificielles
« d'un cerveau surexcité[1]. »

Combien de métaphysiciens devraient méditer ces paroles si sages ! Oui, ce qui fait la valeur de la métaphysique, non seulement dans la question des causes finales mais aussi dans toutes les autres, c'est qu'elle n'est, au fond, que la démonstration scientifique des données de la raison commune. Mais quand elle abandonne ce terrain solide, elle ne produit que les créations artificielles de ces cerveaux surexcités dont les philosophes allemands sont les modèles parfaits.

---

[1]. Page 598.

M. CARO

M. CARO[1]

I.

M. Caro a été, parmi les philosophes contemporains, l'un des plus brillants défenseurs des doctrines spiritualistes. On se pressait autour de sa chaire pour admirer la dextérité avec laquelle il maniait l'arme « qui frappait toujours juste et aux bons endroits[2] ». Il « s'attristait de voir que « par suite des progrès « accomplis ou espérés dans les sciences de la « nature, par l'effet des perspectives, peut-être

---

1. *Le Matérialisme et la Science.*
2. M. Paul Janet : *la Crise philosophique.*

« chimériques, qu'elles semblent ouvrir à l'es-
« prit sur le problème des origines, il se soit
« produit, à n'en pas douter, une décroissance
« notable de foi philosophique et religieuse
« dans les âmes. Pendant que s'éclaire de plus
« en plus la région moyenne des connaissances
« positives, l'ombre s'étend et s'épaissit sur les
« sommets de la pensée[1]. »

D'où vient donc que la clarté qui éclaire la région des connaissances positives projette des ombres sur les sommets de la pensée ? Ces ombres sont-elles une conséquence naturelle de cette lumière et à mesure que le jour se fait sur les sciences d'expérimentation, la nuit doit-elle s'étendre sur les problèmes de métaphysique ? Grâce à Dieu, il n'en est rien, au contraire. La lumière appelle la lumière et les lueurs de l'une n'éteignent pas les rayons de l'autre, mais les hommes s'obstinent à faire la nuit là où Dieu a mis le jour, et ceux qui ont consacré leur vie aux sciences expérimentales n'hésitent pas à croire qu'elles seules donnent la vérité et la certitude tandis que les problèmes de métaphysique sont la région de l'erreur, du rêve et du vide.

M. Caro combat cette donnée absolument fausse ; il y signale d'abord une inconséquence et il plaide ensuite l'incompétence du maté-

---

1. *L'Idée de Dieu et ses nouveaux critiques*, p. 23.

rialisme dans des questions qui ne sont pas de son ressort, c'est à cette double démonstration qu'il consacre son livre, *le Matérialisme et la Science.*

M. Caro commence par séparer l'école expérimentale, du matérialisme. La première, en effet, dont M. Claude Bernard est le plus illustre représentant et l'interprète le plus autorisé, *réserve* les questions dont elle n'a pas à s'occuper parce qu'elles ne sont pas l'objet de ses études, mais cette réserve est pleine de respect. « Nous admirons, dit-elle,
« ceux qui consacrent leurs veilles aux pro-
« blèmes métaphyques, nous faisons des vœux
« pour que leurs labeurs soient couronnés de
« succès, et si notre regard ne s'élève pas si
« haut, nous applaudirons aux efforts de ceux
« qui gravissent les sommets. »

Nous avons traduit le langage que M. Caro prête à M. Cl. Bernard, mais nous avouons sans peine que le livre du savant[1], invoqué par le philosophe, n'autorise pas une formule aussi nette. L'*idée créatrice*, en effet, *les causes sourdes* qui expliquent les phénomènes de la vie sont de bien timides hommages rendus à une science plus haute et, M. Caro le reconnaît, quand il dit : « Je ne prétends pas que ce qu'on nous accorde soit suffisant et satis-

1. *Introduction à la médecine expérimentale.*

« fasse de justes exigences. C'est quelque chose
« pourtant, ce peu qu'on nous accorde. Ce
« peu contient de grosses conséquences[1]. »
M. Cl. Bernard lui-même a déduit et développé les conséquences de ce peu qu'il avait accordé dans l'*Introduction à la médecine expérimentale*. Voici cette page que M. Caro ne pouvait pas lire et qui eût satisfait ses légitimes exigences[2].

« Comme expérimentateur, j'évite les systè-
« mes philosophiques, mais je ne saurais, pour
« cela, repousser *cet esprit philosophique* qui,
« sans être nulle part, est partout, et qui sans
« appartenir à aucun système doit régner non
« seulement sur toutes les sciences, mais sur
« toutes les connaissances humaines. C'est ce
« qui fait que, tout en fuyant les systèmes philo-
« sophiques, j'aime beaucoup les philosophes
« et je me plais infiniment dans leur commerce.
« En effet, au point de vue scientifique, la
« philosophie représente l'aspiration éternelle
« de la raison humaine vers l'inconnu. Dès lors
« les philosophes se tiennent toujours dans les
« questions en controverse et dans les régions
« élevées limites supérieures aux sciences. Par

---

1. *Le Matérialisme et la Science*, p. 81.

2. L'ouvrage de M. Claude Bernard, *la Science expérimentale*, parut bien après celui de M. Caro.

« là ils communiquent à la pensée scientifique
« un mouvement qui la vivifie et l'ennoblit,
« ils fortifient l'esprit en le développant par
« une gymnastique intellectuelle générale en
« même temps qu'ils le rapportent sans cesse
« vers les solutions inépuisables des grands
« problèmes ; ils entretiennent ainsi une sorte
« de soif de l'inconnu et le feu sacré de la
« recherche qui ne doivent jamais s'éteindre
« chez un savant [1]. »

Nous pourrions sans doute demander à M. Cl. Bernard si cet inconnu vers lequel tendent les aspirations éternelles de la raison humaine demeurera éternellement inconnu, si cette soif ne sera jamais assouvie et si ce feu sacré, qui ne doit jamais s'éteindre, s'éteindra cependant un jour faute d'un aliment digne de lui. Mais, pour le moment, nous nous contentons de prendre ce qu'il y a dans cette page, c'est-à-dire l'affirmation très claire du respect qu'inspire, à la science expérimentale, la grandeur et l'élévation des problèmes philosophiques. Il n'en est pas de même du matérialisme ; pour lui, ces problèmes n'existent pas, ces questions ne sont que formules vides de sens, et M. Caro lui fait observer qu'il est *inconséquent* en voulant s'en occuper et tout

---

1. *La Science expérimentale*, p. 84.

à fait *imcompétent* pour prononcer une sentence.

Il est inconséquent, car pourquoi, même en parler, puisque, pour lui, ces problèmes n'existent pas, pourquoi surtout vouloir remplacer une métaphysique par une autre; il est incompétent, car ni ses principes ni ses méthodes ne l'autorisent à formuler un jugement en connaissance de cause. Suivons l'argumentation de M. Caro, elle est irréprochable.

« Le matérialisme ne se contente pas de
« supprimer la métaphysique, il prétend la
« remplacer. Il n'ajourne pas les problèmes
« sur les principes et les causes, il les résout et
« les tranche[1]. »

« De quel droit et à quel titre? » demande M. Caro. L'expérimentation est le cercle unique où se meut l'activité du matérialisme, il déclare ne vouloir étudier que les faits: les faits sont la seule réalité; en dehors, au-dessus des faits palpables il n'y a rien, absolument rien, pourquoi, dès lors, remonter aux principes et aux causes? Vous dites, par exemple, que la matière est éternelle, qu'elle se suffit à elle-même et qu'elle n'a pas de cause. Sur quoi pouvez-vous faire reposer cette affirmation? Vous sortez des limites de l'expérimentation qui ne vous donne que la

Page 63.

matière actuelle avec sa cause immédiate, mais, remonter à la cause première qui, certainement se dérobe, et tranche la question dans un sens ou dans un autre, c'est être inconséquent avec vos propres principes, et, si vous persistez à vous dire disciples de l'école expérimentale, vous n'en êtes que « les disciples révoltés ».

Le matérialisme sourit dédaigneusement au seul mot de métaphysique et il s'en fait une à son usage; on n'est pas plus inconséquent. Il devrait se déclarer neutre et dire : « Ces « questions-là ne me regardent pas, elles sont « l'affaire des métaphysiciens, que chacun « reste dans sa sphère. » Telle serait, en effet, son attitude s'il était logique, mais il ne l'est pas et d'ailleurs son inconséquence est un hommage qu'à son insu peut-être il rend à l'importance des problèmes dont il donne une solution négative : « Sur toutes ces ques- « tions, d'où il semble que dépendent nos plus « hauts intérêts, ceux de la vie intellectuelle et « morale, il n'est guère possible d'espérer que « la raison se tienne longtemps dans ce milieu « purement idéal de la neutralité absolue. Dans « les tempéraments ardents, elle se révolte de « l'interdiction qui lui est signifiée et passe « outre; plus souvent encore, elle cède, sans « bien s'en rendre compte elle-même, à cet

« attrait des grands problèmes, d'autant plus
« irritants qu'ils lui sont défendus, et instincti-
« vement elle incline à les résoudre dans un
« sens ou dans un autre [1]. »

Oui, le matérialisme a beau vouloir s'enfermer dans la limite des faits, malgré lui, il est entraîné vers les causes ; il y a antagonisme entre ses principes et les élans indestructibles de la raison ; quoi qu'elle fasse, les problèmes s'imposent et il est permis de redire aux matérialistes ce beau vers du poète :

Malgré *vous* vers le ciel il faut lever les yeux !

Ils lèvent, en effet, leurs regards vers le ciel, mais c'est pour déclarer qu'il est vide, et en cela ils commettent une inconséquence.

Le principe fondamental du matérialisme scientifique est de ne rien affirmer que sur la foi de l'expérimentation positive.

1° Observer un fait ;

2° En rechercher la cause immédiate ;

3° Expérimenter, pour s'assurer si la cause assignée est une hypothèse ou une certitude,

---

[1]. *Le Matérialisme et la Science,* page 82.

c'est-à-dire imaginaire, ou vraie et réelle. C'est en cela que consiste l'essence même de la méthode d'expérimentation. Or, de ces trois conditions requises, la dernière et la plus importante ne pourra jamais s'appliquer aux problèmes que le matérialisme a la prétention de résoudre.

Pour savoir, en effet, si la cause supposée est vraie, il faut que le phénomène soit à la disposition de l'expérimentateur, qu'il puisse le faire se renouveler à sa guise et selon sa volonté, en variant les conditions dans lesquelles il se produit ; il faut en un mot que le phénomène soit entre les mains du savant comme l'argile entre les mains du potier. C'est la condition exigée par tous les expérimentateurs, par M. Chevreul en particulier, qui cite à l'appui de son opinion les expériences de Galilée, de Torricelli et de Pascal dont le résultat a été la découverte de la pesanteur de l'air. La méthode expérimentale n'a donc de valeur qu'à une condition : c'est que l'expérimentation soit possible, c'est là toute sa raison d'être, et les savants qui voudraient l'appliquer à des faits, à des phénomènes, à des questions qui, par leur nature, sont rebelles à l'expérimentation, sont, par cela même, en contradiction avec le principe de leur méthode. M. Caro fait ressortir cette contra-

diction avec beaucoup de finesse et de sagacité : « Quand on invoque les faits sensibles
« comme l'unique autorité, dit-il, c'est bien
« le moins que l'on prenne contre soi-même
« toutes les précautions possibles pour vérifier
« les inductions qu'ils suggèrent et que l'on
« se soumette à toutes les conséquences de
« son principe. La question, telle qu'elle se
« pose d'elle-même, se réduit à ces termes
« très simples : le matérialisme ne se constitue
« que par une certaine solution, une solution
« négative donnée au problème de l'origine
« du monde. Or ce problème est, par essence,
« insoluble à la méthode expérimentale. N'est-
« il pas évident que les données mêmes du
« problème sont irréductibles à des faits d'ex-
« périence sensible, par conséquent réfrac-
« taires aux conditions de vérification que
« cette méthode comporte et sans lesquelles
« il n'y a rien qu'un vague et stérile empi-
« risme ou qu'un dogmatisme également vain ?
« Cette évidence est de telle nature qu'il n'y
« a pas à démontrer une pareille proposition,
« mais seulement à la développer[1]. » Il suffit,
en effet, pour rendre évidente la grossière
inconséquence du matérialisme, de mettre, en
face de sa méthode, les problèmes qu'il a la

---

1. Page 162.

prétention de résoudre : « Conçoit-on bien,
« ajoute M. Caro, l'absurdité du rêveur qui
« prendrait à tâche de vérifier par une expé-
« rience un raisonnement tendant à prouver
« que le monde a commencé ou qu'il n'a pu
« commencer[1] ? » Le problème des origines
et des causes premières est essentiellement de
l'ordre spéculatif, et par conséquent inabor-
dable avec la méthode d'expérimentation ; les
matérialistes qui se prononcent sont donc en
contradiction avec leurs principes. Cela est
tellement vrai que bien des savants, adversaires de la métaphysique, ne font cependant
aucune difficulté d'avouer l'inconséquence
du matérialisme dogmatique : « Personne
« après tout, dit M. Virchow de Berlin, ne
« sait ce qui était avant ce qui est ; » si vous
ne le savez pas, vous ne pouvez donc pas affirmer que, ce qui est, a toujours été.

Le matérialisme est donc inconséquent en
s'occupant de problèmes que la spéculation
seule peut résoudre.

M. Caro serre le matérialisme de plus
près, mais comme pour dégager la science
expérimentale vraie de tout soupçon d'a-
théisme *à priori,* il expose d'abord la thèse

---

1. Page 164.

d'un savant illustre, M. Chevreul, et il démontre que lorsque les sciences d'expérimentation concluent à l'existence de Dieu, elles sont infiniment plus logiques qu'en se prononçant pour la négative. L'athée, dit M. Chevreul, affirme qu'il n'y a pas de Dieu, que la matière et les forces sont les seules réalités. Cette affirmation est-elle une conséquence nécessaire de la méthode expérimentale ? Non, elle est une hypothèse qui non seulement n'a jamais été démontrée, mais qui, de plus, est contredite par les déductions logiques de la méthode expérimentale.

Soit une montre; il y a deux choses, la matière et sa disposition combinée de manière à produire tel effet. La matière n'a pas pu toute seule se disposer ainsi, ses lois générales sont incapables de déterminer l'effet constaté, je conclus donc à l'existence d'une cause qui a arrangé la matière pour obtenir un effet prévu. Soit un être vivant ; ce qui le constitue vivant, ce n'est ni la matière qui entre dans sa composition, ni les lois qui la régissent, pas plus que le fer et l'attraction, par exemple, ne sont la montre ; c'est l'*arrangement* de cette matière soumise à une résultante de forces. Si, dans le premier cas, je conclus à l'intervention de l'ouvrier, pourquoi la supprimerai-je dans le second où je me trouve en face d'un être bien plus compliqué et plus parfait que la montre[1]?

Je la supprime parce qu'elle est inutile, dit le matérialisme. La matière avec ses forces, chaleur, lumière, électricité, magnétisme, s'est arrangée toute seule de manière à produire le phénomène de la vie. Comment, dans les milliers de combinaisons qui pouvaient amener un résultat tout autre, comment se fait-il que la matière ait trouvé juste la combinaison exigée pour la vie ? C'est l'effet d'un hasard heureux, dit-on ; ceci ne signifie absolument rien. Et d'ailleurs, il est essentiel au hasard d'être fortuit, c'est-à-dire d'être rebelle à cette régularité que nous constatons dans les conditions et les développements des phénomènes de la vie. La vie, en outre, suppose quelque chose de plus que la matière, aussi admirablement disposée que vous vouliez le supposer. Faites un automate *en tout* semblable à un animal, vivra-t-il ? Si la matière et ses lois expliquent seules les phénomènes vitaux, pourquoi l'automate n'a-t-il pas la vie? Parce que, dites-vous, la matière d'aujourd'hui n'a plus les énergies d'autrefois ; au commencement, quand la vie a germé au sein

---

[1] C'est toujours la thèse des causes finales que nous avons discutée dans la précédente étude.

de la nature, la matière était douée d'une puissance qu'elle a perdue depuis, le temps a épuisé sa sève, elle était plus féconde quand elle était plus jeune, et c'est alors, dans les ivresses des premiers temps, qu'elle a senti la vie tressaillir en elle.

C'est là le dernier refuge du matérialisme, mais il est facile de lui fermer cette porte.

Vous prétendez rester dans la science; dans le connu, dans l'expérimentation, et vous invoquez la nuit des siècles ! Comment pouvez-vous savoir ce qui s'est passé ? C'est anti-scientifique, c'est de l'*à priori* au premier chef et vous êtes condamnés par les vrais maîtres : « On ne devient athée, dit M. Chevreul, « qu'avec une tendance antiscientifique au « dogmatisme et à l'*à priori* » et il ajoute : « si la montre est l'œuvre de la science « humaine, l'être doué de la vie n'a pu la « recevoir que d'une science divine. »

Le matérialisme dogmatique n'est donc pas, tant s'en faut, la conséquence logique des sciences d'expérimentation ; ceux qui en déduisent une semblable conclusion sont inconséquents, nous venons de le voir, il nous reste à démontrer qu'ils sont incompétents dans la question.

La thèse matérialiste qui conclut à la négation de Dieu gravite autour de deux arguments[1].

1° Les lois de la nature sont immuables et se suffisent à elles-mêmes ; 2° l'étude du monde ne révèle aucun plan préconçu.

Nous devons donc supprimer l'hypothèse mystique d'un Dieu inutile, puisque nulle part nous ne trouvons la trace d'une volonté supérieure distincte de ces lois inflexibles.

Vous constatez des lois immuables, répond M. Caro, nous aussi, mais nous interprétons ce fait d'une toute autre façon que vous[2]. Au lieu de dire qu'elles se suffisent à elles-mêmes, nous en concluons l'existence d'un ordonnateur suprême. Voilà donc deux interprétations opposées, qui tranchera le différend? La raison seule est juge dans ce genre de questions où l'expérimentation est incompétente. Le matérialisme devrait démontrer qu'il y a incompatibilité entre « l'idée d'une cause intelli-« gente et l'ordre du monde qui se maintient « par la fixité des lois ». Le matérialisme voudrait que cette cause manifestât son existence, en bouleversant à tout moment et à tout propos l'ordre qu'elle a établi, et que Dieu ne pût exister qu'à la condition « de

1. Voir le *Matérialisme et la Science*, page 194.
2. M. Caro réserve la question des miracles.

« passer son temps à déconcerter l'ordre
« dont il est l'auteur. » Cette prétention est
tant soit peu ridicule, car, au fond, elle revient
à dire : « Dieu n'existe pas, car, s'il existait,
« il devrait faire du monde le théâtre de ses
« caprices, et montrer par des coups d'État
« perpétuels qu'il ne sait pas très bien ce qu'il
« veut. » En d'autres termes : nous consentons à ce que Dieu se dévoile, mais à condition que son apparition nous donne une arme contre lui.

« Il est puéril, dit M. Caro, d'exiger que
« nous produisions une trace d'intervention
« personnelle dans le monde réglé des phéno-
« mènes et que nous révélions l'action du
« Créateur par ses caprices. Dieu est l'ordre
« même puisqu'il est la raison. »

Le matérialisme ne prouvera jamais l'incompatibilité de l'ordre avec l'idée de l'ordonnateur.

Mais il n'y a peut-être, dans cet ordre, aucun signe d'un plan préconçu, « car la
« nature commet des fautes sans nombre et
« des bévues ridicules. S'il y avait un Dieu,
« verrions-nous de pareilles choses[1]. »

Nous répondons premièrement que la finalité dans les œuvres de la nature s'impose

---

1. Nous avons traité cette question dans notre étude sur M. Paul Janet, nous n'y reviendrons pas ici.

avec une telle évidence que, contraints par cette évidence même, les matérialistes « transposent la difficulté, s'imaginant l'avoir anéantie ». D'un côté ils veulent se passer de Dieu, de l'autre ils voient dans la nature des traces si palpables de finalité qu'ils font de la nature un Dieu auquel ils accordent les attributs divins de prévision et de sagesse infinies. La matière est un absolu qui crée, qui combine, qui gouverne avec une prévision sans pareille; peu à peu on la personnifie et on « l'enrichit de tous les attributs ravis à Dieu ». Les bévues de la nature ne sont donc pas aussi nombreuses qu'on veut bien le dire, puisqu'au contraire l'ordre est tellement la règle qu'on divinise une matière ainsi ordonnée. L'argument se retourne donc contre ceux qui l'invoquent ; les preuves de l'intervention de Dieu dans les œuvres de la nature sont si fortes que les matérialistes éblouis font de la nature un Dieu.

Ils devraient aller plus loin et démontrer que la nature est assez forte pour supporter le poids de la divinité ; mais ils sont aussi exigeants à l'égard du vrai Dieu que généreux envers le Dieu-nature, et ils ne lui contestent pas une divinité qu'ils acceptent de confiance et sans preuves[1].

1. Voir notre étude sur M. Vacherot.

« On cite la multitude de cas où la nature
« agit contrairement aux seules fins que nous
« puissions concevoir. Cela revient à dire que
« dans un nombre infini de cas nous ne pou-
« vons comprendre le but que poursuit la
« nature, ce qui est incontestable[1]. » Lorsque dans un ou plusieurs cas, nous ne voyons pas la finalité que nous avons constatée partout ailleurs, avons-nous le droit de nier la finalité de l'ensemble? Nullement, nous n'avons qu'à reconnaître que nous ne comprenons pas tout. L'ordre du monde (c'est une remarque de Bossuet) prouve qu'il vient de Dieu, les désordres prouvent qu'il n'est pas Dieu.

Exclure ou admettre la cause première est un problème réservé à la métaphysique et, quand il se prononce pour la négative, le matérialisme tranche une question dans laquelle il n'est pas compétent, car elle est en dehors et au delà des domaines de l'expérimentation.

Le matérialisme sera-t-il plus heureux et plus fidèle à sa méthode dans sa conception fondamentale du monde? La matière et les lois qui la régissent sont éternelles, dit-il, et la preuve, c'est que l'expérimentation nous

---

1. Page 205.

démontre que l'anéantissement d'un seul atome est impossible ; la matière est indestructible, elle change, mais elle ne disparaît jamais, nous pouvons donc formuler cet axiome : rien ne se perd, donc rien ne se crée.

Rien ne se perd, soit, donc rien ne se crée, c'est ce qu'il faudrait prouver. Vous ne pouvez pas détruire un seul atome, concluez donc que la matière est indestructible par vous, mais, en inférer que la matière n'a pas été créée, c'est 1º tirer d'un fait une conclusion qui n'y est pas contenue, car de ce que la matière soit indestructible, il ne s'ensuit nullement qu'elle n'ait pas été créée. Nous, spiritualistes, nous disons que l'âme est indestructible, et nous reconnaissons cependant qu'elle a été créée, car, dans l'espèce, il n'y a aucune contradiction entre ces deux propositions : être indestructible et avoir été créé. Quand donc vous dites : rien ne se perd, vous n'avez pas le droit d'ajouter : donc rien ne se crée ; encore une fois, c'est ce qu'il faudrait démontrer. 2º la première partie de votre axiome, *rien ne se perd*, est du ressort de l'expérimentation, mais la seconde partie, *rien ne se crée*, n'est plus de votre domaine et vous êtes incompétent, car la question d'origine est, pour vous, un monde fermé. Comment, par quels moyens, par quels procédés pourrez-vous savoir que la matière n'a pas été créée? Votre méthode et vos principes vous interdisent cette affirmation *à priori*[1].

« Par la nature même des questions qu'il
« traite, dit M. Caro, le matérialisme est
« condamné à sortir à chaque instant de la
« science positive et à spéculer, à ses risques
« et périls, dans le sens déterminé de ses idées
« préconçues[2]. »

Cette réflexion, qui résume les débats, est d'une exactitude parfaite. Le matérialisme, avec sa prétention de ne s'en rapporter qu'à l'expérimentation, de n'accepter d'autre autorité que celle des faits sensibles, et de reléguer la métaphysique dans la région des chimères, émet, à tout moment, des propositions *à priori* dont il est incapable de donner les preuves. En voulant faire, à son usage, une métaphysique négative, il est, au premier chef, inconséquent et incompétent.

L'antagonisme entre les sciences d'expéri-

---

1. Le raisonnement est le même s'il s'agit de l'éternité des forces, car la force et la matière étant deux notions corrélatives, ce qui s'applique à l'une est vrai pour l'autre.

2. Page 254.

mentation et la métaphysique n'est qu'à la surface, car il suffit, pour les harmoniser, de les laisser dans leur sphère. Nier la valeur et l'importance de la métaphysique sous prétexte qu'elle est réfractaire à la méthode, aux principes et aux procédés de l'expérimentation est aussi illogique que de nier le siècle de Louis XIV ou la bataille de Marengo, parce que ces faits ne se prêtent pas aux manipulations d'un laboratoire. Que chaque science reste à sa place, qu'elle ne soit ni étroite ni exclusive, au point de n'admettre d'autre méthode que la sienne, et l'accord se fait naturellement.

C'est la conclusion de M. Caro, qui n'a pas voulu réfuter directement les doctrines matérialistes et qui s'est contenté de leur opposer une fin de non-recevoir ; il l'a fait avec une force de dialecticque qui ne laisse rien à désirer. Ajoutons, pour dissiper un malentendu possible que toute science, si elle est vraie, est expérimentale, car elle a pour but d'étudier l'objet tel qu'il est et non tel qu'on s'imagine qu'il doit être, et c'est par l'expérience *seule* qu'elle peut atteindre ce résultat. Les sciences les plus abstraites ont l'expérience pour point de départ, dans ce sens que toutes les spéculations reposent, à l'origine, sur des données expérimentales. La théodicée, par exemple, est basée sur un fait : l'existence de Dieu, or l'existence de Dieu nous est révélée par un fait d'expérience, l'existence des créatures. La métaphysique est une science abstraite parce qu'elle étudie non l'être qui est *hic et nunc,* mais l'être en général et tout ce qui se rapporte à cette notion fondamentale, mais l'idée d'être lui a été fournie par l'expérience.

La classification des sciences en sciences abstraites, d'expérience et d'expérimentation ne serait donc pas absolument exacte si on entendait par là nier le rôle de l'expérience dans les sciences abstraites.

II

Nous venions de terminer cette rapide esquisse du livre de M. Caro : *le Matérialisme et la Science*, quand on a mis sous nos yeux un article que le journal *le Temps* consacre à l'illustre académicien à propos de son dernier ouvrage posthume : *Mélanges et portraits.—*
« La manière de M. Caro est bien connue, dit
« l'auteur de l'article; c'est la finesse et la péné-
« tration dans l'analyse des caractères, la lar-
« geur et la précision dans l'exposition des sys-
« tèmes. Pour les idées qui s'écartent le plus
« des siennes, pour les personnages qu'il se
« croit obligé de juger le plus sévèrement,
« une visible sympathie dès que les uns ont la
« moindre originalité et les autres quelque
« talent; de la justice, toujours[2]. »

1. *L'Idée de Dieu et ses nouveaux critiques.*
2. Voir *le Temps* du 12 décembre 1888.

Nous nous garderons bien de reprocher à M. Caro la justice avec laquelle il traite ses adversaires, mais ses visibles sympathies ont parfois le droit de nous surprendre. Il consacre son livre : *l'Idée de Dieu,* à la critique des théories de MM. Renan, Taine et Vacherot, et ses *sympathies,* à l'égard du premier, nous paraissent exagérées.

Il démontre fort bien que le Dieu de M. Renan est tantôt le symbole des nobles instincts de l'âme humaine, quelquefois l'absolu de Hégel se réalisant dans la nature et dans l'humanité, et plus souvent je ne sais quel fantôme errant dans les espaces vides de l'abstraction[1]; il relève les contradictions flagrantes de l'auteur de *la Vie de Jésus;* mais, avant d'entrer dans la discussion, qu'il nous soit permis de nous étonner en entendant M. Caro parler de M. Renan avec une sorte d'émotion attendrie, au point qu'il ne craint pas de l'appeler « *un vrai charmeur d'âmes* ». Il n'émet pas un doute sur la sincérité de *ses sentiments religieux* et il ajoute que « ce sen-
« timent des choses religieuses élève le ton
« de ses écrits et suffit pour le mettre hors
« de pair[2]. » Évidemment M. Caro s'est un

---

1. *L'Idée de Dieu,* page 23.
2. *Ibid., passim.*

peu laissé séduire et, comme il sait à quoi s'en tenir sur les idées, c'est donc le style qui l'a charmé et qui le dispose à une indulgence dont il n'usera pas tout à l'heure à l'égard de M. Taine. Disons-le tout de suite, le style de M. Renan nous laisse assez froid.

L'éminent critique qui, plus que personne, a fidèlement conservé le culte des lettres, l'écrivain dont les jugements sont marqués au coin d'un goût si fin et si délicat, M. de Pontmartin, disait : « Voici près d'un demi-siècle « que je travaille à écrire *tout simplement* « comme Mme de Sévigné, sans pouvoir y « réussir[1]. » Oui, écrire tout simplement comme Mme de Sévigné, voilà l'art suprême : *ars summa artem occultare*. Cette simplicité, qui fait de chaque lettre de Mme de Sévigné un modèle achevé de la langue française, est la qualité qui manque le plus au style de M. Renan. C'est un style profondément étudié, où les couleurs se fondent en nuances, les lignes en contours indécis et vagues, où on voit les soins et l'effort de l'écrivain pour faire miroiter la phrase et dès lors le prestige s'évanouit. Écrire est un labeur pénible ; elles sont poignantes, les angoisses de l'écrivain aux prises avec sa pensée qu'il s'efforce de rendre dans un langage clair, précis, élégant

---

1. *Nouveaux Samedis*, XIe série, § 3.

et simple à la fois, où chaque mot, souvent longtemps cherché, apparaît enfin comme la note juste, harmonieuse et pure de l'idée qu'il veut exprimer. Mais rien de ce travail intérieur ne doit se trahir au dehors, et c'est parce qu'ils l'ont si bien caché que Mme de Sévigné, Bossuet, Pascal, Racine et d'autres de la même race, seront toujours d'incomparables modèles. Ils n'ont atteint cette désespérante perfection qu'en dissimulant, sous le voile d'une inimitable simplicité, les efforts si visibles à toutes les pages de M. Renan. Ce cliquetis de phrases atteste la préoccupation d'un homme qui a voulu écrire en beau style, mais, en général, pour savourer un plat, il ne faut pas l'avoir vu faire.

M. Renan ne publie jamais un livre, qu'aussitôt ne s'élève un concert d'éloges enthousiaste; on rivalise d'ardeur et c'est à qui trouvera la formule la plus lyrique : l'incomparable virtuose, l'artiste consommé, l'admirable ciseleur de phrases, le plus grand écrivain de notre temps, et le reste. Ceci nous rappelle les lauriers dont on accablait Victor Hugo jusqu'au jour où, en pleine Académie, M. Alexandre Dumas secoua l'idole et dépeça magistralement cette réputation surfaite; nous parlons des œuvres de la seconde époque. Le même sort est-il réservé à M. Renan? Nous serions tenté de le croire, car déjà, si l'on prête bien l'oreille, on peut entendre les premiers coups qui sonnent le glas de sa réputation littéraire. M. Jules Lemaître s'est permis d'appeler le style de M. Renan « un ravissant galimatias[1] ». En supprimant le qualificatif qui ne s'accorde guère avec le nom, nous sommes tout à fait de cet avis.

M. Caro ne doute pas de la sincérité de M. Renan : nous non plus, tant s'en faut, et cependant nous avons peine à nous défendre de quelques soupçons. M. Renan n'a-t-il pas dit quelque part : « L'erreur littéraire paraît « à ces pieux Maîtres (les Messieurs de Saint- « Sulpice) la plus dangereuse des erreurs, et « c'est justement pour cela qu'ils excellent « dans la vraie manière d'écrire. Il n'y a plus « que Saint-Sulpice où l'on écrive comme à « Port-Royal, c'est-à-dire avec un oubli total « de la forme *qui est la preuve de la sincérité*[2]. »

---

[1]. *Les Contemporains*, 1re série. — A propos du dernier discours de M. Renan à l'Académie, un journal disait : « Le siècle a des gâteries pour ce vieillard. Ce qui serait « intolérable dans la bouche d'un autre, est accepté dans « la sienne. On est fait à ses bafouillages exquis. » (Voir le journal *Paris*, 23 février 1889.)

[2]. *Revue des Deux Mondes*, 15 décembre 1881.

Si nous mesurions la sincérité de M. Renan d'après son oubli total de la forme, nous émettrions des doutes qui répugnent à la belle âme de M. Caro, car, chez M. Renan, le fond semble n'être qu'un thème sur lequel il exécute des variations, et la pensée n'apparaît que pour faire scintiller la phrase.

Mais voici ce qui est plus grave. M. Renan a composé un livre de dialogues philosophiques : « Je n'écris, dit-il, que pour les lec-
« teurs intelligents et éclairés. Ceux-là admet-
« tront parfaitement que je n'aie aucune
« solidarité avec mes personnages et que je ne
« doive porter la responsabilité des opinions
« qu'ils expriment. » L'auteur dégage donc sa responsabilité, et l'on n'aura pas le droit de lui imputer les opinions de ses personnages, mais si l'un d'eux expose, dans les mêmes termes et en se servant des mêmes comparaisons, les doctrines professées ailleurs[1] par M. Renan, les lecteurs *peu intelligents* croiront reconnaître M. Renan sous le masque de *Philalète*, et ils penseront qu'un aveu sincère est préférable à une ruse qui ne trompe personne.

Quant à ce sentiment des choses religieuses

---

1. Dans son livre : *de l'Origine du langage*, 3e édition, page 241, — et dans un article de la *Revue des Deux Mondes*, 15 novembre 1882, page 246.

qui, d'après M. Caro, élève le ton des écrits de M. Renan et suffit pour le mettre hors de pair, nous éprouvons une certaine défiance.

Une des formes les plus générales et les plus caractéristiques du sentiment religieux, c'est la prière, mais M. Renan estime que le blasphème vaut mieux : « Le blasphème des « grands esprits, dit-il, est plus agréable à « Dieu que la prière intéressée de l'homme « vulgaire; car, bien que le blasphème ré- « ponde à une vue incomplète des choses, il « renferme une part de protestation juste, « tandis que l'égoïsme ne contient aucune « parcelle de vérité [1]. »

La théorie est nouvelle. Le blasphème est une insulte faite à Dieu et, ordinairement, du moins, l'insulte est moins agréable que la prière, même intéressée. Je préfère rencontrer dans la rue un pauvre, qui me tend la main, *qu'un grand esprit* me poursuivant de ses invectives. La part de protestation juste que renferme le blasphème est difficile à saisir. Si Dieu existe (on suppose évidemment son existence, car le néant est indifférent au blasphème comme à la prière), le premier devoir des grands esprits, comme des autres, est de l'adorer et, par conséquent, de ne le blasphémer

[1]. *Dialogues philosophiques*, préface.

en aucune manière. Il est plus aisé de démêler la parcelle de vérité contenue dans la prière. D'abord, elle n'est pas toujours intéressée, puisqu'elle comprend tous les mouvements de l'âme vers Dieu, et, même lorsqu'elle affecte la forme particulière de la demande, elle est absolument vraie, car elle n'est que l'aveu de la faiblesse de l'homme et de la toute-puissance de Dieu. Les sentiments religieux de M. Renan sont donc sujets à caution et, malgré l'avis de M. Caro, nous ne croyons pas qu'ils suffisent pour mettre ses écrits hors de pair[1].

Quand un homme prend des airs hautains et qu'il vous traite avec un mépris qu'il ne prend nul soin de déguiser, quand il se donne des titres de noblesse intellectuelle qu'il montre à tout venant avec la conviction de son écrasante supériorité; cette adoration perpétuelle de soi-même a le don d'agacer le vulgaire. Que M. Renan ait une haute idée de sa valeur, soit; mais ne l'exagère-t-il pas en disant « qu'il a vu à peu près ce que l'esprit

---

[1]. Dans un autre passage, M. Renan accepte la prière « comme hymne mystique », mais il la répudie *comme demande*, et il l'explique en homme qui a oublié les leçons de ses *pieux maîtres*. — M. Ferdinand Brunetière émet aussi des doutes sur *les sentiments religieux* de M. Renan (Voir la *Revue des Deux Mondes*, 1ᵉʳ février 1882, page 691).

« humain, au moment de son développement,
« peut apercevoir de vérité[1] ? » Cet *à peu près*
est charmant ; M. Renan sait tout ou peu s'en
faut. Il nie la Providence pour le commun des
mortels, mais il est tenté de croire à une Providence spéciale qui ne s'occupe que de lui :
« La Providence individuelle, comme on l'en-
« tendait autrefois, n'a jamais été prouvée par
« un fait caractérisé. Sans cela, certainement,
« je m'inclinerais reconnaissant devant des
« concours de circonstances où un esprit,
« moins dominé que le mien par les raison-
« nements généraux, verrait les traces d'une
« protection particulière de dieux bienveil-
« lants. Les hasards qu'il faut pour amener
« un terne ou un quaterne ne sont rien au-
« près de ce qu'il a fallu pour que la combi-
« naison dont je touche les fruits ne fût pas
« dérangée..... Le déplacement d'un atome
« rompait la chaîne de faits fortuits qui, au
« fond de la Bretagne, me prépara pour
« une vie d'élite[2]. » Les *dieux* ne sont donc
bienveillants qu'à l'égard de M. Renan ;
le reste du genre humain les touche peu
et les hommes ont partagé la bienveillance
des dieux pour l'être privilégié entre tous

---

1. *Revue des Deux Mondes*, 15 novembre 1882.
2. *Ibid.*

qui a gagné « la sympathie de son siècle[1] ».

Nous n'aurions pas soulevé ces questions si M. Caro ne nous eût pas semblé partager un peu trop *la sympathie universelle* dont M. Renan se croit entouré.

Quelles sont les idées de M. Renan sur Dieu?

Ici, M. Caro est absolument dans le vrai quand il dit que le Dieu de M. Renan est une création humaine, que le philosophe fait Dieu en pensant, l'artiste en réalisant son idéal, mais que tout cela n'est pas *un être* existant en dehors de la pensée du philosophe ou de l'émotion de l'artiste[2]. Je suis en face d'un spectacle sublime, je contemple le tableau d'un maître, je me plonge dans la méditation d'une grande pensée, mon âme s'élève alors au-dessus des préoccupations terrestres de la vie, elle monte vers les régions de l'idéal; j'ai fait Dieu, car Dieu est « le résumé de nos « besoins supra-sensibles et la catégorie

---

1. *Revue des Deux Mondes*, 15 novembre 1882.

2. Voir *l'Idée de Dieu*, p. 63. — Dans un article consacré à M. Renan, M. Vacherot dit : « M. Renan est un « maître dans l'art des contradictions. Il en est de sa « phrase comme de sa pensée. Rarement il l'achève comme « il l'a commencée. » (*Figaro* du 3 juin 1889.) — M. Vacherot parle en homme bien élevé, mais, au fond, cela signifie que M. Renan ne pense pas ou ne sait pas ce qu'il dit.

« de l'idéal. » Tel est le Dieu dont M. Renan nous décrit les perfections dans cette page souvent citée :

« Si vous pratiquez le culte du beau et du
« vrai, si la sainteté de la morale parle à votre
« cœur, si toute beauté et toute vérité vous
« reportent au foyer de la vie sainte, si, arri-
« vés là, vous renoncez à la parole, vous en-
« veloppez votre tête, vous confondez à des-
« sein votre pensée et votre langage pour ne
« rien dire de limité en face de l'infini, com-
« ment osez-vous parler d'athéisme ? Si vos
« facultés, vibrant simultanément, n'ont ja-
« mais rendu ce grand son unique que nous
« appelons Dieu, je n'ai plus rien à dire, vous
« manquez de l'élément essentiel et caracté-
« ristique de notre nature.

« A ceux qui, se plaçant au point de vue de
« la substance, me demanderont : Ce Dieu
« est-il ou n'est-il pas ? — Oh ! Dieu ! répon-
« drais-je, c'est lui qui est et tout le reste qui
« paraît être. Supposez même que, pour nous,
« philosophes, un autre mot fût préférable,
« outre que les mots abstraits n'expriment
« pas assez clairement la réelle existence, il y
« aurait un immense inconvénient à nous cou-
« per ainsi toutes les sources poétiques du
« passé et à nous séparer, par notre langage,
« des simples qui adorent si bien à leur ma-

« nière. Le mot *Dieu* étant en possession des
« respects de l'humanité, ce mot ayant pour
« lui une longue prescription et ayant été em-
« ployé dans les belles poésies, ce serait ren-
« verser toutes les habitudes du langage que
« de l'abandonner. Dites aux simples de vivre
« d'aspirations à la vérité, à la beauté, à la
« bonté morales, ces mots n'auront pour eux
« aucun sens. Dites-leur d'aimer Dieu, de ne
« pas offenser Dieu, ils vous comprendront
« à merveille. Dieu, Providence, immortalité,
« autant de bons vieux mots un peu lourds,
« peut-être, que la philosophie interprétera
« dans des sens de plus en plus raffinés, mais
« qu'elle ne remplacera jamais avec avantage.
« Sous une forme ou sous une autre, Dieu
« sera toujours le résumé de nos besoins su-
« pra-sensibles, *la catégorie de l'idéal* (c'est-
« à-dire la forme sous laquelle nous conce-
« vons l'idéal), comme l'espace et le temps
« sont *les catégories de corps* (c'est-à-dire les
« formes sous lesquelles nous concevons les
« corps). En d'autres termes, l'homme placé
« devant les choses belles, bonnes ou vraies,
« sort de lui-même et, suspendu par un charme
« céleste, anéantit sa chétive personnalité,
« s'exalte, s'absorbe. Qu'est-ce que cela, si ce
« n'est adorer[1] ? »

1. *Études d'histoire religieuse*, 7ᵉ édition, pages 418-419.

Dieu est donc d'abord le grand son unique qui fait vibrer toutes les facultés de l'âme quand elle se reporte au foyer de la vie sainte[1]. M. Renan a compris tout de suite que cette définition avait besoin d'être précisée et, à ceux qui lui disent : Expliquez-vous clairement, Dieu est-il ou n'est-il pas? il répond : « Il est tellement, qu'il est tout, et que le « reste n'est rien. » Nous n'en demandons pas tant, au contraire; nous voudrions savoir seulement si ce tout est au moins quelque chose? « Entendons-nous bien, dit M. Renan: l'humanité se divise en deux classes, les simples et ceux qui ne le sont pas. Gardons pour les premiers le mot Dieu qu'ils comprennent à merveille, mais pour nous, philosophes, il est un peu lourd et nous l'expliquons dans un sens de plus en plus raffiné. Nous vivons d'aspirations à la vérité, à la beauté, à la bonté morales, c'est là ce que les simples appellent Dieu, mais les esprits délicats sont choqués de ce bon vieux mot, ils lui en substituent un autre plus raffiné, et leur Dieu est le résumé des

___

1. Nous n'avons pas besoin de faire remarquer que cela ne veut rien dire. Où est-il donc, ce foyer de la vie sainte? Faut-il aller le chercher aux environs de la sainte Byblos, près de la terre d'Adonis, où les femmes des mystères antiques allaient accomplir leurs cérémonies?

besoins supra-sensibles, la catégorie de l'idéal. »

Les esprits délicats (et M. Renan est du nombre) ne se contentent donc pas de nier la réalité d'un Dieu personnel, puisque leur Dieu n'est que l'émotion fugitive d'une âme d'artiste, ils suppriment même le nom qui les offusque, de sorte que ce Dieu qui, tout à l'heure, était tout, n'est rien maintenant; on devait s'en douter.

M. Caro fait très bien ressortir les conséquences bizarres de cette singulière théodicée[1]; elle multiplie les dieux presque à l'infini, car chacun fera son dieu à sa guise d'après ses besoins supra-sensibles et ses idées particulières sur l'idéal. Il y aura le dieu aristocrate des classes éclairées et le dieu bourgeois des races inférieures; chaque individu aura le dieu de son choix, et tout le monde sera content. Qu'on ne dise donc pas que M. Renan est athée, au contraire! il donne à chacun un petit manitou.

M. Caro a trouvé la note juste en disant que lorsque M. Renan adresse à Dieu ses éloquentes apostrophes, « il nous amuse avec une rhéto- « rique puérile[2] ». Ce n'est, en effet, que de la

---

1. *L'Idée de Dieu*, page 71.
2. *Ibid.*, page 75.

rhétorique, mais le sujet est trop grave pour que l'on puisse s'en contenter, et l'on ne doit pas traiter Dieu comme s'il s'agissait d'une simple *abbesse de Jouarre*.

Que deviennent les préceptes de la morale avec cette notion d'un Dieu de fantaisie que l'homme fait à son image et à sa ressemblance ? « Si la diversité des conceptions théo-
« logiques, dit très bien M. Caro, est au fond
« de tous les arguments de la philosophie
« critique contre les formules religieuses, la
« logique appliquera le même argument aux
« idées morales marquées, sans contredit,
« dans leurs applications historiques, du
« même sceau de l'humaine fragilité. S'il est
« vrai qu'il n'y ait que du relatif dans la pen-
« sée de l'homme, pourquoi y aurait-il de
« l'absolu dans son action[1] ? » Le devoir, la vertu, le dévouement, l'héroïsme ne seront, comme Dieu, que la catégorie de l'idéal, et il dépendra de moi de les interpréter à ma guise, car c'est moi qui les fais comme j'ai fait Dieu.

Le devoir et la vertu n'ont de valeur morale que dans la thèse d'un Dieu suprême in-

---

1. *L'Idée de Dieu*, page 86.

timant des ordres dont les échos se répercutent dans la conscience humaine, mais si Dieu est « la catégorie de l'idéal », les prescriptions morales ne sont plus « qu'une affaire de goût, « une sensibilité d'artiste, une nuance esthé-« tique[1] ». Le vice sera une faute de goût comparable à celle d'un homme qui préférerait M. Renan à Bossuet, le crime prendra les modestes proportions d'un solécisme, tandis que la vertu sera le signe d'un esprit délicat qui s'émeut en regardant un Raphaël ; mais, comme les goûts sont libres, l'honneur de la vertu et la honte du vice seront un sujet de discussions académiques et rien de plus. Affaire de goût, différentes manières de comprendre « la caté-« gorie de l'idéal », voilà toute la morale. L'estime qui jusqu'à présent a entouré comme d'une auréole le front de l'homme vertueux et la juste réprobation qui flétrit le crime, *sont autant de bons vieux mots un peu lourds que la critique interprète dans un sens de plus en plus raffiné*[2].

1. *L'Idée de Dieu*, page 87.

2. Nous ne suivrons pas M. Caro dans sa critique de *la Vie de Jésus*, car cette question n'est plus du domaine de la philosophie. M. Renan prend, dans les questions relatives à Dieu, un air badin qui est une suprême inconvenance en un pareil sujet, et *sa théodicée* ne réclame pas une réfutation sérieuse.

Nous aurions désiré plus de précision dans l'étude que M. Caro consacre à M. Taine. La langue philosophique est d'une excessive susceptibilité, elle ne tolère pas les à peu près, elle exige qu'une question soit nettement posée, que chaque mot soit défini afin que l'on ne confonde pas un problème avec un autre, et que chaque proposition soit déterminée avec une exactitude scrupuleuse. C'est, pour le dire en passant, ce qui fait l'incontestable supériorité de l'argumentation scolastique. Cette méthode ferme à l'adversaire toutes portes dérobées par lesquelles il voudrait s'esquiver, elle coupe court aux digressions en ramenant la discussion sur le point en litige, elle démasque les sophismes et réclame des preuves, elle démêle la part de vérité ou d'erreur contenue dans une proposition; suivant les cas, elle accorde, nie ou distingue, et elle procède toujours avec une sûreté qui dissipe les malentendus et ne laisse aucune place à l'arbitraire.

« Je ne prétends pas, dit M. Caro, que la
« théorie de l'école spiritualiste sur les idées
« soit irréprochable, ni complète; je n'ai au-
« cun goût pour défendre, en de si graves ma-
« tières, des intérêts particuliers, ni des noms
« propres. Je ne suis l'avocat d'aucun système,
« ni de personne. J'accorde très volontiers à

« M. Taine que la théorie de la raison est
« loin d'être faite, qu'à peine est-elle ébau-
« chée[1]. »

De quelle théorie *des idées* s'agit-il ici? Va-t-on aborder la thèse platonicienne des idées, ou va-t-on traiter le problème de *l'origine des idées* dans l'esprit humain? C'est cette dernière question que l'on se propose de creuser, mais il eût mieux valu le dire pour fixer l'attention sur un point déterminé. M. Caro pense que la théorie spiritualiste, expliquant l'origine des idées, n'est ni irréprochable, ni complète. S'il en est ainsi, les adversaires ont beau jeu, et on ne peut pas leur en vouloir de combattre une doctrine aussi défectueuse. L'auteur ajoute que, dans des matières si graves, il n'est l'avocat d'aucun système ni de personne. Les personnes ne sont rien, mais, dans un sujet si grave, les systèmes sont tout, et si l'on n'a pas choisi un système dont on se fait l'avocat parce qu'on le croit le seul vrai, on n'aura pas la conviction nécessaire pour entamer une discussion à fond, et l'on devra se contenter de répondre à un adversaire : « Il se peut que vous ayez tort, cepen-
« dant je n'en suis pas très sûr. » M. Caro n'a certainement pas l'intention de rester neutre et, quoi qu'il en dise, il s'est fait l'avo-

1. *L'Idée de Dieu*, page 146.

cat du système spiritualiste. Il accorde à M. Taine que la théorie de la raison est à peine ébauchée. Il est nécessaire de procéder ici avec la plus minutieuse précision.

Qu'entend-on par la théorie de la raison, et d'abord qu'est-ce que la raison?

Les scolastiques, ces vrais maîtres d'analyse psychologique, nous apprennent à distinguer entre l'intellect, l'intelligence et la raison. Ce ne sont pas trois facultés, gardons-nous de le croire, ce sont trois aspects divers et comme trois phases de la même faculté. Nous avons la puissance de comprendre puisque, de fait, nous comprenons, or cette puissance peut être considérée en elle-même ou dans son acte; en elle-même elle s'appelle l'intellect, dans son acte elle s'appelle l'intelligence. Mais l'acte de l'intelligence est direct ou indirect, c'est-à-dire que nous comprenons tantôt d'une manière immédiate, sans le secours d'aucune autre proposition venant à notre aide, comme par exemple quand il s'agit de la compréhension d'une vérité évidente en elle-même et pour nous; tantôt, au contraire, nous arrivons à la vérité en nous appuyant sur une proposition dont la lumière éclaire la vérité cherchée. La compréhension directe et immédiate, est le fait de l'intelligence proprement dite, tandis que la raison va d'une vérité démontrée à une autre qui ne l'est pas encore. La raison est donc le procédé dont se sert l'intelligence dans la recherche et la démonstration de la vérité.

M. Caro a méconnu ces distinctions importantes, cependant, quand on veut expliquer *la théorie de la raison :* il nous est difficile d'accepter la concession que M. Caro fait ici à M. Taine. Eh quoi ! la théorie de la raison serait à peine ébauchée ! Depuis Aristote tous les philosophes se seraient consumés en stériles efforts pour découvrir la nature vraie de la raison, pour déterminer la sphère dans laquelle elle doit se mouvoir, et tracer le chemin qu'elle doit suivre pour ne pas s'égarer ! Nous en sommes réduits à attendre un traité de logique enseignant à la raison les règles auxquelles elle doit se soumettre dans la recherche du vrai, et personne, jusqu'à présent, n'a démontré la valeur du raisonnement typique, le syllogisme, au point que nous n'avons encore que des ébauches ? Il y a longtemps cependant que cette proposition « deux quantités égales à une troisième sont égales entre elles » est considérée comme indiscutable, or elle est l'âme du syllogisme, comment donc peut-on dire que la théorie de la raison est à peine ébauchée ?

Évidemment M. Caro a entendu par théorie

de la raison, tous les problèmes de psychologie, d'idéologie et même de métaphysique discutés entre les spiritualistes et les matérialistes. Quelles sont maintenant les positions des deux combattants ? « L'école spiritua-
« liste, dit M. Caro, a établi une excellente
« méthode de réfutation contre la doctrine
« toujours croissante de Locke et de Condil-
« lac, il lui reste à constituer définitivement
« la théorie des idées [1]. »

Je me défie de la valeur d'une réfutation qui n'a pas encore trouvé la solution de la difficulté; si on n'a rien à mettre à la place du système réfuté, pourquoi le combattre ? Condillac peut dire alors aux spiritualistes :
« J'explique l'origine des idées par la sensa-
« tion seule, la plus sûre manière de me prou-
« ver que mon explication est fausse, c'est
« d'en donner une meilleure. Jusqu'à nouvel
« ordre, je garde donc la mienne. »

« Il reste à l'école spiritualiste, dit M. Caro,
« à constituer définitivement la théorie des
« idées. Pour cela, que faut-il [2] ? »

Il faudrait avant tout prouver aux sensualistes que leur système est impuissant à rendre raison de la présence des idées et qu'il est

1. *L'Idée de Dieu*, page 147.
2. Page 147.

nécessaire d'admettre l'action d'un élément bien supérieur à la sensation, c'est du reste ce que fera M. Caro tout à l'heure quand il discutera la théorie de M. Taine. Mais au lieu de maintenir la question sur le terrain de l'idéologie, il y mêle des problèmes de métaphysique qui détournent l'attention du point unique autour duquel elle doit graviter.

Après ces légers tâtonnements, M. Caro entame la discussion qu'il conduit d'une façon vraiment remarquable. Il démontre à M. Taine qu'on a beau vouloir se passer, dans l'explication des faits psychologiques, de l'intervention d'un agent supra-sensible, son action se manifeste à chaque pas par la conversion des données concrètes limitées et contingentes en notions abstraites universelles et nécessaires, que les mots importent peu du moment qu'on est obligé de constater la présence de la chose, et que sous les mots *analyse* et *abstraction*, c'est le procédé même de la raison que l'on décrit [1].

Appliquant à la métaphysique ses principes d'idéologie, M. Taine prend pour exemple la notion de substance dont il donne d'abord une idée fausse. Il voudrait qu'on lui accordât que la substance n'est rien en dehors des qualités, qu'elle n'est que le *tout des qualités*.

[1]. Page 149.

M. Caro conteste avec raison cette définition arbitraire à laquelle il oppose la définition vraie en disant : « La substance est une unité « réelle, l'être lui-même subsistant sous la « mobilité de ses modes, dans l'intermittence « de ses phénomènes, les reliant entre eux « non par une vague et vaine succession, mais « par la continuité agissante de la forme qui « s'exprime par eux, sans se confondre avec « eux[1]. » Il prouve ensuite que la définition de M. Taine est absolument inacceptable, car elle fait des qualités, des abstractions inintelligibles qui deviennent la couleur, le son, le mouvement, etc., sans *quelque chose* de coloré, de sonore, de mû; ne faut-il pas admettre *un substratum* à toutes ces qualités? L'argumentation de M. Caro est ici le brillant commentaire de ce principe scolastique : *Primum esse, deinde esse tale*, et, comme exemple, il l'applique à l'âme dont il prouve la substantialité et la permanence.

M. Taine a essayé sur l'idée de cause le procédé dissolvant auquel il vient de soumettre la notion de substance, et, comme tout à l'heure, il a inutilement déployé les ressources d'un esprit fertile en expédients. D'après lui, la cause d'un fait n'est que la résultante des éléments qui le composent. Étant donné un

1. Page 155.

chien, par exemple, on constate qu'il a une tête, des pattes, une queue, etc., ce sont des faits; mais, plus avant, on constate un autre fait qui explique les premiers, c'est que le chien se nourrit. Si, en effet, il ne se nourrissait pas, il cesserait d'être ce qu'il est, donc la nutrition est la cause de l'animal. La règle est partout la même; on remarque, dans tous les êtres, un fait primordial auquel les autres se rattachent et qui les explique.

M. Caro remarque avec infiniment de raison que l'on confond ici la cause d'un fait avec son essence : « Il vous plaît, dit-il, de
« définir la cause *un fait d'où l'on puisse dé-*
« *duire la nature, les rapports et les change-*
« *ments des autres.* C'est la définition de l'es-
« sence que vous nous donnez là. L'essence
« est, en effet, la propriété fondamentale à la-
« quelle se subordonnent toutes les propriétés
« d'un être. Vous ne négligez qu'une chose qui
« avait son prix, pourtant, c'est de démontrer
« l'identité de l'essence et de la cause sur la-
« quelle vous raisonnez tout le temps, comme
« si cette identité était de soi évidente[1]. »
C'est bien là, en effet, le nœud de la question. Pour que la définition de M. Taine fût vraie, il faudrait démontrer l'identité de la cause et de l'essence.

1. Page 173.

« Il y a ici, dit encore M. Caro, une confu-
« sion de mots et un abus de langage. On
« prend le mot cause dans un sens très parti-
« culier et très restreint et on l'applique in-
« dûment au problème général de causalité.
« On dit : la nutrition est la cause de l'ani-
« mal, car, s'il ne se nourrit pas, il se dissout
« et disparaît. » Mais la question n'est pas
de savoir dans quelles conditions doit se trouver l'animal pour exister, il s'agit de savoir
d'où il vient, car c'est précisément en cela que
consiste le problème de la causalité qui n'est
même pas effleuré par la manière dont
M. Taine le pose. M. Caro le place sur son
vrai terrain quand il dit qu'il ne s'agit pas d'un
rapport direct entre un fait et un autre, mais
d'une « génération entre une certaine force et
« un certain effet distinct de cette force[1]. »
Oui, le problème de la causalité est là. Nous
voulons expliquer l'existence d'un être. Suffit-
il de s'en tenir à sa qualité primordiale ? Non,
car on se demande, alors, d'où vient cette qualité. Peut-on recourir *à la série* ? Non, car la
série doit commencer par un premier, et ce
premier qui, certainement, ne s'est pas fait
tout seul, a été fait par un autre. « La dialec-
« tique est impérieuse, conclut M. Caro, il
« faut la suivre jusqu'au bout ; elle traverse

1. Page 171.

« les intermédiaires et ne s'arrête qu'au prin-
« cipe, à la vraie cause. »

La dialectique est impérieuse, mais il est des philosophes qui se révoltent contre son autorité et qui, pour n'avoir pas à proclamer l'existence de la cause suprême devant laquelle tout front doit s'incliner, imaginent les hypothèses les plus hasardées, mille fois plus difficiles à comprendre (c'est M. Caro qui parle) que l'intervention, à l'origine des choses, de l'activité intelligente. Et il ajoute, avec une justesse et un sens philosophique irréprochables : « Ce qui m'étonne toujours dans ces « doctrines nouvelles, c'est le contraste de « leurs scrupules à l'égard de la cause et de la « pensée absolue avec les explications inin- « telligibles qu'elles substituent à cette pré- « tendue hypothèse[1]. » Au nombre des explications inintelligibles, est certainement celle de M. Taine : « Au suprême sommet des « choses, au plus haut de l'éther lumineux et « inaccessible, se prononce l'axiome éter- « nel..... » N'est-il pas plus logique et plus simple de dire : « Au suprême sommet des « choses il y a Dieu? » Qu'est-ce, en effet, que cet axiome? Une formule, pas autre chose. Qui la prononce ? Elle se prononce toute seule. C'est assez difficile à saisir, mais là où

---

1. Page 182.

l'hypothèse devient tout à fait inintelligible, c'est quand on nous apprend que *les ondulations inépuisables de cette formule créatrice composent l'immensité de l'univers.* M. Caro n'a-t-il pas cent fois raison de s'écrier : « En « vérité, toutes les difficultés que j'ai de con- « cevoir Dieu ne sont rien en comparaison de « ce que M. Taine veut imposer à mon intel- « ligence [1]. »

On ne saurait trop insister sur cette observation qui suffirait, à elle seule, pour couper court à la discussion et trancher le différend en faveur de *la vieille métaphysique*.

Toutes les hypothèses imaginées pour remplacer la notion vraie de Dieu ne soulèvent pas seulement des difficultés insolubles; elles sont de tout point inacceptables et incompréhensibles.

Qu'est-ce que cet axiome qui se prononce par delà l'éther lumineux? Un axiome ne se prononce pas tout seul, il est prononcé; s'il n'y a pas, au-dessus de l'éther lumineux, une intelligence qui comprend et prononce l'axiome, il n'y a rien. Comment des ondulations inépuisables peuvent-elles sortir de ce rien pour composer l'immensité de l'univers? L'univers

---

1. Page 181. — Nous passons rapidement sur la théorie de M. Taine, que nous avons discutée ailleurs.

n'est donc que l'ensemble des ondulations d'une formule qui n'est formulée par personne ? Qu'est-ce que ces ondulations de l'axiome ? Nous comprenons les ondulations de l'océan, mais nous ne saisissons pas le flux et le reflux de la formule.

On le voit, on a entassé, comme à plaisir, les impossibilités et les propositions incompréhensibles.

M. Taine prétendait un jour que, sur la question de Dieu, il n'était séparé de ses adversaires que par l'épaisseur d'une métaphore. S'il en est ainsi, qu'il laisse donc de côté sa métaphore de l'axiome éternel, il est assez riche pour faire à la raison et à la vérité le sacrifice d'une figure de rhétorique, qu'il mette, à la place de la formule créatrice, Celui qui l'a prononcée, qu'il proclame avec nous l'existence, par delà l'éther lumineux, de l'Être éternel, infini, infiniment parfait, et ses adversaires seront heureux d'une réconciliation dont ils ne désespèrent pas.

L'auteur de *l'Idée de Dieu* se plaît à rendre hommage à la sincérité de M. Vacherot ; il le combat avec la déférence qu'inspire naturellement « un esprit vigoureux qui, même quand

« il développe l'erreur, sert encore la cause
« de la vérité[1] »; mais la réfutation de *la Métaphysique et la Science* est, au fond, aussi radicale que ferme et juste.

Vous affirmez sans preuves, dit M. Caro à M. Vacherot; vos affirmations exigent une abdication devant laquelle ma raison se révolte, vous avez une idée fausse des théories que vous prétendez réfuter, et vous prêtez à vos contradicteurs des erreurs qui ne sont imputables qu'à vous. Telle est, dépouillée de la forme courtoise dont il ne se départit jamais, l'argumentation de M. Caro.

On se souvient de la thèse fondamentale de M. Vacherot[2]: il n'y a de Dieu réel que le cosmos, le Dieu de l'ancienne métaphysique est et ne peut être qu'une abstraction ou une idole.

Il n'y a d'autre Dieu réel que le cosmos, car, seul, il est nécessaire, absolu, existant par lui-même; seul, en un mot, il a tous les attributs que l'on accorde à la divinité:
« Nulle part, dit M. Caro, M. Vacherot ne
« démontre cette proposition si grave, il l'af-
« firme sous mille formes variées. C'est
« comme le postulat de tout son système. Peut-

---

1. Page 266.
2. Voir notre première étude.

« on prendre ses affirmations répétées pour
« des arguments [1] ? »

Certainement non, une affirmation n'a de valeur que par les arguments sur lesquels elle s'appuie, on ne discute que des preuves; une affirmation, comme celle dont il s'agit ici, se nie purement et simplement.

On prétend que la contingence du monde est une illusion; « qu'on me le prouve », réplique M. Caro.

On dit, après Hégel, qu'il y a dans la nature une science infuse et inconsciente qui, peu à peu, lentement, à la suite des siècles, se dégage, devient conscience, intelligence, idée. Que l'intelligence est ainsi à la fin des choses et non au commencement, c'est le sommeil d'un Dieu qui, à son réveil, contemple l'œuvre qu'il a accomplie du temps où il était inconscient.

La raison se révolte et le sacrifice est au-dessus de ses forces[2]. Il y a contradiction, dit-on encore, entre Être infini et perfection suprême, donc l'Être infiniment parfait est une idole ou abstraction.

Ici, on prête gratuitement à ses adversaires une théorie qu'ils n'ont jamais eue, et M. Caro

---

1. Page 241.
2. Page 247.

s'étonne, avec raison, qu'un penseur sérieux se serve d'une arme pareille.

Oui, il y aurait contradiction entre existence infinie et perfection, si infini signifiait, pour nous, ce que vous croyez, c'est-à-dire être matériellement tout. Mais ce n'est pas ainsi que nous l'entendons. Non seulement il n'y a pas contradiction, mais ces deux idées se supposent l'une l'autre. Il faut d'abord être avant d'avoir une perfection, la perfection suppose donc l'existence, et la perfection suprême suppose l'existence infinie; loin donc de se contredire, ces deux notions sont corrélatives. Notre Dieu n'est donc pas une abstraction; il n'est pas non plus une idole, car c'est abuser étrangement des métaphores dont nous usons parfois en parlant de Dieu, que de s'en servir pour lancer une accusation qui n'a pas besoin d'être relevée.

Dieu n'est pas le cosmos, substance universelle de tous les phénomènes, accablé sous le poids de toutes les imperfections des choses créées; Dieu n'est pas une formule, car une formule n'est pas un être; Dieu n'est pas l'absolu du bien et du beau, si on entend par cet absolu un pur idéal, création de la pensée;

Dieu n'est pas le résultat du travail inconscient d'abord, conscient ensuite de la nature; qu'est-il donc[1]?

« Défions-nous d'abord, dit M. Caro, des « mots absolu, infini, idéal, dont on a tant « abusé et qui, appliqués à Dieu, ne sont « vrais que lorsqu'ils sont sainement inter- « prétés. »

Quelle idée vague que celle-ci : *l'absolu !* D'abord, elle peut se dire d'autre chose que de Dieu ; il y a des propositions qui sont absolues ; on peut aussi appeler absolu ce qui est primitif et fondamental dans les êtres. On sait le sens que Hégel a attaché à ce mot, il a posé l'absolu abstrait au commencement des choses et l'absolu réel à la fin.

Le mot *infini*, mis en faveur par l'école cartésienne, prête aussi à de dangereuses équivoques. Pour quelques-uns, il est le tout, pour d'autres, il est l'indéfini ; et il est nécessaire d'en bien préciser le sens quand on l'applique à Dieu.

Il en est de même du mot *idéal*. Si on entend par idéal ce qui est opposé au réel, il est évident qu'on ne peut pas se servir d'une expression pareille en parlant de Dieu qui est la plus haute des réalités.

Ces mots ont donc besoin d'être expliqués et

---

1. *L'Idée de Dieu*, pages 381 et suiv.

précisés, et M. Caro a raison d'en revenir aux formules de la vieille métaphysique : Dieu est la cause première, l'Être des êtres, l'acte pur, c'est-à-dire la perfection et la réalité suprêmes. M. Caro déclare qu'il n'a pas l'intention de faire une démonstration, mais qu'il se contente de donner une définition. Il la complète en ajoutant que ce Dieu intelligent est aussi un Dieu aimant : « Il faut
« croire, dit-il, qu'il y a un Dieu qui nous
« connaît, qui appelle tout notre cœur et qui
« y répond. Un Dieu qui n'aimerait pas ne
« serait pas digne d'être adoré. L'adoration
« est le plus haut degré de l'amour, et l'amour
« suppose qu'on puisse être aimé; il n'y a
« pas d'amour sans cela. On n'*adore* pas une
« loi, quelque simple et féconde qu'elle soit;
« on n'*adore* pas une force si elle est aveugle,
« quelque puissante, quelque universelle
« qu'elle puisse être, ni un *idéal*, si pur qu'il
« soit, s'il est une abstraction; on n'adore
« qu'un Être qui soit la perfection vivante, la
« perfection de la réalité sous ses formes les
« plus hautes, la pensée, l'amour. Toute
« autre adoration implique un non sens,
« s'il s'agit d'un pur abstrait; une idolâtrie,
« s'il s'agit de la substance de l'univers.
« Voilà Dieu, tel que le conçoit la raison,
« tel que le réclame la conscience reli-

« gieuse de l'humanité. Voilà notre Dieu[1]. »

Oui, la raison est satisfaite par cette notion d'un Dieu, réalité vivante et suprême, principe et fin des choses, intelligence souveraine et bonté sans limites; les hypothèses qu'on voudrait lui substituer n'offrent que des impossibilités devant lesquelles la raison recule comme devant un joug qu'elle ne peut accepter qu'en abdiquant : si quelques penseurs solitaires s'en contentent, la conscience religieuse de l'humanité les repousse, et elle ne cessera jamais de faire monter vers le vrai Dieu l'encens de ses adorations et de son amour.

1. Page 390.

SCHOPENHAUER

SCHOPENHAUER[1]

Avant d'exposer le système de Schopenhauer, qu'il nous soit permis de rendre hommage à son courage, à son indépendance et à la sûreté de son coup d'œil. Il ne s'est pas laissé éblouir par l'éclat de ce nouveau soleil qu'on est convenu d'appeler *la philosophie allemande*. Il a regardé l'idole en face et, loin de se prosterner devant elle, il lui a dit sa façon de penser en termes un peu vifs peut-être. Tandis que les universités allemandes étaient comme autant de petites chapelles

1. *Le Monde comme volonté et comme représentation*, traduction de M. Burdeau.

consacrées au dieu Hégel, il entrait brusquement dans le sanctuaire pour troubler le recueillement des fidèles par un éclat de rire formidable.

« Pour nous, dit M. Foucher de Careil[1], « Schopenhauer est surtout un témoin pré« cieux de l'état de la philosophie universitaire « en Allemagne, un guide d'autant plus sûr, « qu'il a débuté par elle. Ce que j'aime de sa « critique de la philosophie allemande, c'est « qu'il la connaît à fond. L'ancien étudiant « de Gœttingue, l'*ex-privat-docent* de Berlin « se retrouve dans un monde qu'il a vu, qu'il « a fréquenté. Nul n'a jeté un regard plus « profond sur les cinquante dernières années « que la pensée vient de parcourir en Alle« magne. » Écoutons donc la déposition d'un témoin qui raconte ce qu'il a vu et entendu. Voici son jugement sur les doctrines de Fichte : « Je renonce à pénétrer la science « profonde que contient cette philosophie ; « dépourvu que je suis de toute intuition « rationnelle, toute doctrine qui suppose « une telle intuition est pour moi un livre « scellé des sept sceaux, et cette incapacité « va si loin, que (chose plaisante à avouer) ces « enseignements d'une si grande profondeur « me font toujours l'effet d'*énormes gascon-*

---

1. *Hégel et Schopenhauer*, page 155.

« *nades, terriblement assommantes par dessus*
« *le marché*[1]. » Ailleurs il appelle cette philosophie une *hâblerie*[2] et le mot lui paraît juste, car il le répète souvent. Kant, dont Schopenhauer est le fervent disciple, n'est pas toujours très clair dans son exposition (Schopenhauer lui-même va nous l'avouer tout à l'heure), on est donc excusable quand on se méprend sur sa pensée ; c'est ce qui arriva à ce pauvre Fichte qui « fut assez effronté et
« assez étourdi pour nier complètement la
« chose en soi, et pour édifier un système
« dans lequel ce n'était point seulement,
« comme chez Kant, la forme, mais encore
« la matière et tout le contenu de la repré-
« sentation qui étaient tirés *à priori* du sujet.
« Ce faisant, il avait — et à juste titre —
« confiance dans le manque de jugement et
« dans la niaiserie d'un public qui acceptait,
« pour des démonstrations, de mauvais
« sophismes, de simples tours de passe-passe
« et des billevesées invraisemblables. Il réussit
« ainsi à détourner de Kant l'attention géné-
» rale pour l'attirer sur lui, et à donner à la
« philosophie allemande une nouvelle direc-
« tion ; dans la suite, cette direction fut reprise

1. *Le Monde comme volonté et comme représentation*, page 28.
2. Page 128.

« par Schelling, qui alla plus loin encore ; elle
« fut enfin poussée à l'extrême par Hégel dont
« la profondeur apparente n'est qu'un abîme
« d'absurdités[1]. » Voilà donc, d'après Schopenhauer, la glorieuse genèse de la philosophie allemande. D'abord Fichte se trompe dans l'interprétation d'une pensée de Kant, et cela suffit pour le conduire tout droit *à des billevesées invraisemblables* que, du reste, la niaiserie du public prenait pour des démonstrations. Comme point de départ, c'est déjà joli, mais ce n'est encore rien ; Schelling va plus loin que Fichte, et enfin Hégel les surpasse et renchérit sur le tout. Que doit donc être Hégel qui a trouvé le moyen d'aller plus loin que Fichte et que Schelling ? Schopenhauer le définit : « un philosophe rebutant sur le bavardage
« creux duquel plane un ennui nauséabond[2]. »
Il semble que la mesure soit comble, et cependant la verve de Schopenhauer n'est pas épuisée : « L'obscurité que Kant mit parfois
« en son exposition fut surtout fâcheuse par
« le mauvais exemple qu'elle donna ; les imi-
« tateurs imitèrent le défaut du modèle et ils
« firent un usage déplorable de ce dangereux
« précédent. Kant avait forcé le public à se

1. *Le Monde comme volonté et comme représentation*, tome II, page 27.
2. Page 218.

« dire que les choses obscures ne sont pas
« toujours dépourvues de sens. Aussitôt les
« philosophes dissimulèrent le non-sens sous
« l'obscurité de leur exposition. Fichte, le
« premier, s'empara de ce privilège et l'ex-
« ploita en grand ; Schelling en fit au moins
« autant, puis une armée de scribes affamés,
« dépourvus d'esprit et d'honnêteté, se hâta
« de surpasser Fichte et Schelling. Pourtant
« on n'était pas encore au comble de l'impu-
« dence ; il restait des non-sens plus indi-
« gestes à nous servir, du papier à barbouiller
« avec des bavardages plus vides et plus
« extravagants encore réservés jusqu'alors
« aux seules maisons de fous : Hégel parut
« enfin, auteur de la plus grossière, de la plus
« gigantesque mystification qui fut jamais ;
« il obtint un succès que la postérité tiendra
« pour fabuleux et qui restera comme un
« monument de la niaiserie allemande[1]. »

Dans le cours de cette étude nous aurons trop souvent à contredire Schopenhauer pour n'être pas heureux de déclarer, qu'ici, nous sommes complètement de son avis ; nous nous permettrons seulement d'ajouter un nom à la liste des philosophes dont les bavardages

[1]. *Le Monde comme volonté et comme représentation*, tome II, page 19.

avaient été réservés jusqu'à présent aux seules maisons de fous et ce nom, c'est le sien.

D'après la division même de son grand ouvrage, *le Monde comme volonté et comme représentation,* nous allons étudier, en Schopenhauer, le philosophe proprement dit, l'artiste et le moraliste.

LE PHILOSOPHE

Quelques détails biographiques nous seront d'un grand secours pour comprendre les théories de Schopenhauer ; entr'ouvrons la porte de la chambre où médite l'austère philosophe, et cette légitime indiscrétion, nous expliquera bien des points obscurs de son système ; voici donc comment s'exprime un de ses biographes : « On peut noter en lui « plus d'un symptôme morbide, et ce coin « de folie qui n'est pas rare chez les esprits « supérieurs. *Nullum magnum ingenium sine* « *quadam mixtura dementiæ*, a dit Sénèque. « Peut-être, à l'égard de Schopenhauer, la « nature avait-elle un peu forcé la dose. Il « semble tenir de l'hérédité son humeur vio-

« lente, ses terreurs sans cause, ses manies
« sans nombre, ses défiances et ses ombrages.
« On en retrouve la trace chez ses ascen-
« dants paternels et maternels. Il est certain
« que son père s'est tué dans une attaque de
« mélancolie noire. Lui-même, dès sa pre-
« mière jeunesse, est sujet à d'étranges lubies.
« Reçoit-il une lettre, il s'effraye, prévoit un
« malheur : la nuit, au moindre bruit, il
« s'éveille, se jette sur ses pistolets. Il prend
« mille précautions contre les maladies, les
« accidents de toute sorte, habite un premier
« étage pour mieux échapper en cas d'incen-
« die ; il tremble au contact d'un rasoir qui
« n'est pas le sien ; il serre soigneusement
« ses tuyaux de pipe..... Il se croyait victime
« d'une persécution, et voyait une vaste
« conspiration du silence autour de son
« œuvre..... Autre symptôme non moins
« grave, c'est la manie raisonnante ; il rai-
« sonne sur tout, sur son grand appétit, sur
« le spiritisme, le clair de lune, l'amour grec,
« sur les songes et les présages. Une nuit la
« servante rêve qu'elle essuie des taches
« d'encre, et ce même matin, par mégarde,
« Schopenhauer répand son encrier : étrange
« concordance ! notre philosophe en est
« frappé. Tout ce qui arrive, arrive nécessai-
« rement, s'écrie-t-il d'un ton solennel ;

« aussitôt de cette bouteille à l'encre sort tout
« un système.

« Des traits pareils ne donneraient-ils pas
« l'envie de confier aux médecins aliénistes le
« soin d'écrire l'histoire de la philosophie. On
« s'apercevrait alors avec étonnement que
« ceux qui passent parmi les hommes pour des
« devins et des sages se sont montrés, par
« moments et par accès, des fous plus fous
« que les autres [1]. »

Schopenhauer qui, en théorie, tombe dans les confusions les plus étranges, unit les choses les plus dissemblables, et pousse aux extrémités les plus austères et les plus désespérantes, a bien soin, en pratique, de faire une distinction essentielle entre lui et les autres. Pour les autres, la vie des trappistes et l'ardent désir de la grande libératrice, la mort ; mais s'il s'agit de lui, il envisage le problème à un autre point de vue : « Tandis
« qu'il médite et compose, à vingt-neuf ans,
« son grand ouvrage, *le Monde comme volonté*
« *et comme représentation*, ce livre fameux
« qui conclut à l'ascétisme en vue d'amener
« la fin du monde par la continence absolue [2]. »

---

1. J. Bourdeau : Schopenhauer, *Pensées, Maximes et Fragments*, II⁰ édition, préface, page 11.

2. *Ibid*.

il se rend à Venise où, en compagnie de Byron, il mène une vie qui ne rappelle en rien les austérités de la Trappe.

Il appelle à grands cris la mort sur la tête des autres et il leur enseigne philosophiquement à ne pas la redouter, mais pour lui, il en a une peur effroyable. Il s'était astreint à un régime qui, d'après ses calculs, devait le conduire jusqu'à cent ans[1] ; il se trompa ; on n'est pas infaillible. Il est touchant de savoir que ce désespéré se levait régulièrement à huit heures, s'épongeait à l'anglaise, préparait son café, se mettait au travail pour jouer ensuite un petit air de flûte.

Quand le choléra éclata à Berlin en 1831, il se sauva à toutes jambes. Mais en 1813 il avait eu un élan de patriotisme héroïque ; les clairons qui retentissaient dans toute l'Europe réveillèrent en lui l'amour de la patrie et il résolut d'aller se faire tuer..... par procuration. Il acheta un sabre d'honneur à un de ses camarades, et il paya un uniforme au lieutenant Helmholtz dont la vie était bien moins précieuse que la sienne. Que le lieutenant se fît casser la tête, la perte n'était pas irréparable, mais Schopenhauer avait mission d'éclairer le monde en méditant tranquille-

---

1. Th. Ribot, page 10.

ment et, à l'abri des coups, sur « *la quadruple* « *racine de la raison suffisante*[1]. »

Ne nous étonnons pas des soins minutieux que Schopenhauer prenait de sa propre conservation, il se devait à l'humanité dont il était la lumière : « Ma philosophie, disait-il, « dénoue véritablement l'énigme du monde, « dans les bornes de la connaissance humaine. « En ce sens on peut l'appeler une révélation. « Elle est inspirée d'un tel esprit de vérité, « qu'il y a, dans la morale, certains para- « graphes qu'on pourrait considérer comme « suggérés par l'Esprit-Saint[2]. » On n'est pas plus modeste.

Voilà donc l'état mental de Schopenhauer : une forte dose de folie délayée dans un orgueil démesuré. Cette connaissance de l'homme était nécessaire pour bien comprendre le philosophe.

1. Voir Bourdeau, *op. cit., passim*.
2. Th. Ribot, page 31.

I

La pierre d'achoppement de la philosophie allemande a été cet éternel problème : la connaissance. Que connaissons-nous et surtout comment connaissons-nous, telle est la question qui se pose forcément.

La connaissance est d'abord un fait. Un objet frappe mes sens, j'en ai une idée, je le connais, voilà le fait. Il suppose nécessairement deux termes : le sujet et l'objet, le moi et le non-moi, pour parler comme les philosophes d'outre-Rhin. Comment le sujet peut-il atteindre l'objet? En s'unissant à lui par une image, c'est-à-dire au moyen des espèces intelligibles. Quiconque repousse la théorie des espèces intelligibles doit trouver une autre solution au problème de la connaissance. Les philosophes allemands l'ont résolu en admettant *l'identification* du sujet et de l'objet :

l'objet n'est plus uni au sujet, sa réalité et celle du sujet sont une seule et même chose. Il n'y a donc plus union seulement, il y a unité, identification. Cette unité, pour Fichte, est *le moi*, elle est *l'identique* de Schelling, *l'idée* de Hégel et *la volonté* de Schopenhauer. Les noms changent, le fond de la doctrine est le même.

C'est Kant qui est responsable des aberrations de la philosophie allemande. Il avait dit, en effet, dans sa *Critique de la raison pure* : « Si je fais abstraction du sujet pensant, « tout le monde des corps s'évanouit, puis- « qu'il n'est rien autre chose que le phéno- « mène de cette faculté subjective qu'on « appelle sensibilité, un des modes de repré- « sentation du sujet qui connaît ». Si Kant se fût contenté de dire que la disparition du sujet pensant entraînerait celle de l'objet *en tant que connu et pensé*, il eût été dans le vrai, car, pour être connu, l'objet suppose nécessairement un sujet connaissant; mais il fait dépendre *la réalité* de l'objet de l'existence du sujet, de telle sorte que c'est le sujet qui crée l'objet, non plus seulement en tant que connu, mais dans sa réalité totale. Kant prévoyait peut-être l'abus que l'on pourrait faire d'une proposition si étrange déjà en elle-même, aussi il la supprima dès la seconde édition.

Schopenhauer lui reproche amèrement d'avoir ainsi brisé l'unité de son système, d'avoir arraché la clef de voûte de l'édifice et il réussit à faire publier, en 1838, une édition de *la Critique de la raison pure* dans sa forme primitive.

Les maîtres avérés de Schopenhauer sont Bouddha, Platon et Kant. Ce qui l'attire vers le bouddhisme, c'est la négation radicale du théisme. « Le bouddhisme, dit-il [1], c'est-à-« dire la religion qui compte sur la terre le « plus de fidèles, loin d'admettre le moindre « vestige de théisme, en a, au contraire, une « horreur invincible; c'est là une vérité abso-« lument démontrée. » Quant à Platon, « c'est « aux Juifs qu'il doit ses accès périodiques de « théisme [2]; » lui en faire un titre de gloire, « *c'est une vraie capucinade* », et si Kant s'était livré à de sérieuses études historiques, il n'aurait pas dit que le concept de Dieu est « une conséquence nécessaire, un produit na-« turel de la raison [3] ».

Schopenhauer a subi d'autres influences qu'il ne pouvait pas avouer sans se donner à

---

[1]. *Le Monde comme volonté et comme représentation*, tome II, page 84.

[2]. Page 84.

[3]. Page 85.

lui-même le plus sanglant démenti, mais
« on est toujours de son temps et de son
« pays par quelque endroit. Kant, Platon et
« Bouddha, sa trinité philosophique, ne pou-
« vaient l'arracher complètement à l'influence
« de Fichte, Schelling, Hégel, cette trinité
« sophistique qu'il a si vivement dénoncée à
« l'Allemagne, mais qui ne lui en pas moins
« imposé sa loi[1]. »

Il a emprunté à ces sophistes surtout leur méthode, très simple du reste, et qui présente d'immenses avantages. Elle consiste, en effet, à entasser des propositions plus extravagantes les unes que les autres, à se dispenser de donner une seule preuve et enfin (ceci est le point capital) à entourer ces audacieuses affirmations de formules à peu près inintelligibles[2]. Schopenhauer dit avec infiniment de raison que si Hégel avait parlé clairement, on « lui aurait ri au nez », mais il a été plus habile, et c'est l'obscurité de son langage qui a fait son succès. Chose étrange ! et qui laisserait croire que l'esprit humain a un besoin irrésistible

1. Foucher de Careil : Hégel et Schopenhauer, p. 318.
2. Nous reconnaissons volontiers que l'exposition de Schopenhauer est plus claire que celles des philosophes que nous venons de nommer, mais cette *clarté allemande* est mêlée de beaucoup d'ombres qui rendent la lecture de son livre peu attrayante pour les compatriotes de Bossuet.

d'être dupé. Qu'on présente une doctrine simple, vraie, démontrée ; une exposition claire de ces données du sens commun qui sont la partie la plus précieuse de notre patrimoine intellectuel, aussitôt on est en garde et on se défie. On soulève des objections, on cherche le côté faible, on hésite à accepter un système qui explique ce que tout le monde pense implicitement; mais, au contraire, que l'on hasarde une proposition extravagante en ayant soin de l'envelopper de mots prétentieux, détournés de leurs sens vulgaires et difficiles à comprendre, immédiatement l'extravagance passe pour de la hardiesse et l'obscurité pour de la profondeur !

Cette disposition est, en philosophie, aussi déplorable que le serait, en littérature, le goût dépravé d'un homme qui préférerait le style décadent à une lettre de Mme de Sévigné.

Dès l'*introduction* Schopenhauer nous avertit charitablement que la lecture de son livre est lourde et pénible, car il nous donne de nombreuses indications pour que nous en puissions pénétrer le sens profond. Le premier conseil, « c'est *de lire le livre deux fois*, la première avec beaucoup de patience[1]. » Le conseil est excellent, oui, il faut de la patience. Mais au moins, avec beaucoup de patience, pouvons-nous espérer d'avoir compris à la première lecture ? Il n'est pas probable, car l'auteur nous apprend « qu'à la seconde fois « bien des choses, et toutes peut-être, appa- « raîtront sous un jour absolument nouveau. » Cette déclaration est grave, car si, à la seconde lecture, tout nous apparaît sous un jour absolument nouveau, c'est que, la première ne nous aura pas appris grand'chose. Mais alors qui nous garantira que la seconde a été plus féconde que la première ? Il faudra recommencer une troisième fois : on voit que Schopenhauer se propose de mettre notre patience à une rude épreuve. Armons-nous donc de patience et ouvrons le livre, dont le titre : *le Monde comme volonté et comme représentation*, n'est pas d'une excessive clarté.

Qu'est-ce que le monde, se demande Schopenhauer ? Et il répond sans sourciller : le monde est deux choses, ma représentation d'abord, *ma volonté* ensuite, et il ajoute que cette seconde vérité est « austère, bien propre « à faire réfléchir l'homme sinon à le faire « trembler[2] ». Cette *vérité*, en effet, me rend

---

1. Préface de la première édition.
2. Page 4.

pensif : songez donc ! le monde est *ma volonté*. Est-ce ma volonté qui gouverne le monde ? Mais alors quelle responsabilité ! Est-ce ma volonté qui a fait le monde ? Quelle grandeur ! Ma volonté et le monde sont-ils une seule et même chose ? Je ne le savais pas, mais depuis que Schopenhauer me l'a appris, je tremble.

Étudions le monde d'abord comme *représentation*, c'est-à-dire comme « propriété qu'il possède d'être pensé [1] ». En français, ceci veut dire, que lorsque je vois un objet j'en ai l'idée (la représentation) et que, si j'étais anéanti, mon idée le serait avec moi. Non, soutient Schopenhauer, ce n'est pas seulement l'idée qui serait détruite, l'objet lui-même le serait du même coup, car l'objet (le monde) n'est qu'idée, c'est-à-dire que représentation.

C'est ce qu'il faudrait démontrer : mais Schopenhauer suppose que son affirmation a l'évidence d'un premier principe et que, par conséquent, elle n'a pas besoin de preuves, car un objet qui existerait en soi et qui ne serait ni représentation ni volonté « est une pure chimère, un feu follet ».

La pensée de Schopenhauer sur la réalité du monde flotte entre l'idéalisme radical de

---

[1]. Page 5.

Berkeley et l'idéalisme mitigé de Kant ; cependant, après avoir lu les textes avec la plus sérieuse attention et, en particulier, le supplément au livre premier, nous sommes convaincu que c'est Berkeley qui l'emporte.

Le véritable but de la philosophie, dit Schopenhauer[1], est de connaître ce qu'*est* le monde ; elle ne s'inquiète pas de savoir d'*où* il vient, *où* il va, pourquoi il est ; elle ne se demande qu'une chose, qu'est-il ? C'est restreindre singulièrement le domaine de la philosophie, mais passons. Qu'est-ce donc que le monde ? a-t-il une réalité propre, indépendante du sujet ? Non, d'après Schopenhauer : « aucun objet, dit-il[2], à moins de contradiction, ne saurait être conçu sans un sujet, on doit refuser, par suite, aux dogmatiques la possibilité même de la réalité qu'ils attribuent au monde extérieur, fondée, selon eux, sur son indépendance à l'égard du sujet. »

Il y a contradiction à supposer un objet *connu* sans un sujet *connaissant*, cela est parfaitement vrai, mais la question est de savoir si l'objet existe *en lui-même*, indépendamment

---

1. Cité par M. Th. Ribot : *la Philosophie de Schopenhauer*, 3ᵉ édition, page 30.

2. *Le Monde comme volonté et comme représentation*, page 16.

du sujet. Schopenhauer se prononce pour la négative; d'après lui, l'existence de l'objet dépend du sujet, car, dit-il, « le monde a besoin du sujet connaissant comme support de son existence ». Son affirmation est encore plus formelle, s'il est possible, dans *le supplément*.

« Affirmer que l'existence des choses est
« conditionnée par un sujet représentant et,
« par conséquent, que le monde n'existe que
« comme représentation, ce n'est pas faire
« une hypothèse, ce n'est rien affirmer gra-
« tuitement, c'est encore moins émettre un
« paradoxe inventé pour les besoins de la
« cause. C'est la vérité la plus certaine et la
« simple, la plus difficile de toutes à saisir,
« précisément parce que c'est la plus simple,
« et que tout le monde ne pense pas assez
« pour remonter des choses aux premiers
« éléments de la conscience. Il ne saurait y
« avoir une existence absolue, une existence
« objective en soi : elle serait inconcevable ;
« car l'objectif, par son essence même, n'existe
« en tant que tel que dans la conscience d'un
« sujet[2]. »

Le monde n'existe donc que dans le sujet,

1. Page 32.
2. *Le Monde comme volonté et comme représentation*, tome II, page 141.

détruisez celui-ci, celui-là disparaît. Il faudrait au moins donner une preuve, mais une preuve est inutile, puisque cette vérité est la *plus certaine* et la *plus simple*. Quand donc un homme meurt, tout ce qu'il connaît et qu'il a connu est anéanti du coup; nous verrons, en effet, que, selon Schopenhauer, mourir, c'est tomber dans le néant : « Le monde
« réel, intuitif, dit-il encore, est manifeste-
« ment un phénomène du cerveau; c'est pour-
« quoi l'hypothèse qu'il puisse y avoir un
« monde, en tant que tel, en dehors de tout
« cerveau, est contradictoire[1]. »

Toute la valeur d'une doctrine repose dans la force des preuves sur lesquelles elle s'appuie ; une affirmation sans preuves est, en philosophie, une parole en l'air. Or, dans la vue d'ensemble qu'il jette sur les théories de Schopenhauer, M. Th. Ribot fait remarquer, avec infiniment de raison, qu'il n'y a de preuve nulle part : « Quelle preuve, dit-il,
« qu'entre toutes les solutions possibles,
« celle-là seule est vraie ? *Schopenhauer n'en*
« *donne aucune*..... elle reste donc sans va-
« leur scientifique. » Le même auteur fait encore observer, qu'à toutes les difficultés si graves que soulève son système « Schopen-
« hauer répond : Je n'en sais rien, je constate

1. Page 142.

« seulement que cela est : ma philosophie ne
« vous a pas promis autre chose[1]. » Et plus
loin, M. Ribot signale de nouveau « la légè-
« reté de Schopenhauer à se passer de la
« preuve[2] ».

Un système est jugé quand on a le droit
de prononcer sur lui une semblable condamnation.

Revenons à l'examen de l'idéalisme : « La
« matière, comme telle, dit Schopenhauer[3],
« existe-t-elle dans notre représentation, ou
« est-elle indépendante de toute représenta-
« tion ? Dans le dernier cas, elle serait la chose
« en soi, et quiconque suppose une matière
« existant *par* elle-même, doit, pour être
« conséquent, se déclarer aussi matérialiste,
« c'est-à-dire faire, de la matière, le principe
« d'explication de toute chose. Celui, au con-
« traire, qui la nie comme *chose* en soi, est
« par le fait même idéaliste. Locke, seul
« parmi les modernes, a soutenu absolument
« et sans réserves la réalité de la matière.
« Aussi, sa doctrine, grâce à Condillac, a-t-
« elle produit le sensualisme et le matéria-

---

1. *La Philosophie de Schopenhauer*, 3ᵉ édition, p. 149.
2. *Ibid.*, page 165.
3. *Le Monde comme volonté et comme représentation*, tome II, page 148.

« lisme des Français. Berkeley seul a nié la
« matière absolument et sans restrictions. De
« là résulte l'antithèse du matérialisme et de
« l'idéalisme représenté dans ses extrêmes par
« Berkeley et par les matérialistes français
« (d'Holbach)[1]. »

Dire que je suis obligé de me déclarer matérialiste si j'ai le malheur de croire que la maison que j'habite, le pain que je mange et le chapeau que j'ai sur la tête sont autre chose que des idées, c'est dépasser évidemment les limites d'une innocente plaisanterie.

D'abord, Schopenhauer parle indifféremment de la matière qui existerait *par* elle-même et de la matière qui existe *en elle-même*. Il n'a certainement pas pris garde à la distinction capitale entre exister *par soi* et exister *en soi*. La matière n'existe pas *par elle-même*, elle existe par un autre ; il est vrai que, d'après Schopenhauer, une doctrine est d'autant plus recommandable qu'elle a l'horreur instinctive *de cet autre*. Mais si la matière n'existe pas *par* elle-même, elle existe *en* elle-même, c'est-à-dire qu'un objet, pour exister réellement, n'a pas besoin d'attendre que l'on pense à lui. Il n'est pas *pensé*, cela est vrai, mais *il est*, cela lui suffit, et je ne vois aucun

---

[1]. Page 148.

lien logique entre, être matérialiste, et croire que la table sur laquelle j'écris n'est pas seulement une représentation. Qui ne sait d'ailleurs que le sensualisme de Locke vient, non de ce qu'il a affirmé l'existence de la matière, mais de ce qu'il a cru pouvoir expliquer l'origine de *certaines* idées par la sensation seule ; de là à les faire dériver *toutes* de la sensation, il n'y avait qu'un pas : il fut franchi par Condillac. Mais, encore une fois, le sensualisme et le matérialisme ne sont, en aucune manière, la conséquence logique de cette affirmation : l'existence de la matière est indépendante du sujet pensant.

Le scrupule de Schopenhauer, ne voulant pas accepter la réalité de la matière, de peur de tomber dans le matérialisme, est d'autant plus étrange que, si la théorie de Condillac mène droit au matérialisme, il faut ajouter cependant qu'en dehors de son système et, par une inconséquence, heureuse en pareil cas, Condillac admet la spiritualité de l'âme[1], tandis que Schopenhauer la nie ouvertement.

1. « Conformément à ce que *la foi enseigne*, l'âme des « bêtes est d'un ordre essentiellement différent de celle « de l'homme. » (Préface du *Traité des sensations*. — Dans son *Traité sur l'origine des connaissances humaines* (ch. 1, §§ 6 et 7), il prouve la spiritualité de l'âme et il s'insurge contre l'opinion de Locke, disant que Dieu pourrait donner à la matière la faculté de penser.

Il dit, en effet, qu'entre les calculs de Newton et la fonction qui permet à l'animal de percevoir la cause qui agit sur son corps, « il n'y a « qu'une simple différence de degré[1]. » Il dit, il est vrai, que la *raison* est le privilège de l'homme, mais pour lui la raison n'est que *l'intuition* (sensation) transformée[2]. La raison, en effet, n'est pour lui que la faculté de former des concepts généraux, et les concepts ne sont qu'une forme de l'intuition, d'où il suit nécessairement, qu'en dernière analyse, la raison n'est que la sensation se présentant sous une forme nouvelle; c'est, à la lettre, la théorie de Condillac : « Comme la matière
« des concepts — ainsi que nous l'avons dé-
« montré — n'est autre que la connaissance
« intuitive, et que, par conséquent, tout l'édi-
« fice de notre monde intellectuel repose sur
« le monde de l'intuition, nous pouvons de-
« voir revenir, comme par degrés, de con-
« cepts en concepts, aux intuitions d'où ces
« concepts ont été immédiatement tirés; c'est-
« à-dire que nous devons pouvoir appuyer
« tout concept sur des intuitions qui, par
« rapport aux abstractions, jouent le rôle d'un

1. *Le Monde comme volonté et comme représentation*, tome I, page 23.
2. Page 39.

« modèle. Ces intuitions représentent donc
« *le contenu réel de notre pensée;* partout où
« elles manquent, il n'y a plus de concepts, il
« y a des mots. Sous ce rapport, notre intel-
« ligence ressemble à un billet de banque,
« qui, pour avoir une valeur réelle, suppose
« du numéraire en caisse, destiné à solder,
« le cas échéant, tous les billets émis. Les in-
« tuitions sont le numéraire et les concepts
« sont les billets[1]. »

On peut donc descendre de degrés en degrés du concept à l'intuition comme on descend du premier étage au rez-de-chaussée
(c'est une comparaison de Schopenhauer), il n'y
a, entre l'intuition et le concept, qu'une différence de niveau et celui-ci sans celle-là n'a pas
plus de valeur qu'un billet de banque quand
il n'y a plus de numéraire en caisse. L'intuition
est le seul contenu réel de notre pensée, dans
tout le reste, il n'y a que des mots : « L'in-
« tuition, dit-il encore[2], n'est pas seulement
« la source de toute connaissance, elle est la
« connaissance même; c'est la seule qui soit
« inconditionnellement vraie, la seule pure,
« la seule qui mérite vraiment le nom de con-
« naissance, car c'est la seule qui nous fasse

1. *Le Monde comme volonté et comme représentation,*
tome II, page 201.
2. Page 210.

« voir, à proprement parler, la seule que « l'homme s'assimile réellement, qui le pé- « nètre tout entier et qu'il puisse appeler « vraiment *sienne*. » A quoi bon insister ? Schopenhauer n'a fait que rééditer la doctrine de Condillac, aussi M. Th. Ribot a-t-il raison de dire que sa psychologie révèle le lecteur assidu des sensualistes français de la fin du xviiie siècle [1].

Ce n'est qu'à sa théorie sur la volonté que Schopenhauer doit son originalité, peu enviable, du reste, mais, avant d'expliquer sa seconde proposition : « Le monde est ma vo- « lonté, » qu'on nous permette de jeter un coup d'œil sur sa métaphysique [2].

L'homme seul fait de la métaphysique, l'animal ne s'en occupe pas; il y a, à cette différence, une raison profonde, c'est que l'animal, *participant à l'omniscience de la Mère universelle*, ne s'étonne de rien; tandis que l'homme,

---

1. *La Philosophie de Schopenhauer*, 3e édition, page 55. — Nous avons déjà réfuté le sensualisme, il n'y a pas à y revenir ici.

2. Ce qui suit est le résumé exact de la longue dissertation de Schopenhauer sur *le besoin métaphysique de l'humanité*.

moins bien partagé, s'étonne de tout, et voilà pourquoi il fait de la métaphysique. Il faut savoir, en outre, que les hommes se divisent en deux catégories : les hommes d'esprit et les imbéciles. A ceux-ci, incapables de métaphysique, il faut une religion. Oh! n'importe laquelle; une religion, même athée, suffit largement. Quant aux hommes d'esprit, c'est différent, ils réclament une métaphysique dont le choix exige une sérieuse attention. Or, tout bien pesé, et malgré les mérites sérieux de la métaphysique de Kant, prenez la mienne, dit Schopenhauer. Elle ne vous révélera pas, sans doute, tous les secrets du monde : à quoi bon, du reste, vous ne les comprendriez pas.

Descendons dans le détail.

L'essence de la nature, qui est « *le vouloir-* « *vivre dans son objectivation* », se développe d'abord dans les deux règnes de l'existence inconsciente (minéraux, plantes). Elle est là dans « *toute sa force et sa joie* », et puis elle traverse « *la série si longue et si étendue des* « *animaux* » pour arriver jusqu'à l'homme. Là, elle s'étonne et elle se demande « *à elle-* « *même ce qu'elle est* ».

La conséquence immédiate de cette synthèse de Schopenhauer, c'est que le savoir est en raison inverse de l'intelligence, c'est-à-dire

que moins on est intelligent, plus on sait et réciproquement : « Plus un homme est infé-
« rieur par l'intelligence, dit-il, moins l'exis-
« tence a pour lui de mystère. Toute chose
« lui paraît porter en elle-même l'explication
« de son pourquoi et de son comment. Cela
« vient de ce que son intellect est encore resté
« fidèle à sa destination originelle et qu'il est
« simplement le réservoir des motifs à la dis-
« position de la volonté : aussi, étroitement
« uni au monde et à la nature, comme partie
« intégrante d'eux-mêmes, est-il loin de
« s'abstraire pour ainsi dire de l'ensemble
« des choses, pour se poser ensuite en face
« du monde et l'envisager objectivement. »
Donc, plus on est rapproché de ce centre où l'essence de la nature s'épanouit dans *toute sa force et sa joie*, plus on participe à l'omniscience de la Mère universelle; on a l'oreille plus près de cette bouche d'où tombent tant de secrets, tandis que lorsqu'on s'en éloigne, on n'entend plus que quelques paroles confuses dont on a beaucoup de peine à pénétrer le sens. Voilà pourquoi l'animal dont « l'in-
« tellect et la volonté ne divergent pas encore
« assez » et qui est uni « à la nature comme
« la branche au tronc », doit posséder un savoir plus étendu que celui d'un homme peu intelligent. Mais pourquoi s'arrêter en si beau

chemin? pourquoi ne pas ajouter que la plante et le minéral doivent, à leur tour, être plus savants que l'animal, puisqu'ils sont encore plus près *du vouloir vivre dans son objectivation* ?

La conséquence n'est pas logique, répond Schopenhauer; car l'homme peu intelligent, l'animal, la plante et le minéral font partie intégrante de la nature et du monde; tandis que le sentiment de la dualité entre le monde et soi « suppose, dans l'individu, un degré « supérieur d'intelligence », et c'est de ce sentiment que résulte « *l'étonnement philosophi-* « *que* ». Très bien : donc, d'après Schopenhauer, l'animal et l'homme peu intelligent savent plus que l'homme intelligent, car ils participent dans une mesure plus large à l'omniscience de la Mère universelle, seulement ils y participent « *sans le savoir* », en d'autres termes, ils sont fort savants, mais ils ne s'en doutent pas.

La science que l'on possède sans s'en douter est nulle : si, en effet, je sais sans savoir que je sais, c'est absolument comme si je ne savais rien; pourquoi, dès lors, ne pas dire tout de suite que l'animal et l'homme peu intelligent ne savent rien ou peu s'en faut : cela eût été beaucoup plus clair. Sans doute, mais n'oublions pas qu'un philosophe allemand perdrait tout son prestige s'il parlait clairement.

Quoi qu'il en soit, le signe d'une intelligence supérieure est, d'après Schopenhauer, le sentiment de la dualité entre le monde et soi. Quiconque a le sentiment que la lune, le mont Blanc, l'océan Pacifique, etc., etc., ne font pas partie intégrante de sa personnalité, est, par le fait même, une intelligence supérieure. Pour un pessimiste farouche, c'est faire à l'humanité la part assez belle, car les hommes qui ont le sentiment de la dualité dont parle Schopenhauer sont, en définitive, le très grand nombre; la majorité est donc composée d'hommes supérieurs. Ajoutons cependant qu'une seconde condition est requise : « La connaissance des choses de la mort et la « considération de la douleur et de la misère « de la vie. » Donc, sentiment de la dualité d'une part, pensée de la douleur et de la mort de l'autre, telle est la double source du besoin métaphysique de l'humanité.

Ce besoin a été exploité par les prêtres et par les sophistes; les premiers ont servi au public « des fables ridicules et des contes de « mauvais goût », les seconds ont enseigné, dans les universités, « des opinions selon « le cœur du ministre qui distribue les « chaires ».

« Voyons maintenant d'un coup d'œil gé-
« néral les différentes façons de satisfaire ce
« besoin métaphysique si impérieux », et sa-
chons d'abord que « j'entends, par métaphy-
« sique, tout ce qui a la prétention de montrer
« ce qu'il y a derrière la nature et qui la rend
« possible. »

Deux solutions se présentent : 1° les religions pour « la grande masse qui est incapa-
« ble de penser »; 2° la philosophie pour les
esprits d'élite.

1° *Les religions.*

Absence de démonstrations et « absurdités
« bien palpables », tels sont « les ingrédients
« essentiels d'une religion bien faite ». (A ce
titre, la philosophie de Schopenhauer serait
éminemment religieuse.) Toute religion ren-
fermant des mystères, il en résulte l'impossibilité, pour elle, d'alléguer une preuve quelconque, elle la remplace par la foi qu'elle
impose, par des menaces ou par le bûcher.
Malgré cela, elle est, pour le peuple, une
excellente métaphysique. Il importe très peu,
du reste, que les religions soient monothéistes,
polythéistes, panthéistes ou athées, il n'y a
qu'une chose qui les « différencie, c'est

« leur manière de voir optimiste ou pessi-
« miste. »

Nous avons, ici même, dans notre étude sur M. Vacherot, abordé une question analogue à celle que soulève Schopenhauer, et nous l'avons traitée avec la gravité que comporte un pareil débat et le respect que nous inspire un contradicteur dont rien ne nous autorise à suspecter la parfaite bonne foi. Mais quand un philosophe dont le système est un tissu d'insanités et qui prétend nous imposer, sans preuves, et par la seule autorité de sa parole, des propositions monstrueuses qui sont un défi et une insulte aux données les plus élémentaires du sens commun, quand un tel homme a la criminelle audace de parler de la religion avec cette révoltante inconvenance, on éprouve, comme malgré soi, le sentiment d'un insurmontable dégoût. Eh quoi! c'est Schopenhauer qui reproche à la religion de manquer de preuves, lui qui n'a jamais rien démontré; il l'accuse de renfermer des absurdités, lui qui, nous le verrons encore dans le cours de cette étude, a entassé, comme à plaisir, des extravagances pires que celles de Hégel, dont il a dit lui-même qu'elles étaient *la plus grossière et la plus gigantesque mystification qui fût jamais;* il nous objecte les mystères, lui qui va nous déclarer tout à l'heure que le monde en est rempli et que ceux qui prétendent tout expliquer sont « des farceurs « et des charlatans »! En vérité, on est confondu, et ce triste personnage, qui déshonore l'histoire de la philosophie, dépasse les limites de l'erreur pour tomber dans la démence.

La religion ne démontre pas l'évidence du mystère en lui-même, mais elle l'entoure *de motifs de crédibilité* capables de satisfaire la raison la plus exigeante. Objecter l'existence du mystère pour s'en faire une arme contre la religion, cela n'est pas sérieux. A chaque pas, la science humaine va se heurter à des voiles qu'elle s'efforce en vain de soulever, comment peut-elle avoir la prétention de comprendre tout quand il s'agit de Dieu et des choses divines ?

« L'essence intime de l'expansion dans l'es-
« pace, dit Schopenhauer, de l'impénétrabi-
« lité, de la faculté d'être mû, de la résistance,
« de l'élasticité et de la pesanteur demeure,
« après toutes les explications physiques, *un*
« *mystère,* au même titre que la pensée. » Je pousse une bille (c'est l'exemple de Schopenhauer), elle se meut, mystère! Elle tombe,

mystère! En tombant, elle rebondit, mystère! Si je veux l'aplatir, elle résiste, mystère! mystère! Une innocente partie de billard renferme autant de mystères qu'un traité de théologie, n'importe. Des mystères dans une boule d'ivoire, tant que l'on voudra; dans une religion, jamais. Schopenhauer oublie donc que lui-même, oui, lui-même, malgré « la lumière « du flambeau qu'il a allumé et l'espace qu'il « a éclairé, n'a pas pu percer la nuit profonde « dont notre horizon demeurera toujours en- « veloppé » et que ceux qui prétendent tout expliquer « sont des farceurs, des fanfarons et « des charlatans ».

Quant à la notion, spéciale à Schopenhauer, d'une religion athée, c'est, en même temps qu'un blasphème, un non-sens et une contradiction dans les termes; car une religion suppose un Dieu.

Examinons maintenant le second moyen que Schopenhauer offre à l'humanité pour répondre au besoin métaphysique.

2° *La Philosophie.*

Les trois systèmes que Schopenhauer étudie d'abord sont le panthéisme, le théisme et le naturalisme.

Il rappelle que la cause première du besoin métaphysique est l'étonnement, or si nous faisions partie du grand Tout, nous ne nous étonnerions pas, attendu que « l'énigme inson-
« dable qui nous tourmente sans relâche nous
« semblerait plus évidente encore que la pro-
« position : deux fois deux font quatre.....
« Mais il n'en est nullement ainsi. A l'animal
« sans pensée, le monde et l'existence peu-
« vent paraître des choses qui se compren-
« nent d'elles-mêmes; pour l'homme, au con-
« traire, c'est là un problème..... » singulière réfutation du panthéisme ! Cette doctrine n'est donc fausse que parce qu'elle supprime l'étonnement ! qu'elle supprime Dieu, elle fait là une excellente besogne, mais l'étonnement est l'arche sainte, il n'y faut pas toucher. Comme réfutation, c'est un peu faible, mais Schopenhauer va prendre sa revanche sur ce qu'il appelle dédaigneusement « le simple
« théisme, qui, dans sa preuve cosmologique,
« infère tacitement, de l'existence du monde,
« sa non-existence antérieure ; en lui-même
« le monde est donc, pour lui, quelque chose
« d'accidentel. » Schopenhauer est vraiment trop difficile ; le voilà en présence de deux systèmes, l'un qui lui crie : « Le monde est
« nécessaire, » l'autre qui lui dit : « Il est con-
« tingent, » et Schopenhauer leur répond à

tous les deux : Moi je ne dis ni oui, ni non. Du reste, d'après notre philosophe, le théisme a eu recours à un enfantillage pour expliquer la douleur et le mal, il a inventé le libre arbitre, or le libre arbitre est une absurdité, « puis-« qu'il suppose un *operari* qui ne vient d'au-« cun *esse*. » Être libre, c'est donc, d'après Arthur Schopenhauer, ne pas exister et agir tout de même !

Passons à l'examen du naturalisme ; ici, entre autres choses, on va nous apprendre pourquoi « on représente le diable avec un « pied de cheval ».

Le naturalisme (la physique au sens le plus étendu du mot) s'occupe aussi d'expliquer les phénomènes du monde en s'appuyant sur les forces de la nature, mais c'est recourir à l'inconnu pour expliquer ce qui n'est pas très clair, et c'est afin de qualifier cette prétention, « qu'on représente le diable avec un pied « de cheval ». Le naturalisme vient échouer devant deux difficultés : 1° il ne peut pas atteindre le commencement des choses ; 2° les qualités primordiales et les forces naturelles sont inexplicables, « d'où il suit qu'il n'est « pas si infime tesson d'argile, qui ne soit « composé de qualités aussi inexplicables les « unes que les autres. »

Nous ferons remarquer à Schopenhauer

qu'il ne faut pas exiger, d'une science, des solutions qui ne sont pas de sa compétence. Or, les sciences naturelles ont pour objet d'étudier les faits et non les causes, du moins les causes éloignées ; celles-ci ne sont pas de son domaine, par conséquent, il n'est pas juste de leur reprocher de ne pas les expliquer, c'est à la métaphysique que cette besogne incombe ; Schopenhauer le reconnaît immédiatement: Il poursuit assez avant son étude sur la nécessité, pour le naturalisme, de s'adjoindre une science plus haute, la métaphysique, et, sauf quelques détails, cette page est la meilleure ou plutôt la moins mauvaise de Schopenhauer. Il faut donc une métaphysique ; laquelle ? Celle de Kant a du bon, mais la mienne est bien meilleure, dit Schopenhauer. Au principe de Kant : « le monde « de l'expérience est un pur phénomène, « j'ajoute ceci que, précisément comme phé- « nomène, le monde est la manifestation de « la chose qui y apparaît et que j'appelle avec « lui la chose en soi. » Quelle est, pour Schopenhauer, la chose en soi ? C'est *la volonté*. Voilà le point fondamental de son système.

Avec *la volonté* comme chose *en soi* il explique tout ou à peu près tout, c'est : « un calcul « dont le dernier terme est trouvé... C'est la « clé de tous les phénomènes du monde..

« Voilà pourquoi ma philosophie est riche et
« pas ennuyeuse... Elle laisse les dieux en
« paix, mais elle attend en retour que les
« dieux la laissent en paix. »

Nous allons voir si la seconde proposition de Schopenhauer : *le monde est ma volonté*, donne tout ce qu'elle promet[1].

Jusqu'à présent Schopenhauer, rééditant Berkeley et Condillac, nous a dit, que le monde est une représentation qui n'est au fond qu'une intuition sensible transformée. Mais si le monde n'était que représentation,
« il devrait se présenter à nous comme un
« vain rêve, ou comme une forme vaporeuse
« semblable à celles des fantômes ; il ne serait
« pas digne d'attirer notre attention... N'est-
« il pas quelque chose de plus ; et alors
« qu'est-il ? »

La question est parfaitement posée, le monde doit être, en effet, quelque chose de plus qu'une représentation, qu'est-il donc ?

Tous les philosophes qui, avant Schopenhauer, ont cherché la solution du problème sont « semblables à quelqu'un qui ferait le
« tour d'un château pour en trouver l'entrée,
« et qui, ne la trouvant pas, dessinerait la

---

[1]. Les pages qui suivent sont le résumé du livre deuxième ; comme toujours, nous mettons entre guillemets le texte de Schopenhauer.

« façade ». Ainsi donc, avant Schopenhauer, personne n'a été capable de répondre à cette question : qu'est le monde ? Voici « le mot de « l'énigme », voici : « la vérité philosophique « par excellence », *le monde est ma volonté !* Superbe ! Mais ma volonté, qu'est-elle ? « Mon « corps et ma volonté ne font qu'un ; — ou « bien, ce que je nomme mon corps en tant « que représentation intuitive, je le nomme « ma volonté, en tant que j'en ai une cons- « cience d'une façon toute différente et qui ne « souffre de comparaison avec aucune autre ; » — ou bien, mon corps hormis qu'il est ma « représentation, n'est que ma volonté. »

Jamais, avant Schopenhauer, aucun philosophe ne s'était avisé de dire : ma volonté est mon corps et le monde. Attendez la preuve, elle est écrasante : « Cette identité du corps et de « la volonté, on ne peut guère que la mettre en « relief,... mais quant à la démontrer, c'est-à- « dire à la tirer comme connaissance médiate, « d'une autre connaissance immédiate, sa « NATURE S'Y OPPOSE, parce qu'elle est elle- « même la plus immédiate de nos connais- « sances. » La proposition monstrueuse qui est la base du système de Schopenhauer doit donc être acceptée sans preuves, et l'affirmation d'un fou suffit pour lui donner la valeur d'un premier principe ! N'a-t-on pas le droit de renvoyer à Schopenhauer ce qu'il applique à Hégel : hausser les épaules et lui rire au nez ; et de répéter ce qu'il dit lui-même de l'égoïsme théorique : « on ne le rencontre « que dans une maison d'aliénés ; et alors ce « n'est pas par un raisonnement, c'est par « une douche qu'il faut le réfuter. »

Examinons cependant les applications de son principe et les conséquences qu'il en déduit.

Cette volonté identique au corps n'est-elle que le corps ? Sa sphère est infiniment plus étendue, répond Schopenhauer : « Ce n'est « pas seulement dans les phénomènes tout « semblables au sien propre, chez l'homme « et les animaux, qu'il retrouvera, comme « essence intime, cette même volonté ; mais « un peu plus de réflexion l'amènera à recon- « naître que l'universalité des phénomènes, « si divers pour la représentation, ont une « seule et même essence, la même qui lui est « intimement, immédiatement et mieux que « tout autre connue, celle-là enfin qui, dans « sa manifestation la plus apparente, *porte* « *le nom de volonté*. Il la verra dans la force « qui fait croître et végéter la plante et cris- « talliser le minéral ; qui dirige l'aiguille « aimantée vers le nord ; dans la commotion « qu'il éprouve, au contact de deux métaux

« hétérogènes, il la retrouvera dans les affi-
« nités électives des corps, se montrant sous
« forme d'attraction ou de répulsion, de com-
« binaison ou de décomposition, et jusque
« dans la gravité qui agit avec tant de puis-
« sance dans toute matière et attire la pierre
« vers la terre, comme la terre vers le soleil.
« C'est en réfléchissant à tous ces faits que,
« dépassant le phénomène, nous arrivons à
« la chose en soi... La chose en soi, c'est la
« volonté uniquement; à ce titre, celle-ci
« n'est nullement représentation, elle en
« diffère *toto genere*; la représentation, l'ob-
« jet, c'est le phénomène, la visibilité, l'objec-
« tivité de la volonté. La volonté est la subs-
« tance intime, le noyau de toute chose par-
« ticulière comme de l'ensemble, c'est elle qui
« se manifeste dans la force naturelle aveugle;
« elle se retrouve dans la conduite raisonnée
« de l'homme ; si toutes deux diffèrent si
« profondément, c'est en degré et non en
« essence[1]. »

Il n'est plus permis d'en douter: la force
qui fait végéter la plante, cristalliser le minéral, graviter le soleil, etc., etc., c'est ma
volonté « qui doit nous découvrir, comme un
« mot magique, l'essence de toute chose dans
« la nature ». Il est évident que si c'est ma

1. Tome I, page 114.

volonté qui fait germer la plante, je n'aurais qu'à lui dire: Pousse, et elle grandira; je puis aussi commander au soleil et aux étoiles, puisque la force attractive est ma volonté.

Vous exagerez, répond Schopenhauer, non, la puissance de la volonté ne va pas jusque-là, et, de peur qu'on n'en abuse, je lui impose des limites, je vous déclare même que vous n'êtes pas libres du tout. Vous croyez l'être, mais c'est une erreur *à priori*, réfléchissez et vous verrez *à posteriori*, que vous ne l'êtes pas, et la preuve, c'est qu'il ne dépend pas de vous de « devenir un autre[1] ». Tout à l'heure, ma volonté avait la force de soutenir le monde, et voilà que maintenant elle ne peut pas me permettre de prendre mon chapeau pour aller me promener, et cela parce qu'il ne dépend pas de moi d'être l'empereur de Chine ou le Grand-Turc !

Au plus bas degré de l'échelle, la volonté se manifeste (Schopenhauer dit *s'objective*) par les forces générales de la nature : solidité, fluidité, élasticité, électricité, magnétisme, etc. Plus haut elle se produit d'une manière significative : l'animal, l'homme. Il y a entre l'homme et l'animal deux différences notables: 1° le cerveau de celui-ci est plus symétrique que le cerveau de celui-là ; 2° l'instinct sexuel

---

1. Page 118.

se satisfait sans choix chez l'animal, tandis que chez l'homme « il dégénère en une passion violente[1] ».

Schopenhauer, ne signalant pas d'autre différence entre l'homme et l'animal, professe donc ici le matérialisme le plus abject[2]. Nous allons étudier ses théories esthétiques.

1. Page 136.

2. La volonté étant tout, ou peu s'en faut, il ne reste que fort peu de place pour l'intelligence dans le système de Schopenhauer. Cette faculté maîtresse et irréductible est pour lui une superfétation ou plutôt, selon la très juste remarque de M. Ribot, une « ennemie qu'il faut punir d'a-« voir usurpé le premier rang (page 59) ». Il est facile de se convaincre qu'en effet Schopenhauer et la raison ne faisaient pas bon ménage ensemble.

L'ARTISTE

Dans le livre qu'il vient de publier et qui n'est pas loin d'être un chef-d'œuvre, M. Octave Feuillet, simplement, sans prétention et en quelques mots, précise la part qui revient à la nature et à l'homme dans les productions artistiques : « Les artistes, dit-il, ne peignent « pas ce qu'ils voient, mais ce qu'ils imagi- « nent, d'après ce qu'ils voient... Ils ne pei- « gnent pas la nature, ils peignent d'après « nature, ce qui n'est pas du tout la même « chose [1] ! » Peindre la nature ou peindre d'après nature est, en effet, si peu la même

---

1. *Honneur d'artiste*, page 142.

chose, que l'on peut, d'après ces deux points de vue si différents, établir une ligne de démarcation infranchissable entre des hommes dont les uns peignent la nature telle qu'ils la voient (et il en est parmi eux qui n'en voient que les côtés repoussants pour les exagérer encore), et dont les autres, au contraire, peignent, d'après la nature qu'ils voient, l'idéal qu'elle leur révèle, qu'ils ont entrevu et qu'ils s'efforcent de réaliser. Ceux-ci sont les vrais artistes; les premiers, eussent-ils un grand talent, ne sont que des photographes. L'art n'est pas un métier, il est une sorte de création quand il réalise l'idéal révélé par la nature : « L'idéal est l'objet de la contempla-
« tion passionnée de l'artiste, dit M. Cousin.
« Assidûment et silencieusement médité, sans
« cesse épuré par la réflexion et vivifié par le
« sentiment, il échauffe le génie et lui inspire
« l'inévitable besoin de le voir réalisé et vi-
« vant. Pour cela, le génie prend dans la na-
« ture tous les matériaux qui le peuvent ser-
« vir et, leur appliquant sa main puissante,
« comme Michel-Ange imprimait son ciseau
« sur le marbre docile, il en tire des œuvres
« qui n'ont pas de modèle dans la nature, qui
« n'imitent pas autre chose que l'idéal rêvé
« ou conçu, qui sont en quelque sorte une
« seconde création inférieure à la première

« par l'individualité et la vie, mais qui lui est
« bien supérieure, ne craignons pas de le dire,
« par la beauté intellectuelle et morale dont
« elle est empreinte[1]. » Il est tellement certain que l'artiste doit travailler d'après la nature et non copier servilement la nature, que tous les hommes qui ont eu, de l'art, un sentiment vrai, sont unanimes sur ce point. Voici comment M. Thiers apprécie la manière de Raphaël : « Voulait-il peindre une Vierge, ce
« beau génie cherchait dans les trésors de son
« imagination les traits les plus purs qu'il eût
« rencontrés, les épurait encore, y ajoutait sa
« grâce propre, qu'il puisait dans son âme, et
« créait l'une de ces têtes ravissantes qu'on
« n'oublie plus quand on les a vues. » Oui, Raphaël est un artiste incomparable, parce que, aux traits les plus purs qu'il eût rencontrés, il ajoutait cette grâce propre dont son âme renfermait les inépuisables et splendides trésors. L'artiste doit s'inspirer de la nature; mais s'il ne fait que la copier, c'est que le feu sacré ne s'est jamais allumé ou s'est éteint dans son âme. Que dire si, non content de la copier, il n'en considère que les côtés hideux ?

S'il n'avait pas été obsédé par la monomanie raisonnante, Schopenhauer aurait

---

1. *Du Vrai, du Beau et du Bien*, 24ᵉ édition, page 175.

fait peut-être un bon critique d'art, car il semble avoir eu un sentiment prononcé pour les créations artistiques. Il le tenait sans doute de sa mère, « la célèbre Johanna Schopen-
« hauer, auteur de romans fameux, l'amie de
« Gœthe, femme exaltée, romanesque, sans
« le moindre esprit d'ordre ni de conduite,
« mais douée d'une sensibilité extraordinaire,
« d'une imagination vive et d'un esprit qui
« ravissait Gœthe [1]. »

Si l'on purifie, des scories qu'il y a mêlées, la dissertation de Schopenhauer sur l'art en général, on peut en dégager la définition vraie : l'art est la réalisation de la beauté idéale. Quand il dit, en effet, que « l'art « reproduit les idées éternelles », qu'il est « la contemplation des choses, indépendante « du principe de raison [2] », il ne fait que varier la formule. Mais quand il veut analyser le beau, le sublime et décrire les effets qu'ils produisent, il dépasse toute mesure.

La vue d'un objet sublime nous arrache à nous-mêmes, et nous fait perdre conscience

---

1. Foucher de Careil : Hégel et Schopenhauer, p. 167.

2. Par *principe de raison*, Schopenhauer entend les connaissances utilitaires et scientifiques. L'expression est certainement défectueuse, mais il a voulu séparer l'art des conclusions scientifiques proprement dites et des préoccupations de la vie vulgaire.

de tout ce qui n'est pas lui, il nous ravit jusqu'à l'extase. Cela ne suffit pas, d'après Schopenhauer, il faut que cette extase aille jusqu'à l'écrasement réel de notre personnalité, de telle sorte que l'objet sera sublime dans la mesure où il deviendra, pour nous, un vrai danger. Une toile si belle qu'elle soit ne sera pas sublime, si je puis l'admirer tranquillement dans un musée ; elle ne sera que belle, jamais sublime. D'après Schopenhauer, en effet, ce qui distingue le beau du sublime, considérés subjectivement, c'est que, dans la contemplation du premier, nous faisons abstraction de la volonté, tandis que dans le second nous avons, en outre, conscience de *l'hostilité* de l'objet à notre égard, et les degrés du beau au sublime se mesurent selon que cette hostilité sera plus ou moins forte, plus ou moins pressante, plus ou moins prochaine[1]. Un lion, dans sa cage, n'est que beau, il devient sublime s'il se précipite sur moi ; c'est une conclusion qu'il est permis de déduire de la théorie de Schopenhauer, et pour qu'on ne nous accuse pas de mal interpréter sa pensée, nous allons la suivre en détail, en prenant les exemples qu'il nous propose lui-même.

1° Supposons un beau soleil d'hiver, dont

1. Page 209 *in fine.*

la lumière éclaire, sans les réchauffer, des blocs de pierre, « nous sommes transportés, « comme on l'est d'ordinaire par la beauté, « dans l'état de connaissance pure », mais jusqu'à présent la volonté n'est pas atteinte. Si nous venons à penser que ces mêmes rayons « nous sèvrent de chaleur, c'est-à-dire « nous privent du principe vital,... il y a « là passage du sentiment du beau à celui « du sublime. » C'est le plus bas degré du sublime.

2° Nous sommes dans un désert, l'immensité nous environne, et pas un arbre, pas une fleur, pas un ruisseau, rien que l'espace illimité qui semble vouloir nous engloutir et nous préparer un tombeau. « Le désert pren-« dra un aspect effrayant et notre disposition « deviendra plus tragique,... tout le temps « que nous persisterons dans cet état, le sen-« timent du sublime dominera en nous. » Remarquons que, pour Schopenhauer, le désert n'est sublime que « par l'absence de toute « nature organique nécessaire à notre subsis-« tance. » La perspective d'y mourir de faim est donc l'unique cause de la sublimité du désert.

3° Un orage effroyable est déchaîné, sous les efforts du vent, l'air s'emplit de clameurs sinistres, et la nature en démence semble vouloir retourner aux abîmes, il y a là l'intuition de « l'écrasement de notre volonté ». Mais, « le sujet connaissant pur n'est occupé « qu'à reconnaître les idées dans les objets « mêmes qui menacent et terrifient la vo- « lonté. » C'est donc la terreur qui constitue le principal élément du sublime, si bien qu'un spectacle de la nature qui ne me fera courir aucun danger ne sera pas sublime, quelque grand d'ailleurs qu'il puisse être.

4° Les tempêtes portent « à son comble « l'impression du sublime », mais, ici comme partout, « elle se produit à l'aspect d'un « anéantissement qui menace l'individu. » Si je contemple une tempête du haut d'une falaise où je n'ai rien à craindre, elle ne sera que belle, elle devient sublime si je suis au milieu des flots exposé à être écrasé contre les rochers. A ce prix, une locomotive *qui vient* sur moi serait plus sublime que les colères de l'océan.

Schopenhauer avait intercalé l'analyse du sublime dans l'étude du beau, avant d'avoir terminé l'analyse de celui-ci ; il y revient donc au paragraphe 41.

« Dire qu'une chose est belle, c'est expri-
« mer qu'elle est l'objet de notre contempla-
« tion artistique ; ce qui implique, premiè-
« rement, que la vue de cette chose nous rend
« objectif, c'est-à-dire qu'en la contemplant,

« nous avons conscience de nous-mêmes, non
« plus à titre d'individus, mais à titre de
« sujets connaissants purs, exempts de vo-
« lonté ; secondement, que nous reconnais-
« sions dans l'objet non plus une chose par-
« ticulière, mais une idée. » Schopenhauer a
voulu dire que la vue d'une chose belle nous
absorbe au point de nous faire oublier, pour
un moment, tout ce qui n'est pas elle ; mais
venir nous dire qu'elle nous rend objectifs,
sujets connaissants purs en face d'une idée,
c'est mettre du galimatias à la place d'une
phrase claire et sans prétention. Ce besoin, si
allemand, d'obscurcir les choses les plus
simples, se fait sentir d'une manière bien palpable aussi dans la page suivante, comme
partout, du reste. Schopenhauer veut dire
que plus une chose est belle, plus elle attire
nos regards, et qu'un objet très beau les
attire presque malgré nous ; il se gardera
bien de parler de façon à être compris sans
difficulté et il nous apprendra qu'une chose
nous attire invinciblement quand « elle cor-
« respond à un haut dégré de l'objectivité
« de la volonté ».

C'est après ces considérations générales sur
l'art, le beau et le sublime, que Schopenhauer
étudie les diverses créations artistiques ; il
commence par l'architecture dont il nous

donne une idée tout à fait neuve. On peut la résumer ainsi : une pierre tombera si elle n'est pas soutenue, or, toute l'esthétique de l'architecture consiste à la faire se maintenir en équilibre à 60 mètres du sol. Ici encore on pourrait croire que nous exagérons ; il faut citer : « Livrée à son impulsion naturelle, la
« masse totale de l'édifice ne serait qu'un amas
« informe qui s'efforcerait autant que possible
« d'adhérer au sol; car elle est sans cesse pressée
« contre la terre par la pesanteur qui repré-
« sente ici la volonté, tandis que la résistance
« qui correspond à l'objectif de la volonté,
« s'oppose à cet effort. Mais l'architecture
« empêche cette impulsion et cet effort de se
« donner librement carrière ; elle ne leur per-
« met qu'un développement indirect et déri-
« vé..... et c'est là tout ce qu'on peut deman-
« der à l'architecture sous le rapport esthé-
« tique. » Afin que l'on soit bien convaincu qu'il n'y a pas autre chose à attendre de l'architecture, Schopenhauer ajoute que, pour jouir d'une œuvre architecturale, il faut « avoir
« une connaissance immédiate et intuitive de
« sa matière sous le rapport de la densité, de
« la résistance et de la cohésion. » Je ne puis donc me livrer à l'impression si profondément esthétique que produisent nos belles cathédrales gothiques, qu'à la condition de

savoir combien pèsent les pierres de la voûte et qu'en songeant que, livrées à elles-mêmes, elles me tomberaient sur la tête!

Nulle part peut-être le tempérament artistique que Schopenhauer tenait de sa mère, n'a été plus gâté par sa philosophie et sa haine féroce du christianisme, que dans les pages qu'il a écrites sur la sculpture et la peinture. Sa philosophie lui fait définir la beauté sculpturale : « l'objectivation adéquate de la volonté « au moyen d'un phénomène purement spa« tial, » et sa haine du christianisme l'aveugle, au point qu'il n'admire dans Raphaël que la sublime expression de la sagesse hindoue[1].

Après avoir écarté les théories fausses (imitation servile de la nature, recherches de perfections éparses pour en composer un tout) Schopenhauer adopte la thèse vraie : réalisation de l'idéal conçu par l'artiste ; mais quand il veut assigner la cause de l'inspiration artistique, sa philosophie reprend le dessus pour lui dicter une énormité : « Pareille chose n'est « possible, dit-il, que parce que nous sommes

1. Nous verrons, dans la troisième partie de cette étude, que la morale chrétienne n'est, pour Schopenhauer, qu'une variété amoindrie de la morale bouddhiste.

« nous-mêmes cette volonté dont il s'agit ici « d'analyser et de créer l'objectivation adé- « quate, dans ses degrés supérieurs. » Or, dans le système de Schopenhauer, nous sommes tous l'objectivation adéquate de la volonté dans ses degrés supérieurs, nous serons donc tous également artistes, puisque nous avons essentiellement et par nature l'inspiration artistique totale. Quand j'admire un tableau de Raphaël, j'ai le droit de dire : j'en ferais bien autant. Schopenhauer ne recule pas devant cette conséquence, car il ajoute : « Si « l'artiste et l'observateur sont capables à « *priori*, l'un de pressentir et l'autre de recon- « naître le beau, cela tient à ce que l'un et « l'autre sont identiques à la substance de la « nature, à la volonté qui s'objective. » L'artiste et moi sommes donc identiques à la nature, or, deux quantités égales à une troisième, étant égales entre elles, je puis logiquement m'adjuger le génie de Raphaël ou de Mozart.

Dans la page qu'il consacre à la peinture, Schopenhauer a trouvé l'occasion de dire son mot sur la question juive dont il se sert, comme d'une transition, pour arriver à la peinture chrétienne. Il se demande ce qu'il faut pour que « l'effet d'un sujet historique « soit franchement médiocre », et il répond

qu'il suffit « que, par la nature même du su-
« jet, le peintre se trouve enfermé dans un
« cercle déterminé par des raisons étrangères
« à l'art, et que ce cercle soit pauvre en ob-
« jets pittoresques ou intéressants. » C'est
précisément ce qui arrive à tout peintre qui
s'enferme dans l'histoire du peuple juif, « ce
« petit peuple de rien du tout », dit Schopenhauer. Savez-vous pourquoi le peuple juif est
un peuple de rien du tout? Est-ce parce qu'il
a appelé sur lui et sur ses enfants le sang du
Juste? Est-ce parce qu'il a été marqué d'un
signe et que la Croix projette sur lui son ombre? Est-ce parce que son insatiable avidité
est une menace dont une voix courageuse et
éloquente a signalé les périls? Non. Le peuple juif est un peuple *de rien du tout* parce
qu'il est « gouverné sacerdotalement, c'est-à-
« dire par la folie ». Schopenhauer avait besoin de cette transition pour passer à la peinture chrétienne. Mais avant de nous dire ce
qu'il pense des peintres chrétiens, il s'élève à
des considérations historiques dignes de l'ensemble de son système : « Puisqu'entre nous
« et les anciens, l'invasion des barbares a mis
« une démarcation semblable à celles que les
« dernières révolutions hydrographiques ont
« mise entre la période géologique actuelle et
« celle dont les organismes ne sont plus pour

« nous que des fossiles, il est à déplorer que
« le peuple, dont la culture devait servir de
« base générale à la nôtre, ait été justement le
« peuple juif et non le peuple hindou, le
« peuple grec, tout au moins le peuple ro-
« main. »

C'est déplorable, en effet, et même étonnant. L'étonnement étant la cause du besoin métaphysique de l'humanité, il est surprenant que Schopenhauer ait oublié d'être étonné; il a manqué à tous ses devoirs de métaphysicien. S'il avait été *étonné,* il aurait peut-être trouvé la cause de l'heureuse chance du peuple juif dans ce qu'il appelle quelque part « *une aven-*
« *ture arrivée en Galilée*[1] ».

Schopenhauer ne laisse jamais échapper l'occasion de proférer un blasphème, et c'est ce qui achève de lui donner une physionomie repoussante. Il n'inspirerait que de la pitié, s'il s'était contenté d'imaginer un système qui ne supporte pas l'examen, mais en entendant ses impiétés grossières et haineuses, on a de la peine à réprimer des sentiments d'indignation et de mépris. L'événement qui a changé la face du monde et qui a élevé l'humanité à une incomparable hauteur, l'Évangile qui a illuminé tant d'intelligences et dont l'éclat ne

1. Page 374.

pâlira jamais, l'image divine du Crucifié qui a cicatrisé tant de plaies et consolé tant de douleurs, tout cela n'est pour Schopenhauer « qu'une aventure arrivée en Galilée ! » On n'insulte pas ainsi aux croyances les plus saintes.

« Ce sont surtout les grands peintres d'Ita-
« lie au XVe et au XVIe siècle qui ont pâti de
« cette mauvaise étoile : dans le cercle étroit
« où ils étaient arbitrairement renfermés
« pour le choix des sujets, ils ont été obligés
« de s'arrêter à toute espèce d'événements
« insignifiants; en effet, pour la partie histo-
« rique, le Nouveau Testament forme une
« matière encore plus ingrate que l'Ancien;
« l'histoire des martyrs et des Pères, qui y
« fait suite, est un sujet singulièrement
« aride. » Les Vierges d'Angelico, le Saint Sébastien de Fra Bartolomeo, les Madones, la vision d'Ézéchiel, la Sainte Cécile et la transfiguration de Raphaël sont donc des sujets singulièrement arides, et les peintres chrétiens ont pâti de cette mauvaise étoile! Cependant, Schopenhauer daigne attribuer quelque mérite aux créations de Raphaël, mais c'est parce qu'elles expriment « la suppression

« de la volonté qui entraîne dans le même « anéantissement le monde tout entier ». En d'autres termes, les chefs-d'œuvre que nous venons de citer n'ont de valeur que parce qu'ils sont la traduction du système philosophique de Schopenhauer ; c'est un point de vue nouveau auquel on n'avait pas encore songé.

Il applique le même principe à la poésie qui est l'objectivité de la volonté à un degré supérieur et, dans les œuvres poétiques, la tragédie occupe le premier rang parce qu'elle nous fait croire « que nous sommes déjà au « milieu des supplices de l'enfer pour expier « le crime de l'existence ».

« La musique est une objectivité aussi im- « médiate de toute la volonté que l'est le « monde », mais elle ne l'est pas de la même façon que les autres arts. Ceux-ci, en effet, sont l'objectivation de la volonté s'efforçant de reproduire les idées, tandis que la musique est « une reproduction de la volonté au « même titre que les idées ».

D'où il suit que, « dans les sons les plus « graves de l'échelle musicale, nous saisis- « sons l'objectivation de la volonté à ses de- « grés inférieurs, comme la matière inorga- « nique, la masse planétaire, » — « les notes « supérieures nous représentent les végétaux

« et les animaux, » — les dissonances sont « les monstres naturels » et, dans la mélodie « exécutée par la voix haute, la voix chan-« tante, nous reconnaissons la volonté à « son plus haut degré d'objectivation..... « l'homme. »

Cette théorie de la musique donne un scrupule à Schopenhauer; il avoue qu'elle est « par nature impossible à prouver », mais il s'en déclare pleinement satisfait et il espère que ses lecteurs en seront aussi contents que lui. C'est leur supposer beaucoup de bonne volonté.

Après cette esthétique bizarre, Schopenhauer annonce qu'il va se « tourner vers le « sérieux ». Le sérieux, pour lui, est ce pessimisme qui l'a rendu si célèbre; il est connu surtout pour avoir été l'apôtre de la destruction et de la mort. Nous allons constater que sa morale ne dépare pas l'ensemble de son système philosophique.

LE MORALISTE

Dans le superbe discours qu'il prononça à l'Académie française, le 31 mars 1887, M. Alexandre Dumas, après avoir rendu un juste hommage au prodigieux talent de Victor Hugo, dont « les vers, à la seule évocation « de son nom, s'allument dans notre mémoire « et s'élancent jusqu'au ciel en gerbes de feu « de toutes les couleurs », nous donne une explication très simple des opinions religieuses et politiques du grand poète. Il le montre d'abord ayant « l'idée fixe d'être le « plus grand homme de tous les pays et de « tous les temps ». Cette idée fixe devait se heurter naturellement à deux hommes qui, par leur situation même, arrêtaient l'ascension du génie vers les sommets.

Il serait toujours resté royaliste et catholique « s'il avait pu arriver à être roi et pape « et à réunir en lui le pape et l'empereur » ; il tourne la difficulté en allant s'asseoir « sur « le Sinaï, comme Moïse; sur la montagne, « comme Jésus; à Pathmos, comme saint « Jean »; c'est-à-dire en se faisant Dieu, ou peu s'en faut.

Cet orgueil colossal qui s'est traduit chez V. Hugo par une *pitié suprême* envers les petits, dont il avait eu soin, du reste, de se faire le Dieu, a poussé Schopenhauer à maudire et à vouloir anéantir un monde où Hégel occupait la première place. Les haines farouches du philosophe ont la même cause que les attendrissements du poète. L'orgueil est une ivresse qui, selon les tempéraments, devient colère ou larmes.

Quand, à la fin de sa vie, la gloire arrive, le front de Schopenhauer « s'éclaircit, son « humeur s'apaise, il apprend à sourire[1], » mais il s'était fait de son pessimisme *une pose*, qu'il ne voulait pas abandonner, car c'était là ce qui lui avait valu la réputation et la gloire.

1. J. Bourdeau, page 20.

M. Th. Ribot, qui fait à Schopenhauer le grand honneur de le discuter sérieusement, remarque qu'il faut chercher « l'origine de sa « morale dans son caractère ombrageux, obs- « tiné, renfrogné et bizarre[1] ». Ajoutez à cette humeur hypocondriaque la blessure d'un orgueil immense, et vous aurez la clef des homélies lugubres « de ce bouddhiste de table « d'hôte ». Elle furent, en effet, peu goûtées par les contemporains, dans les premiers temps du moins ; mais depuis que son nom est sur toutes les lèvres, je m'imagine qu'il a changé d'avis et, qu'au lieu de vouer à la destruction ce monde qui l'avait méconnu, il aurait décerné l'immortalité à l'univers revenu à une plus juste appréciation de son génie. Il est mort trop tôt, mais maintenant :

Il doit dormir content, car ses hommes sont nés.

C'est par *sa morale* que Schopenhauer s'est rendu célèbre, c'est surtout cette face de son système qui est connue sous le nom de *pessimisme*, c'est là son titre à la *gloire* et à la renommée.

1. *La Philosophie de Schopenhauer*, page 165.

Tout son pessimisme est le développement de ces deux propositions : « La volonté (la « nature) s'affirme d'abord, elle se nie en-« suite. » L'affirmation est la tendance vers la vie, la négation est la tendance vers la mort : ces deux plateaux de la balance sont en équilibre, car l'affirmation comble, sans se lasser, les vides que fait la négation, or, il est de notre devoir, à tous, d'aider la négation pour qu'elle l'emporte au plus vite sur l'affirmation. Les tristesses, les angoisses, les malheurs de la vie nous disent assez tant qu'il n'y a pas à hésiter entre l'affirmation et la négation, et que celle-ci a droit à toutes nos sympathies. Malgré Schopenhauer, les charmes de la négation ne sont pas irrésistibles pour tout le monde ; lui-même d'ailleurs y était peu sensible puisqu'il espérait vivre jusqu'à cent ans, et, sur ce sujet, chacun a ses petites idées, qui sont en général celles

Du pauvre bûcheron, tout couvert de ramées.

qui appelle la mort afin qu'elle l'aide

A recharger son bois[1].

1. Fable XVI.

« Que penser d'une morale construite sur « une base si chancelante[1], » se demande M. Ribot ? Nous pensons qu'elle ne mérite pas d'être prise au sérieux et qu'il n'y aurait pas à s'en occuper, si Schopenhauer n'était pas considéré comme « le plus puissant phi-« losophe de l'Allemagne moderne[2] ». C'est donc uniquement pour en faire ressortir les non sens et les absurdités que nous nous sommes condamné à l'étudier car, en elle-même, elle ne vaut certainement pas la peine d'une discussion raisonnée.

LA VOLONTÉ S'AFFIRME

La volonté est la seule chose en soi ; la nature n'est que l'aspect de la volonté affirmant son vouloir-vivre, et l'homme est la nature « arrivée au plus haut degré de la « conscience de soi-même ». Telles sont, avec une thèse de la liberté et une peinture des misères de la vie, les idées que développe

---

1. Page 165.
2. Voir le *Temps* du 4 mai 1890.

Schopenhauer avant d'arriver à l'exposition de sa proposition : la volonté s'affirme.

L'homme n'est donc qu'un phénomène, une apparence fugitive de la chose en soi, et dès lors, il n'a pas à se préoccuper de la vie ou de la mort, simples accidents où il n'a rien à voir. La chose en soi veut vivre, cela doit lui suffire, et sa mort, ne diminuant en rien la vitalité de la volonté, il n'a pour s'en consoler « qu'à « jeter un coup d'œil sur l'immortelle nature : « cette nature, au fond, c'est lui[1]. » Quand nous ne serons plus, le monde n'en continuera pas moins son petit train, il n'y aura rien de changé, pourquoi donc tant redouter la mort ? Au fond d'ailleurs, qu'est-elle ? Une *excrétion* plus abondante que les excrétions quotidiennes, rien de plus : « Si nous savons « nous contenter de conserver notre forme sans « porter le deuil de la matière que nous aban- « donnons, nous devons en faire autant quand « la mort vient nous imposer un abandon plus « étendu, total même, mais tout semblable à « celui que nous subissons chaque jour, à cha- « que heure, par la simple excrétion. Devant « l'un nous sommes indifférents, pourquoi « reculer d'horreur devant l'autre. » Consolation vraiment philosophique ! Pour nous faire accepter la mort, il est une doctrine qui

---

[1]. Page 289.

déroule devant nous les perspectives d'une vie immortelle, voici Schopenhauer qui se penche vers le chevet d'un moribond pour lui dire : la mort n'a rien d'effrayant, car *les morts partielles* que vous avez endurées si souvent ont dû vous préparer à la mort totale.

Mais pourquoi parler de la mort puisqu'elle n'existe pas ? Nous sommes tous immortels ou éternels, au choix. Cette immortalité n'est ni la vie future, ni l'immortalité dans la chose en soi, non, c'est l'immortalité de notre vie présente. Schopenhauer a trouvé cela tout seul, et voici sa démonstration : « La forme « de la vie et de la réalité, c'est le *présent*, le « présent seul... elle a là un domaine assuré « que rien ne saurait lui ravir. Le présent « existe toujours.... Aux yeux de l'empiriste, « rien de plus fugitif, pour le regard du méta- « physicien, qui voit par delà les formes de « l'intuition empirique, il est la seule réalité « fixe, le *nunc stans* des scholastiques. » Je suis donc éternel puisque j'existe dans un présent que rien ne pourra me ravir, dans un présent qui est toujours, en un mot dans un *nunc* qui ne finira jamais. Il fallait le dire plus tôt. La vie n'est donc plus une série d'excrétions partielles qui se termine par une excrétion totale, elle est l'éternité ! Pour qu'il

ne soit plus possible d'en douter, Schopenhauer ajoute, à l'adresse de ceux qui pensent que la vie a du bon : « S'il est un être que
« satisfait la vie comme elle est faite, et qui
« s'y rattache par tous les liens, il peut sans
« scrupule la prendre pour illimitée, et bannir la peur de la mort, y voir une illusion,
« qui mal à propos l'effraye. Comme s'il pouvait craindre d'être privé du présent[1] ! »
Mais c'est précisément là la difficulté : malgré les assurances de Schopenhauer, ceux qui tiennent à la vie craignent d'être privés du présent, car ils ont autour d'eux des exemples menaçants qui leur enseignent que la mort, quand elle arrive, choisit juste le présent de celui qu'elle enlève. Les hommes qui meurent au moment où j'écris ces lignes ne sont pas morts hier, ils ne mourront pas demain, ils meurent juste à ce moment qui pour eux et pour moi est *le présent*, et l'empiriste qui ne voit rien de plus fugitif que ce présent pourrait bien avoir raison. Ici Schopenhauer fait une distinction que nous ne saisissons pas ; en théorie, oui, la mort est certaine ; mais en pratique, rien n'est moins prouvé : « En fait, dit-il, chacun reconnaît
« bien, *in abstracto* et en théorie, que sa mort
« est certaine, mais cette vérité est comme

---

1. Page 293.

« beaucoup d'autres du même ordre, que l'on
« juge inexplicables en pratique. »

Schopenhauer a compris que, malgré son habitude de se moquer de ses lecteurs, cette fois il dépassait la permission, aussi il daigne nous expliquer que l'immortalité qu'il nous promet est celle de la nature, avec laquelle nous ne faisons qu'une seule et même chose, et il cite avec émotion ces deux passages du Véda : « Quand un homme meurt, sa vue se
« confond avec le soleil, son odorat avec la
« terre, son goût avec l'eau, son âme avec
« l'air, sa parole avec le feu ; — et ailleurs : —
« Il est une cérémonie par laquelle le mourant
« lègue à l'un de ses fils ses sens et toutes ses
« facultés. » Si la vue d'un homme qui meurt se confond avec le soleil, son odorat avec la terre, etc., comment un de ses fils peut-il hériter de tous ses sens ? La succession sera fort difficile à recueillir ; qu'a-t-on à faire d'ailleurs des sens d'un autre, surtout quand cet autre est mort ?

C'est après ces considérations si neuves que Schopenhauer va nous exposer sa théorie sur la liberté ; elle se résume dans cette proposition : la volonté, considérée comme chose en soi, est libre, les phénomènes ne le sont pas. L'homme étant, comme tout le reste, manifestation de la chose en soi, n'est donc pas libre.

On pourrait demander comment il peut se faire que la manifestation d'une chose libre soit soumise à la nécessité, car le phénomène suit toujours la condition de la substance qu'il manifeste, mais Schopenhauer ne s'embarrasse pas pour si peu. Il se contente d'affir-
« mer que la personne morale a beau être
« le phénomène d'une volonté libre, elle-
« même jamais n'est libre. » Encore une fois pourquoi ? Ici, comme partout, la parole du philosophe doit tenir lieu de preuves.

Je me trompe, Schopenhauer donne une preuve, il démontre comment l'homme, phénomène de la volonté libre, est libre, lui aussi ; suivez bien son raisonnement, il est très facile à saisir ; il contient, il est vrai, une contradiction avec ce qu'il vient de dire, mais qu'importe ? avec Schopenhauer, il ne faut pas être trop difficile.

L'homme, dit-il, est la forme la plus parfaite prise par la volonté, c'est dans l'homme qu'elle atteint la pleine conscience d'elle-même, et c'est là, qu'en se connaissant, elle se supprime : « De cette façon, la liberté, bien
« que d'ailleurs reléguée hors du monde des
« phénomènes, en sa qualité d'attribut de la
« volonté, arrive pourtant, dans ce cas uni-
« que, à pénétrer dans ce monde même : en
« effet, elle supprime l'être qui sert de base

« au phénomène ; et comme celui-ci persiste
« alors même à travers le temps, il en résulte
« une contradiction du phénomène avec lui-
« même, et ainsi la liberté fait naître au jour
« ces phénomènes, la sainteté et l'abnégation. »
Ainsi donc la liberté, dont la sainteté et l'abnégation sont les manifestations, résulte de la
contradiction du phénomène avec lui-même,
et la contradiction consiste en ceci, c'est que
le phénomène supprimé persiste malgré tout
dans le temps. Il y a, en effet, une contradiction très grave à persister quand on a été supprimé, c'est pourtant en cela que consiste la
liberté.

Schopenhauer nous pardonnera si nous répétons, en l'appliquant à sa lumineuse exposition, l'aveu que lui arrachait la doctrine de
Fichte : « Ces enseignements, d'une si grande
« profondeur, me font toujours l'effet d'énor-
« mes gasconnades terriblement assomman-
« tes. » Il craint d'en avoir trop dit et, à la
page suivante, il rétrécit singulièrement le
cercle de cette liberté dont il vient de donner
une explication si baroque. Il distingue, en
effet, les actes qui obéissent au premier mouvement de la nature et ceux qui procèdent de
la réflexion ; les premiers sont libres, les seconds ne le sont pas. J'obéis au premier mouvement de la nature en avançant mes mains,

lorsque je tombe, c'est un acte libre; j'entreprends un voyage, après y avoir longtemps réfléchi, c'est un acte nécessaire comme « l'égalité des trois angles d'un triangle à « deux droits ». Qui ne voit que c'est justement le contraire qui est vrai?

Personne ne l'ignore, Schopenhauer doit sa célébrité à sa théorie sur la souffrance; il l'expose immédiatement après sa thèse de la liberté. L'idée n'est pas nouvelle; bien avant la publication du *Monde comme volonté et comme représentation*, d'autres aussi ont été frappés du spectacle de la douleur et de la souffrance dans le monde, et, pour n'en citer qu'un exemple, le livre de Job en est une peinture plus éloquente et plus vraie que les pages de ce rhéteur morose qui, après avoir prêché *à ses frères* les macérations de la Trappe et le désir de la mort, chasse ses idées noires en jouant un petit air de flûte, va au théâtre et s'endort paisiblement après une journée si bien remplie.

Nous disons que le livre de Job est dans le vrai parce que, s'il étale la souffrance, il ne dissimule pas les joies, et surtout parce qu'il évoque la grande pensée des espérances im-

mortelles. Schopenhauer ne voit qu'un côté des choses pour l'exagérer encore et, d'après lui, la tombe n'est qu'une porte ouverte sur le néant. Ce Teuton, affublé de la défroque de *René*, a oublié la verte leçon que Chateaubriand met dans la bouche du Père Souël : « On n'est point, monsieur, un homme su-
« périeur parce qu'on aperçoit le monde
« sous un jour odieux. On ne hait les
« hommes et la vie que faute de voir assez
« loin [1]. »

« La vie, dit Schopenhauer, la vie oscille,
« comme un pendule, de droite à gauche, de
« la souffrance à l'ennui : ce sont là les deux
« éléments dont elle est faite en somme. De
« là ce fait bien significatif par son étrangeté
« même : les hommes ayant placé toutes les
« douleurs, toutes les souffrances dans l'en-
« fer, pour remplir le ciel n'ont plus trouvé
« que l'ennui [2]. »

Faut-il encore relever l'impiété de Schopenhauer, disant que le ciel est le séjour de l'ennui ? Nous nous contentons de nier purement et simplement son assertion, à savoir que les deux axes de la vie sont la douleur d'un côté, l'ennui, de l'autre. Qu'il y ait des

1. *René.*
2. Page 326.

douleurs, de très grandes douleurs, personne ne le conteste; mais qu'il n'y ait que cela, c'est ce qu'il faudrait démontrer. De sa propre autorité, Schopenhauer biffe toutes les joies. Si elles sont plus rares que les douleurs, s'ensuit-il qu'on n'en goûte jamais de profondes et de vraies? A quoi bon les énumérer, chacun de nous ne sait-il pas que, si la vie a des larmes, elle a aussi des sourires et que :

S'il est des jours amers, il en est de si doux [1] !

La seconde proposition de Schopenhauer n'est pas moins insoutenable que la première, il fait à l'ennui une si large place dans la vie, qu'il en occupe la moitié. Or, nous avons tous un remède infaillible contre ce mal, c'est le travail. Quand on travaille, les heures passent vite, on n'a pas le temps de s'ennuyer, on savoure, au contraire, une jouissance intime dont tous les hommes laborieux savent apprécier les charmes : quant aux désœuvrés et aux inutiles, il n'y a pas à s'en occuper; si l'ennui les ronge, il n'est que la juste punition de leur lâcheté.

On a dit, et cette observation est parfaitement juste, que le pessimisme de Schopenhauer est une tentative maladroite pour éri-

---

1. André Chénier.

ger en système les plaintes mélancoliques des poètes du commencement de ce siècle; il a voulu en donner la formule scientifique. Mais cette tristesse rêveuse qui donne aux poètes une attitude charmante, n'est que pédantisme insupportable chez un philosophe voulant prendre les airs de beau ténébreux et d'âme incomprise. Le poète, en effet :

> Est semblable aux oiseaux de passage
> Qui ne bâtissent point leur nid sur le rivage,
> Qui ne se posent point sur les rameaux des bois;
> Nonchalamment bercés sur le courant de l'onde,
> Ils passent en chantant loin des bords, et le monde
> Ne connaît rien d'eux que leur voix[1].

Tel est le rôle assigné à la poésie par le plus grand des poètes contemporains : c'est une voix qui chante, on ne lui demande que de traduire en vers harmonieux les joies et les tristesses de la vie. Quand ces tristesses se changent en prières et redescendent ensuite :

> Ainsi que le ramier qui traverse les flots
> Pour porter un rameau des palmes immortelles,

la poésie a atteint le but qu'elle se propose. Quand A. de Musset s'écriait :

> Laisse-la s'élargir cette sainte blessure
> Que les noirs Séraphins t'ont faite au fond du cœur...

1. Ve *Méditation*.

pour lever ensuite les yeux vers le ciel et dire :

Qu'est-ce donc que ce monde et qu'y venons-nous faire, Si, pour qu'on vive en paix, il faut voiler les cieux[1] !

il donne ce qu'on attend d'un poète ; mais on exige autre chose d'un homme qui se prétend philosophe. Ici, il ne s'agit pas de se lamenter et de gémir, il faut enseigner, il faut indiquer le chemin du vrai ; un philosophe ne fait que grimacer quand il prend la lyre du poète, surtout si sa lourde main en a cassé toutes les cordes ; c'est le cas de Schopenhauer. Si encore il s'était proposé d'étudier le problème de la souffrance, d'en rechercher les causes et le remède, soit, mais non, tout se réduit à la proposition énoncée tout à l'heure : la vie a deux parts, la souffrance et l'ennui.

Nous y reviendrons quand nous traiterons de *la négation* de la volonté; pour le moment, nous en sommes encore *à l'affirmation*.

La volonté s'affirme, c'est-à-dire, dans le langage de Schopenhauer, l'homme a naturellement le désir de vivre.

Les trois degrés de l'affirmation sont : la

---

1. *La Nuit de mai et l'Espoir en Dieu.*

conservation de l'individu, la conservation de l'espèce, l'égoïsme.

Si l'individu s'en tenait à l'affirmation de sa personne, on pourrait admettre que la volonté, dont il est la manifestation, disparaît avec lui, mais il affirme aussi la perpétuité de l'espèce et, par là, la volonté s'étend à l'infini. Voici comment Schopenhauer explique « la signifi-« cation profonde de la honte qui accompa-« gne l'acte de la génération. ». Le père pose une affirmation qui dépasse les limites de l'affirmation personnelle, puisqu'il tend à affirmer une existence autre que la sienne, par conséquent la douleur et la mort se trouvent affirmées de nouveau, et c'est ainsi que l'intelligence perd la chance d'être délivrée. Si l'intelligence du père n'est pas délivrée par la mort, c'est donc parce qu'il ne fait qu'un avec son fils? Parfaitement, répond Schopenhauer ; ils sont différents comme phénomènes, mais comme *chose en soi*, ils sont identiques.

L'identité du père avec son fils ne vient donc pas de ce que l'un est père et l'autre fils ; non, elle est (dans le système de Schopenhauer) le fait de la chose en soi dont ils ne sont que les phénomènes. Or nous sommes tous, et au même titre, les phénomènes de la chose en soi, par conséquent l'intelligence ne sera délivrée que lorsque la race humaine aura disparu. Schopenhauer s'attriste en songeant que « les hommes, en majorité, affirment « avec constance la vie. » Si, un jour, tous les hommes, convaincus par les pressantes exhortations de Schopenhauer, renoncent à affirmer la vie, l'intelligence aura-t-elle enfin la chance d'être délivrée? Hélas! non, car le monde entier conspire contre cette délivrance : « Le monde est là aussi qui reflète « cette affirmation, avec ses individus innom- « brables, dans un temps infini, un espace « sans bornes, au milieu de souffrances sans « limites, entre la naissance et la mort, dans « une chaîne illimitée de générations. » Quand même la race humaine disparaîtrait, le monde, sans pitié, continuerait à affirmer la vie et retarderait ainsi indéfiniment l'ère de la liberté! Car enfin, tant que la chose en soi s'obstinera dans son affirmation, les phénomènes auront beau faire, leur négation ne prévaudra pas contre l'affirmation de la chose en soi. Schopenhauer soupçonne que ses conseils ne seront pas suivis, et il s'en venge en déclarant que les douleurs des hommes ne méritent aucune pitié : « De nulle part « aucune plainte n'a le droit de s'élever ; « c'est à ses frais que la volonté représente la « tragi-comédie. » Ne vous plaignez donc plus si les nouveaux phénomènes de la volonté, c'est-à-dire vos fils, sont malades, s'ennuient et meurent ; pour les empêcher de souffrir, de s'ennuyer et de mourir, vous n'aviez qu'à nier la vie.

Le troisième degré de l'affirmation est l'égoïsme. L'explication de l'égoïsme est aussi naturelle que possible. Un individu, quel qu'il soit, sait très bien qu'il est tout, que par conséquent tout lui est dû, qu'il doit gouverner et posséder tout et anéantir tout ce qui s'oppose à lui : « Tout individu, en tant
« qu'intelligence, est réellement et se paraît à
« lui-même la volonté de vivre tout entière :
« il voit en lui la réalité solide du monde, la
« condition dernière qui achève de rendre
« possible le monde en tant qu'objet de repré-
« sentation, bref un microcosme parfaitement
« équivalent au macrocosme. La nature,
« toujours en tout point véridique, lui en
« donne un sentiment simple, immédiat,
« accompagné de certitude, qui n'exige au-
« cune réflexion, étant primitif... Cet état
« d'âme, c'est *l'égoïsme*, et il est essentiel à
« tous les êtres dans la nature. » Tout individu a donc le sentiment intime, la conviction claire et inébranlable qu'il est le support du monde, ou plutôt qu'il est la seule réalité du monde, qu'il est tout en un mot. Dès lors

l'égoïsme, et un égoïsme effroyable, sera non seulement l'unique loi, mais le droit absolu de l'individu. Si je suis tout, il est incontestable qu'on me doit tout et que je ne dois rien à personne. Comme toujours cette proposition n'a que faire d'une preuve, puisqu'elle est un sentiment certain, immédiat, primitif.

L'égoïsme nous fait assister à un double spectacle, l'un terrible, « c'est la vie des grands « tyrans, des grands scélérats, » l'autre comique, « et il a pour traits essentiels cette vanité « et cette présomption si incomparablement « décrites par la Rochefoucauld. »

Pourquoi Schopenhauer parle-t-il de tyrans et de scélérats ? qu'a-t-il à leur reprocher ? Si la nature *toujours véridique* leur enseigne qu'ils sont tout, et le centre de tout, ils ont le droit de tout faire et, en immolant des milliers d'existences à leur profit, ils affirment simplement une conviction *immédiate* et *primitive*. Ils ne sont pas responsables, c'est la volonté seule qui est cause de tout. En effet : « cet « acte d'affirmer son attachement au corps, « la volonté le répète en une infinité d'individus coexistants ; par suite, et grâce à cet « égoïsme qui appartient à tout être, elle peut « fort bien, en un individu donné, dépasser « les bornes de cette affirmation, jusqu'à nier

« la même volonté en tant que manifestée
« par un autre individu..... Cette invasion
« dans le domaine où est affirmée par autrui
« la volonté, est bien connue sous le nom
« d'*injustice*[1]. »

L'injustice n'est donc, de la part de celui
qui la commet, qu'une affirmation exagérée;
mais, encore une fois, si je suis tout, les droits
de mon affirmation sont illimités et personne
ne peut leur imposer des bornes. Quoi qu'il en
soit, voilà en quoi consiste l'injustice.

Tout le monde sait qu'elle fait naître le
remords ; jusqu'à présent on ne savait guère
à quoi s'en tenir sur la nature du remords.
Schopenhauer est le premier qui ait analysé
ce phénomène. Le coupable et sa victime ne
font qu'un dans la volonté, qui s'affirme dans
le premier et se nie dans le second, de sorte
que lorsque le coupable fait son examen de
conscience, il voit « qu'il se combat et se
« déchire lui-même... et c'est là ce qu'on
« nomme le remords. »

La forme « la plus accomplie, la plus exacte,
« la plus saisissante de l'injustice est *le canni-*
« *balisme*. C'en est là le type le plus clair.....
« c'est l'image effroyable du combat de la
« volonté contre elle-même en ce qu'il a de
« plus violent, la volonté étant là arrivée à

[1]. Page 349.

« son plus haut degré, à l'état d'humanité. »

Schopenhauer a la plaisanterie lugubre. Nous admettons que, manger son semblable, c'est pousser un peu loin peut-être son affirmation aux dépens de l'affirmation du voisin, mais, faire des anthropophages, un modèle à imiter, non, c'est se montrer trop exigeant. C'est cependant à ces hauteurs qu'il faut monter, puisque c'est là seulement que la volonté arrive à son plus haut degré ; elle est donc à un degré inférieur dans tous ceux qui n'ont pas encore goûté de la chair humaine ; elle n'est pas encore à l'état d'humanité. Les cannibales seuls sont au sommet, ils sont l'épanouissement suprême de la volonté, les autres sont à peine des hommes puisque, en eux, la volonté n'est pas arrivée *à l'état d'humanité.*

Les formes moindres de l'injustice sont l'assassinat, les coups et blessures et les attaques contre la propriété.

Toute injustice appelle un châtiment.

« Le tribunal de l'univers, c'est l'univers « même. » C'est dans ce monde seulement que toutes les injustices sont réparées, et elles le sont d'une manière terrible car « chacun « doit considérer comme siennes tout ce qu'il

« y a de douleurs dans l'univers, comme
« réelles toutes celles qui sont simplement
« possibles tant qu'il porte en lui la ferme
« volonté de vivre, tant qu'il met toutes ses
« forces à affirmer la vie. »

Vouloir vivre est donc le crime par excellence, le crime qui mérite d'être expié par toutes les douleurs réelles et même par celles qui ne sont que possibles. Un homme qui a la criminelle audace de ne se trouver pas trop mal dans ce bas monde et qui n'appelle pas la mort à grands cris, est digne que tous les malheurs possibles fondent sur sa tête ; bien mieux il doit les regarder comme les siens propres. C'est légèrement exagéré. On a beau tenir à la vie, on regardera difficilement comme une douleur personnelle (quand on est assis au coin d'un bon feu) les souffrances d'un homme qui gèle au pôle nord.

Ce n'est pourtant que l'exacte vérité quand on sait envisager les choses à un point de vue élevé : « une fois arrivé à ce point de vue,
« on voit avec clarté que, la volonté étant ce
« qui existe en soi dans tout phénomène, la
« souffrance, celle qu'on inflige et celle qu'on
« endure, la malice et le mal, sont attachés
« à un seul et même être... Le bourreau et
« le patient ne font qu'un. Celui-là se trompe
« en croyant qu'il n'a pas sa part de torture,

« et celui-ci en croyant qu'il n'a pas sa part de
« la cruauté. »

La victime est sans pitié, le bourreau souffre, et voilà les décrets de la justice éternelle ! Peu d'hommes sont capables de considérer les choses à un point de vue aussi élevé, il faut le génie de Schopenhauer pour monter jusque-là.

Les religions se sont occupées du problème de la justice éternelle et aucune, d'après Schopenhauer, n'a trouvé une solution plus vraie que le bouddhisme : « Jamais
« mythe ne s'approchera plus près de la vérité
« accessible à une petite élite, de la vérité
« philosophique, que n'a fait cette antique
« doctrine du plus noble et du plus vieux de
« tous les peuples... Voici ce qu'il nous
« enseigne : N'eussiez-vous fait que mettre
« à mort un animal, il faudra, qu'à un mo-
« ment de l'infinie durée, vous soyez un ani-
« mal tout pareil et que vous subissiez la
« même mort. » Cette doctrine doit plonger les croyants dans de terribles perplexités. Je tue un lapin ; mais si un de mes ancêtres a, lui aussi, tué des lapins, il peut se faire que je sois coupable d'un parricide, et il n'est que juste que je devienne lapin à mon tour pour subir le sort que j'ai infligé à la pauvre petite bête. Mais celui qui me tuera n'échappera pas

au plomb vengeur, et ainsi de suite pendant toute l'éternité. Pour éviter le sort du lapin, je n'ai qu'à me faire un peu plus méchant, et je serai changé en bête redoutable, « en crocodile », par exemple.

Ces voyages à travers le règne zoologique dureront-ils toujours ? Non, la récompense suprême accordée aux saints, « à la femme « — oui à la femme ! » s'écrie Schopenhauer, à la femme qui sera morte *sept fois* sur le bûcher de son mari, cette récompense sera celle-ci : « Tu ne renaîtras plus. »

Le néant est donc la consolante perspective réservée aux saints. Mais, dans cette doctrine, le sort des femmes n'est pas brillant. Pour qu'elles soient saintes, il faut qu'elles meurent sept fois sur le bûcher de leur mari. Qu'on les fasse mourir une fois, passe, mais sept fois, c'est trop. Ce précepte est d'ailleurs assez difficile à observer pour la femme qui meurt avant son mari. Elle ne peut pas monter sur le bûcher parce que, 1° elle est morte, cette raison suffit ; mais il y en a une autre, c'est que le bûcher n'est pas allumé puisque le mari vit encore.

Et voilà, d'après Schopenhauer, la religion qui s'est le plus approchée de la vérité, voilà « la sagesse primitive de la race humaine « qui ne se laissera pas détourner de son cours

« pour une aventure arrivée en Galilée. » Son impiété haineuse lui fait préférer à l'Évangile les fables les plus ridicules, et sa raison est troublée au point qu'il prend de semblables inepties pour le dernier mot de la sagesse.

LA VOLONTÉ SE NIE

Schopenhauer va enfin couronner l'édifice qu'il a élevé à la gloire de la philosophie, il va nous révéler la conclusion suprême de ses profondes méditations : c'est, personne ne l'ignore, la résurrection du bouddhisme.

Le bouddhisme a, paraît-il, de nombreux sectateurs en Allemagne et, à ce propos, voici ce que raconte M. Foucher de Careil : « Un
« spirituel et fin diplomate, à qui j'exprimais
« mon étonnement de retrouver l'Inde à Ber-
« lin, me disait : Grattez un Allemand, vous
« verrez reparaître l'antique sectateur de
« Bouddha. Ils croient sincèrement à la doc-
« trine des migrations et des existences anté-
« rieures, et comme un commun berceau pa-
« raît avoir contenu les Allemands des bords
« du Gange et les Hindous des bords de la

« Sprée... Il faudrait bien peu connaître cette race qui pousse tout à l'exagération la plus notoire, qui creuse la pensée jusqu'au néant, qu'aucun scrupule ne retient, *que l'absurde n'épouvante plus*, pour ne pas comprendre quelle infatuation d'eux-mêmes et de leurs frères en panthéisme, les Hindous, s'est emparée d'eux ; ils voient dans l'alliance de Kant et de Bouddha le germe du progrès du monde. C'est une constitution du cerveau déplorable, mais c'est ainsi [1]. »

En sa qualité de bouddhiste enthousiaste, Schopenhauer considérait comme son ennemi personnel, M. Barthélemy Saint-Hilaire, qui dans son savant ouvrage : *le Bouddha et sa religion*, a donné au bouddhisme des coups dont il aura du mal à se relever. Les Allemands, qui nous ont déjà donné Hégel, vont-ils transporter en France quelque petit Bouddha dans les bagages de Schopenhauer ? Nous croyons que la tentative ne réussira pas, cependant, en face de quelques symptômes encore assez vagues, il est vrai, il n'est peut-être pas inutile de jeter un coup d'œil rapide sur la métaphysique de Çakyamouni [2].

1. Hégel et Schopenhauer, page 307.
2. Voir M. Barthélemy Saint-Hilaire : *le Bouddha et sa religion*, ch. IV.

Le dogme fondamental du bouddhisme est *la transmigration*. Avant d'arriver à la vie actuelle, nous avons passé par une multitude d'existences antérieures et, après la mort, nous serons condamnés à parcourir une série plus longue encore de vies fort variées, si nous ne faisons pas de constants efforts pour échapper à la vie. Le but qu'il faut atteindre sans se lasser jamais, c'est donc le Nirvâna, c'est-à-dire le néant. Les transmigrations sont-elles illimitées? Le brahmanisme ne se prononce pas d'une façon catégorique, mais le bouddhisme est très affirmatif; la transmigration va de la matière jusqu'à la sainteté. Selon la légende du *Lalitavistâra*, le Bodhivattva (c'est le nom du Bouddha avant qu'il soit arrivé à la perfection) entre dans le sein de sa mère sous la forme d'un jeune éléphant blanc armé de six défenses, et, au moment où il devient Bouddha, il se rappelle les centaines de mille d'existences qu'il a déjà parcourues. Ceux qui crachent sur les murs de la salle où les fidèles sont assemblés, seront changés en murs, ceux qui ne savent pas se servir d'un balai seront changés en balais, etc. : « L'on n'en peut
« douter, dit M. Barthélemy Saint-Hilaire, le
« système de la transmigration va, pour les
« bouddhistes, jusqu'à cette exagération mons-
« trueuse où la personnalité humaine, mé-

« connue et détruite, se confond avec les choses
« les plus viles du monde. »

On comprend que le bouddhiste, peu flatté d'être mur, balai ou pis encore, ait hâte d'arriver au Nirvâna, c'est-à-dire à l'anéantissement définitif et absolu. Mais il faut savoir qu'on distingue le Nirvâna complet et le Nirvâna simple, celui-ci dispose à celui-là et le Dhyâna ou la contemplation est le chemin qui mène à l'un et à l'autre.

Le Dhyâna comprend quatre degrés. Dans le premier degré l'ascète, affranchi de tout péché, ne désire que le Nirvâna, mais il juge et raisonne encore; dans le second, il ne raisonne plus; au troisième, il est indifférent à tout et il n'éprouve qu'un vague sentiment de bien-être physique; enfin, arrivé au quatrième degré, il jouit d'une impassibilité aussi voisine que possible du Nirvâna [1].

Comme si ce n'était pas assez, le bouddhisme ajoute quatre nouveaux degrés au Dhyâna. Quand l'ascète est arrivé à la complète impassibilité, il entre dans l'espace in-

---

1. M. Barthélemy Saint-Hilaire se trompe quand, à propos des degrés du Dhyâna, il rappelle le travail des âmes contemplatives, de sainte Thérèse en particulier. Nous avons traité cette question dans un autre ouvrage : *la Doctrine spirituelle de saint Thomas d'Aquin*. Sur ce sujet, on ne saurait trop recommander la magnifique instruction de Bossuet sur les états d'oraison.

fini, il arrive ensuite dans le régime de l'intelligence infinie, à cette hauteur, il atteint la sphère où il n'y a plus rien, mais comme, dans ce néant, l'idée même du néant pourrait subsister, on entre enfin dans une quatrième région où il n'y a plus même l'idée de l'absence d'idées.

Ou la doctrine du Nirvâna n'a aucun sens, ou elle est la formule la plus rigoureuse du néant complet et définitif.

Ce n'est pas l'absorption dans la divinité, car le bouddhisme n'a pas de Dieu ; ce n'est pas davantage la réunion de l'âme à la nature, car le bouddhisme ne connaît pas l'âme, c'est donc l'anéantissement pur et simple, et M. Barthélemy Saint-Hilaire dit, avec raison, que l'on ne calomnie pas le bouddhisme en lui imputant « cette foi hi-
« deuse. »

Le néant bouddhiste est aussi, nous le verrons tout à l'heure, la conclusion de Schopenhauer.

Une pareille doctrine ne s'implantera jamais en Europe, malgré la vogue malsaine dont le pessimisme jouit aujourd'hui : « Le
« sentiment général de toutes ces populations,
« non seulement bouddhistes mais brahmani-
« ques, c'est d'éprouver pour la vie, avec les
« conditions qui lui sont faites ici-bas, une

« horreur que rien ne peut apaiser. L'idée de
« la transmigration les poursuit sans cesse
« comme un épouvantable fantôme. Il faut,
« à tout prix, éloigner cette hideuse image et
« le brahmanisme tout entier s'est appliqué à
« trouver les moyens de la délivrance avec
« autant de ferveur qu'en a eu plus tard le
« Bouddha. La seule différence, c'est le choix
« des méthodes; mais le but est absolument
« le même. Eh bien! qu'on le demande à toutes
« nos races de l'antiquité grecque et latine et
« de la chrétienté : détestent-elles la vie ?
« L'ont-elles en un si grand dégoût qu'elles
« tremblent de la recommencer ? Tout au con-
« traire, n'ont-elles pas pour ce monde, même
« avec ses déceptions et ses souffrances, un
« amour effréné, une passion sans bornes ?
« N'est-ce pas un des plus beaux triomphes
« du christianisme que de rappeler à ces âmes
« enivrées du bonheur de vivre, qu'il y a une
« autre existence que celle-ci, à laquelle
« l'homme doit songer davantage, puisque
« celle-là est éternelle[1] ? »

---

1. M. Barthélemy Saint-Hilaire : *le Bouddha et sa religion*; *Avertissement.* Si l'on veut être édifié sur le compte du bouddhisme, on n'a qu'à lire le chapitre deuxième du même ouvrage. On y verra les prodiges qui précèdent la naissance du Bouddha avant qu'il n'entrât dans le sein de

Le bouddhisme ne fait aucune distinction entre la personnalité humaine et le reste des choses, c'est aussi le principe de Schopenhauer; avec des expressions différentes, le fond est le même : « Quand le voile de Maya, « le principe d'individuation se soulève (dis- « paraît) devant les yeux d'un homme, au « point que cet homme ne fait plus de dis- « tinction égoïste entre sa personne et celle « d'autrui,.... alors, bien évidemment cet « homme, qui dans chaque être se reconnaît « lui-même, ce qui fait le plus intime et le « plus vrai de lui-même, considère aussi les « infinies douleurs de tout ce qui vit comme « étant ses propres douleurs, et ainsi fait « sienne la misère du monde entier[1]. »

Sans doute. Mais, le difficile, c'est précisément de soulever le voile de Maya, c'est-à-dire de perdre conscience de sa personnalité et de s'identifier avec tout ce qui vit et tout ce qui souffre. Prenons un exemple.

Un de mes amis, ou un inconnu, peu im-

---

sa mère sous la forme d'un éléphant à tête rouge, on assistera à un concile qu'il préside et dont les membres, en nombre incalculable, tirent tous la langue pendant cent mille années complètes, etc. L'auteur que nous citons avoue que, « devant ces niaiseries misérables, la plume lui tombe « des mains. »

1. Page 397.

porte, souffre d'une rage de dents intolérable : si j'ai soulevé le voile de Maya, je dois regarder cette douleur comme une souffrance personnelle. Je me fais donc arracher une dent pour me délivrer de la douleur que j'endure dans le phénomène qui est près de moi. Très bien, dit Schopenhauer, mais ce n'est pas assez. Vous êtes exposé à de nouvelles souffrances tant que vous conserverez quelques dents : supprimez donc la cause de la douleur, c'est-à-dire faites tout arracher.

Le conseil est héroïque, peu le suivent; on aime mieux ne pas soulever le voile de Maya.

Schopenhauer a beau dire que la victime et le bourreau ne font qu'un : toujours est-il que, lorsque le couperet s'abaisse, ce n'est pas la tête du bourreau qui tombe.

« Comment, dès lors, connaissant ainsi le
« monde, pourrait-il (l'homme qui a soulevé
« le voile de Maya) par des actes incessants
« de volonté, affirmer la vie, s'y lier de plus
« en plus étroitement, en appesantir le poids
« sur son être ? » Évidemment, il n'en aura pas le courage et, en lui, la volonté penchera sans hésiter du côté de la négation, « elle aura
« horreur des jouissances où elle voit une
« affirmation de la vie. »

Le point de départ de Schopenhauer pour prêcher le renoncement, l'abnégation et le désir de la mort, est donc cette conviction : toutes les douleurs du monde sont nos douleurs personnelles. C'est sans doute afin de se consoler de cette pensée si triste qu'il posait sa plume de temps en temps et se mettait à jouer un petit air de flûte.

Quoi qu'il en soit, le premier pas dans la négation est l'ascétisme qui se manifeste par la chasteté, la pauvreté volontaire et les coups de discipline.

Schopenhauer nous apprend que si la chasteté était universelle, « l'espèce humaine dis-« paraîtrait ». C'est probable; mais ce que nous ne savions pas, c'est que le monde entier disparaîtrait avec elle. La raison en est bien claire, cependant : « Sans sujet, pas « d'objet. » Pour supprimer l'objet, c'est-à-dire le monde, je n'ai donc qu'à anéantir le sujet, l'homme, donc « la connaissance se trou-« vant entièrement supprimée, le reste du « monde tomberait au néant. » On reconnaît là sa théorie du monde comme *représentation*. Il fait ensuite un éloge ému de la pauvreté volontaire et des macérations corporelles; il met sur le même rang, nous n'avons pas besoin de le dire, les ascètes hindous et les mystiques chrétiens, Bouddha et saint François

d'Assise « et l'on juge ainsi combien il im-
« porte peu que la sainteté naisse d'une reli-
« gion théiste ou d'une religion athée. »

Ce serait évidemment sortir du cadre de la présente étude que d'exposer en détail les principes de la mortification et de la contemplation chrétiennes, il est cependant utile d'en dire un mot, pour qu'on ne soit pas tenté de les confondre avec les pratiques bouddhistes.

La pensée constante du bouddhiste est, nous l'avons vu, l'horreur de la vie et l'ardent désir du Nirvâna, c'est-à-dire du néant. Le sentiment du chrétien est diamétralement opposé. Le chrétien veut vivre d'une vie encore plus intense que celle dont il jouit en tant qu'homme, il aspire à une vie supérieure et l'immortelle gloire du christianisme, c'est d'avoir appelé l'homme à une vie plus haute en respectant cependant tout ce qu'il y a de grand et de noble dans la nature humaine. C'est ce qu'exprime la formule si connue : la grâce ne détruit pas la nature. Mais il y a, dans la nature déchue, des éléments qui, s'ils ne sont pas réduits à de justes proportions, menacent de tout envahir et empêchent l'épanouissement de la vie supérieure : il y a lutte entre les deux vies, et c'est pour faire triompher la vie supérieure, que le chrétien s'efforce d'opposer une digue aux envahissements de la vie inférieure. Voilà tout le secret de la mortification chrétienne. Le chrétien ne veut pas la mort, il aspire à la vie.

Il en est de même dans la contemplation. Elle n'est pas l'extase du bouddhiste perdu dans la pensée du Nirvâna et enivré de la passion du néant, elle est, au contraire, l'acte de la puissance la plus vivante, l'intelligence, éclairée et soutenue par une lumière dont les rayons allument dans le cœur du chrétien l'immense désir de cette vie qui ne finira jamais.

Il n'y a donc rien de commun entre les deux doctrines, et Schopenhauer se trompe grossièrement quand il cite pêle-mêle le Véda et l'épître aux Romains, Foë-Kouë-Ké et l'Évangile de saint Matthieu.

L'ascétisme bouddhiste est le premier pas vers la négation, le désespoir est le second.

Quand un assassin apprend que son recours en grâce a été rejeté et qu'il va monter à l'échafaud, il s'opère en lui une transformation si complète qu'il devient un saint. Il « montre alors une réelle douceur et pureté « de sentiments; il a horreur de la moindre « action qui serait mauvaise ou même peu

« charitable, il pardonne à ses ennemis...... »

Ce n'est là que la préparation éloignée; les condamnés à mort s'élèvent plus haut encore dans la voie de l'abnégation et du renoncement : « Ils aiment leurs souffrances et leur
« mort,.. souvent même ils refusent le salut
« qu'on leur offre et ils meurent de leur plein
« gré, avec tranquillité et bonheur. » Schopenhauer a oublié de dresser la liste des condamnés qui ont refusé leur grâce et qui ont préféré, aux horreurs de la vie, les joies ineffables de la potence. Les noms n'étaient pas difficiles à trouver, puisque cela arrive *souvent*, et cette nomenclature aurait donné à sa thèse un *confirmatur* dont le besoin se fait sentir.

Quel est donc le motif de cette résignation sublime, de cette passion subite pour la souffrance et la mort? « Ils sont entrés dans la
« négation du vouloir-vivre..... le dernier se-
« cret de la vie s'est révélé à eux, dans l'excès
« même de la souffrance; ils ont compris que
« la douleur et le mal, que la souffrance et la
« haine, que le crime et le criminel, qui se
« distinguent si profondément dans la con-
« naissance soumise au principe de raison, ne
« sont qu'une seule et même chose au fond,
« la manifestation de cette unique volonté de
« vivre, qui objective sa lutte avec elle-même,

« au moyen du principe d'individuation. » Ils ont compris tout cela, et voilà pourquoi ils ne donneraient pas, pour un empire, la corde qui les attend.

Une grande douleur produit les mêmes effets et conduit aussi à la négation du vouloir-vivre. Seulement, dans ce cas, le couvent remplace l'échafaud, mais la raison est la même. A ce propos, Schopenhauer rappelle la conversion de l'abbé de Rancé et l'histoire de la tête coupée de la duchesse de Montbazon. M. l'abbé Dubois, dans sa savante *Histoire de M. de Rancé,* a mis à néant cette anecdote insoutenable aujourd'hui après l'étude si consciencieuse et si approfondie du nouvel historien de l'abbé de Rancé[1]. Cependant, Schopenhauer voit, dans cette tête coupée, l'explication de « ce fait surprenant, que la
« nation la plus mondaine, la plus gaie, la plus
« sensuelle, la plus légère de l'Europe, a pro-
« duit l'ordre monacal le plus sévère de tous,
« celui des trappistes. »

Quand même le fait serait vrai, il expliquerait, tout au plus, la conversion de M. de Rancé, mais il faut recourir à d'autres causes pour expliquer la vie austère des trappistes dont aucun n'a vu la tête coupée de la duchesse de Montbazon. Schopenhauer profite

---

1. *Histoire de l'abbé de Rancé,* livre, I, ch. XX.

de l'occasion pour dire que la France est la nation *la plus légère* de l'Europe; il aime l'antithèse, car ailleurs il nous donne clairement à entendre que l'Allemagne est la plus lourde : « Il est bon pour l'Allemand, dit-il, d'avoir « *des mots longs;* comme il pense lentement, « ils lui laissent du temps pour réfléchir [1]. » L'Allemand pense donc lentement et prononce un mot *long*, il réfléchit longtemps et, quand il a bien réfléchi,.... il croit avoir compris.

D'après tout ce que nous venons d'entendre, il semblerait que Schopenhauer dût être un ardent apôtre du suicide. Il n'en est rien, ou plutôt il faut distinguer; il recommande le suicide par inanition, mais il condamne tous les autres. Il n'est pas permis de se brûler la cervelle ou de se pendre, car ce n'est pas à la vie seulement qu'il faut renoncer, c'est *au vouloir-vivre*, or le pendu renonce à la vie qui lui est faite, mais non au vouloir-vivre, et la preuve, c'est que, si on lui offrait une vie pleine de jouissances et de joies, il l'accepterait avec empressement. Ce n'est donc pas le renoncement au vouloir-vivre, voilà

---

[1]. Tome II, page 266.

pourquoi « le suicide est un acte vain et in-
« sensé. »

Toutes les religions et toutes les philosophies ont condamné le suicide, mais elles ne lui ont opposé « que des raisons bizarres et « sophistiques ». Voici, d'après Schopenhauer, le petit discours que se tient un malheureux pour résister à la tentation de se brûler la cervelle : « Je ne veux point me « soustraire à la douleur ; je veux que la « douleur puisse supprimer le vouloir-vivre « dont le phénomène est chose si déplorable, « qu'elle fortifie en moi la connaissance, qui « commence à poindre, de la nature vraie du « monde, afin que cette connaissance de- « vienne le calmant suprême de ma vo- « lonté, la source de mon éternelle déli- « vrance[1]. »

Le suicide par inanition suppose, au contraire, que « la négation complète du vouloir- « vivre peut atteindre à un degré tel que la « volonté nécessaire pour entretenir la végéta- « tion du corps fasse elle-même défaut. » Schopenhauer cite une foule d'ouvrages, qui racontent des suicides par inanition, mais il ajoute, avec l'accent d'une déception amère : « « Malheureusement la plupart de ces récits

---

1. Page 418.

« nous représentent les individus en question
« comme des fous. »

Schopenhauer répond à l'objection qui se présente assez naturellement : « Le der-
« nier mot de la sagesse ne consiste donc,
« pour nous, qu'à nous abîmer dans le
« néant. »

Sa réponse est un chef-d'œuvre ; elle est le digne couronnement de tout le système.

Il faut distinguer, dit-il, le néant privatif et le néant négatif, le premier qui est relatif s'exprime par le signe — et le second, qui est absolu, est représenté par le signe +. Mais en y regardant de près on voit qu'il n'y a pas de différence entre le + et le — de sorte que le néant négatif se réduit au néant privatif. Il résulte de cette transformation que le néant devient un terme positif. Or, quand on arrive à la négation totale du vouloir-vivre, on a supprimé tout « et il ne reste plus
« devant nous que le néant. » Le vouloir-vivre seul se révolte contre une « pareille annihilation, » mais quand on s'élève à ce point où la volonté a pris la plus haute conscience d'elle-même pour se nier ensuite, on se plonge « dans un océan de quiétude

« et de sérénité inébranlable, » et la connaissance plane seule sur les abîmes où « la volonté s'est évanouie. » Cette contemplation « est la seule chose qui puisse nous consoler « de voir le néant seul subsister devant « nous. »

Pour ceux qui veulent vivre, ce qui reste, après la suppression radicale de la chose en soi, « est effectivement le néant, » mais pour ceux qui ont tué en eux le vouloir-vivre, « c'est notre monde actuel, ce monde si réel « avec tous ses soleils et toutes ses voies « lactées, qui est le néant. »

C'est complet ! Nous ne voyons pas ce qui peut rester, aux yeux de ceux qui veulent vivre, après la destruction de la volonté, c'est-à-dire de l'unique réalité, et ils ne se trompent guère s'ils appellent cela le néant : par contre, nous ne comprenons pas très bien comment ce monde si réel soit le néant, et qu'il suffise, pour opérer le prodige, d'être dégoûté de la vie.

Et voilà ce que Schopenhauer appelle « aller hardiment jusqu'au bout ». Oui, il est allé hardiment jusqu'au bout de l'aberration et de la folie.

Arrivé à la conclusion de son étude sur

Schopenhauer, M. Th. Ribot déclare qu'il n'a pas à juger la doctrine, « car, dit-il, tout « système métaphysique est, en réalité, à peu « près imprenable à la critique ; la lutte entre « deux systèmes ressemblant trop souvent à « ces tournois des épopées chevaleresques, « où deux paladins enchantés pouvaient réci- « proquement se tailler en pièces et sortir « de la lutte, tous deux sains et vigoureux. « Une doctrine est-elle d'accord avec elle- « même ? est-elle d'accord avec les faits ? « voilà, à notre point de vue, tout ce que la « critique peut lui demander, quand elle ne se « flatte pas de posséder la vérité absolue [1]. » Nous ne saurions souscrire à cette déclaration qui, si elle était vraie, réduirait la métaphysique à n'être plus qu'un jeu indigne d'occuper nos méditations. Si, en effet, un système est imprenable à la critique, c'est qu'il n'y a nulle part une pierre de touche pour en éprouver la solidité. Si deux hommes disant, sur la même question, l'un oui et l'autre non, sortent de la discussion tous deux sains et vigoureux, c'est que, de part et d'autre, les coups supposent une vigueur égale, ce qui revient à dire que les probabilités sont les mêmes des deux côtés, en d'autres termes, que l'esprit est condamné

1. Page 145.

à flotter indécis, et que le scepticisme est la seule solution logique. M. Ribot ajoute qu'on ne peut demander à une doctrine que deux choses; est-elle d'accord avec elle-même ? est-elle d'accord avec les faits ? Il est une troisième question qu'on est en droit de lui poser : quelle est la valeur des principes sur lesquels elle s'appuie ? Or un principe qui sert de base à une doctrine n'a de valeur que s'il est évident en lui-même et pour nous, ou que s'il est entouré d'une démonstration devant laquelle on est obligé de s'incliner. Sans cela, un système a beau être d'accord avec lui-même, si ces principes sont ou faux, ou contestables, ou sans preuves, le système tout entier ne sera, en effet, qu'un tournoi, c'est-à-dire qu'un jeu pour amuser la galerie.

Le principe fondamental de Schopenhauer, l'identité absolue de toutes choses dans la volonté est-il évident en lui-même ? Est-il évident que mon corps est ma volonté, et que ma volonté est mon corps, que ma volonté est identique avec la force qui fait cristalliser le minéral, germer la plante, vivre l'animal et graviter les planètes ? Pour faire accepter cette énormité (et bien d'autres) il faut des preuves, or, Schopenhauer déclare lui-même qu'il n'en a pas une seule à donner : tout son système n'est donc qu'une élucubration malsaine et sans portée.

Pour nous, en terminant cette étude, nous nous souvenons d'un mot de M. de Maistre à propos de Locke. Il dit que Locke n'était pas digne de tailler la plume de Malebranche. Cette appréciation est injuste, car, malgré les profondes et si regrettables lacunes de sa philosophie, Locke est un homme de valeur, et le grand Leibnitz n'a pas cru s'abaisser en composant contre lui ses *Nouveaux Essais sur l'entendement*. Mais, en songeant aux écrivains dont nous avons, ici même, discuté les doctrines, nous pouvons sans injustice appliquer à Schopenhauer le mot de M. de Maistre, car certainement il n'est pas digne de tailler leur plume. Mais pourquoi rappeler une parole de l'auteur des *Soirées de Saint-Pétersbourg ?* Schopenhauer, en jugeant Dugald-Stewart, nous donne lui-même une formule qui rend bien mieux notre pensée : « Je ne puis que « conseiller à mes lecteurs, dit-il, de ne pas « perdre leur temps aux écrivasseries d'un « aussi pauvre cerveau [1]. » C'est absolument ce que nous pensons de lui.

M. F. Brunetière dit[2] que ce qui lui plaît tout d'abord dans la philosophie de Schopenhauer, c'est son caractère *expérimental*. Nous

---

1. Tome II, page 200.
2. Voir la *Revue des Deux Mondes*, 1ᵉʳ octobre 1886.

croyons, au contraire, avec M. Ribot que c'est précisément ce qui manque le plus à ce système, absolument rebelle à toute *vérification*. Comment vérifier, en effet, que la force qui entre en jeu quand je mets mon chapeau est *identique* à la force qui fait germer les plantes ? Le même critique loue Schopenhauer d'avoir changé la signification reçue du mot *volonté* en lui donnant le sens de force. C'est un mérite bien mince, car en littérature comme en philosophie on ne doit employer les mots que dans le sens accepté par tout le monde. Ici encore, contre M. F. Brunetière, nous sommes de l'avis de M. Ribot : Schopenhauer ne sera jamais ce qu'on appelle aujourd'hui un philosophe de la volonté, car ce n'est pas la volonté qu'il a étudiée, c'est la force.

Pour essayer d'acclimater en France la philosophie de Schopenhauer, on a tenté, entre son pessimisme et la morale chrétienne, un rapprochement impossible. On lui attribue la gloire d'avoir « *laïcisé* ce qu'il y avait de « plus élevé, mais surtout de plus difficile à « faire admettre aux hommes dans la morale « du christianisme, » et on affirme « qu'on

« peut comparer la façon dont Schopenhauer
« a parlé de la mort, avec celle de notre
« Bourdaloue, dans un de ses plus beaux et
« plus solides sermons : *sur la Pensée de la
« mort*[1]. »

Rien n'est plus faux. D'abord Schopenhauer
est franchement, radicalement athée, et il loue
le bouddhisme de repousser le moindre vestige
de théisme : cela suffirait pour écarter toute idée
de conciliation, même la plus éloignée. En second lieu, la mort est, pour Schopenhauer,
l'anéantissement complet, car la métempsycose
inepte qu'il a imaginée et en vertu de laquelle
l'homme se dépouille, au moment de la mort,
« *de l'intellect qu'il tient de sa mère, pour gar-*
« *der la volonté qu'il tient de son père* », aboutit
à une suppression totale[2]. Avons-nous besoin
de dire que Bourdaloue commence son sermon en demandant à Dieu que ses auditeurs
l'écoutent « avec un désir sincère de ce *salut
« éternel* qu'il leur prêche » et qu'il le conclut

---

1. Voir l'article de M. F. Brunetière : *Revue des Deux
Mondes* du 1er novembre 1890, page 210.

2. *Le Monde comme volonté et comme représentation*,
tome III, page 314. — Sauf un chapitre sur la *Métaphysique de l'Amour*, dont nous ne voulons rien dire par
respect pour nos lecteurs, ce troisième volume n'est guère
qu'une compilation et un recueil d'anecdotes. Il ne nous
apprend rien de nouveau sur le fond même de la doctrine.

en disant que la mort, « si nous la considé-
« rons comme les saints, si nous y pensons
« comme les saints, nous fera entrer comme
« eux par la grâce dans *l'éternité bienheu-*
« *reuse.* » La mort, dans la morale chrétienne, n'est donc pas la fin de tout, elle est
le commencement d'une autre vie.

Ce n'est pas, comme le dit M. Brunetière,
pour *ridiculiser* la doctrine de Schopenhauer,
qu'on l'accuse de conseiller le suicide, car,
nous l'avons vu, s'il condamne le suicide par
la corde ou le revolver, il approuve le suicide
par inanition, qui est, d'après lui, la forme la
plus énergique de la négation du vouloir-
vivre.

Le même critique reproche à ceux qui,
chez nous, parlent de Schopenhauer, de ne
pas l'avoir lu ou de n'en lire que ce qui ne
contient pas « l'expression de sa véritable
« pensée ». Nous avons lu, avec grand soin
et beaucoup de patience, les trois énormes
volumes qui, de l'aveu de tous, contiennent
la pensée exacte du philosophe, et c'est, en
connaissance de cause, que nous nous permettons de dire de lui ce que lui-même disait
de Hégel. On nous signale son *Epiphilosophie*
comme l'un des chapitres où sa doctrine est
exposée dans toute sa splendeur. C'est là en
effet que se trouve la conclusion.

Jusqu'à présent, dit Schopenhauer, la philosophie est allée du panthéisme de Spinosa au théisme de Descartes et, avant moi, personne ne supposait qu'il pût y avoir un moyen terme, je suis le premier qui ait trouvé ce *tertium* : « L'acte de volonté, d'où « naît le monde, est l'acte de notre *propre* « *volonté*[1]. »

Spinosa disait : le monde, c'est Dieu : Descartes a repris : non, le monde est l'œuvre de Dieu ; moi, Schopenhauer, je dis : le monde ! c'est moi qui l'ai fait.

Il n'y a rien à répondre.

L'Allemagne va élever, dit-on, une statue à Schopenhauer. Si nous obéissions à un sentiment que comprendront ceux qui n'ont pas oublié, nous ne pourrions qu'applaudir.

Le niveau intellectuel est donc descendu bien bas chez cette nation qui se flattait d'avoir été commise à la garde de la lumière divine, dont les autres peuples n'ont que le souvenir ou le pressentiment[2]. Sur le socle

---

1. V. III, page 458.

2. Discours de Hégel, à l'ouverture de son cours à Berlin, le 22 octobre 1818.

qui supportera la statue ne pourrait-on pas graver la sentence prononcée par Schopenhauer quand il voulait expliquer le prodigieux succès de Hégel : « Succès qui restera, « dit-il, comme un monument de la niaiserie « allemande[1]. »

---

1. Voir le présent ouvrage, page 417.

TABLE DES MATIÈRES

Avant-Propos	1
M. Vacherot	4
M. Taine	139
M. Paul Janet	247
M. Caro	355
Schopenhauer	413

Paris, imp. A. Quelquejeu, rue Gerbert, 10.

Du même Auteur :
SAINT THOMAS D'AQUIN
et la Philosophie Cartésienne

2 volumes in-18, 500 pages chacun, prix : 8 fr.

Des six livres qui composent l'ouvrage, nous avons particulièrement distingué le premier où, critiquant la théodicée cartésienne, l'auteur constate que, dans la thèse capitale des preuves de l'existence de Dieu, Saint Thomas se place à un point de vue opposé à celui de Descartes, et que la théorie de ce dernier suppose plutôt qu'elle ne démontre l'existence divine. On lira aussi, non sans profit, le troisième livre consacré à la volonté, et surtout le sixième où le père Maumus s'occupe du grave problème de l'origine des idées, et après avoir exposé la doctrine de Saint Thomas qui se résume en deux mots : *la sensation et l'abstraction*, il passe en revue les différents systèmes des philosophes, signalant les indécisions de Descartes, les lacunes de Locke et de Condillac, les solutions erronées de Leibnitz et des ontologistes, sans oublier les nébuleux systèmes des principaux philosophes allemands. L'ouvrage du père Maumus, ne nous y trompons pas, est un livre de premier ordre (*Revue Internationale du 15 Mai 1890*).

Le livre du P. Maumus, est une marche hardie à travers les grands problèmes et une bataille réglée autour de chacun d'eux; partout, du reste, l'union rare d'une profonde conviction avec une polémique toujours courtoise, et de l'esprit philosophique avec la chaleur d'un orateur et l'imagination d'un poète. (*Polybiblion, Mai 1890*).

LA DOCTRINE SPIRITUELLE DE SAINT THOMAS D'AQUIN
1 vol. in-18, prix : 3 fr. 50.

Paris, Imp. A. Quelquejeu, rue Gerbert, 10.